城市轨道交通行车组织

（第2版）

主编　史小薇　刘　炜
主审　刘峻峰

重庆大學出版社

内容提要

本书是城市轨道交通运营管理专业的规划教材之一。以项目形式编写，以城市轨道交通系统行车专业岗位所需的理论知识和操作技能为主，对城市轨道交通行车组织进行了较详细、全面的描述。内容包括城市轨道交通行车组织概述、行车组织基础、运输计划、列车运行图、行车调度指挥、车站行车组织、车辆段行车组织、施工管理、突发事件应急处置共9个项目。以西安地铁为背景，校企合作形成本书。

本书适合作为控制中心、车站及车辆基地（车厂）行车调度员、行车值班员、站务员、调车员等行车各岗位人员的培训教材，可作为高等及中等职业院校城市轨道交通及相关专业的教材和教学参考书，也可供从事城市轨道交通运营管理的专业技术人员参考。

图书在版编目(CIP)数据

城市轨道交通行车组织/史小薇，刘炜主编.--2版
.--重庆：重庆大学出版社，2019.7(2022.12重印)
高等职业教育城市轨道交通专业系列教材
ISBN 978-7-5624-7226-1

Ⅰ.①城… Ⅱ.①史…②刘… Ⅲ.①城市铁路—行车组织—高等职业教育—教材 Ⅳ.①U239.5

中国版本图书馆CIP数据核字(2019)第150680号

城市轨道交通行车组织
(第2版)
主编 史小薇 刘 炜
主审 刘峻峰
策划编辑：杨粮菊
责任编辑：杨粮菊 曾令维 版式设计：杨粮菊
责任校对：贾 梅 责任印制：张 策
*
重庆大学出版社出版发行
出版人：饶帮华
社址：重庆市沙坪坝区大学城西路21号
邮编：401331
电话：(023) 88617190 88617185(中小学)
传真：(023) 88617186 88617166
网址：http://www.cqup.com.cn
邮箱：fxk@cqup.com.cn（营销中心）
全国新华书店经销
POD：重庆新生代彩印技术有限公司
*
开本：787mm×1092mm 1/16 印张：15.5 字数：387千
2019年7月第2版 2022年12月第8次印刷
ISBN 978-7-5624-7226-1 定价：38.00元

序

轨道交通以其快捷、舒适等其他交通工具无法比拟的优越性，成为城市交通发展新的热点和重点。当前我国的城市轨道交通正处在大发展、大建设时期，截至 2019 年 7 月底，全国有 36 座城市共开通运营 186 条线，总里程5 765.6 千米。

随着城市轨道交通行业的迅猛发展，相应运营专业人才的需求也日益紧迫，尤其是具有理论和实践性的复合型人才尤为紧缺。为适应新形势，近年来，国内的大专院校，尤其是交通职业技术类院校的城市轨道交通专业迅速扩大，早出人才、快出人才、出实用型人才成为学校和业界的共同愿望。通过一系列的调研和准备工作，在重庆大学出版社的倡导下，西安市地下铁道有限责任公司联合多省市交通类高职高专院校（如西安铁路职业技术学院、陕西交通职业技术学院、广东交通技师职业技术学院等）建立了校企合作联盟，组织具有丰富实践经验的轨道企业技术人员和职业院校的一线教师，与地铁运营实际紧密结合，共同编写了高等职业教育城市轨道交通专业规划教材。

这套规划教材采用校企结合模式编写，结合全国轨道交通发展状况，推出的面向全国、面向未来的教材，既汇集了高校专业教师们的理论知识，也汇聚了城市轨道交通专业技术部门创业者们的宝贵经验。

为做好教材的编写工作，重庆大学出版社专门成立了由经验丰富的专家组成的教材编写委员会。这些专家对城市轨道交通专业教学作了深入细致的调查研究，对教材编写提出了许多建设性意见，慎重地对每一本教材一审再审，确保教材本身的高质量水平，对教材的教学思想和方法的先进性、科学性严格把关。

“校企合作”“理论与实践相结合”是本套系列教材的特点，不但可以满足当前城市轨道交通运营技术管理的需要，也为今后的城市轨道交通运营发展管理提出了新思考。

随着运营管理的要求越来越高，以及新技术的不断应用，本系列教材必然还要不断补充、完善，希望该套教材的出版能满足广大职业院校培养城市轨道交通专业人才的需求，能成为城市轨道交通运营技术管理人员的“良师益友”。

建设部地铁轻轨研究中心　顾问总工
建设部轨道交通建设标准　主　编
建设部轨道交通专家委员会　专家委员

沈景炎

2013年7月26日

前言

城市轨道交通是解决城市交通拥堵最有效的交通方式，具有节能、环保、快捷、高效的特点，因此在各大城市得到了飞速发展。目前，中国已成为世界上城市轨道交通发展速度最快的国家，建设线路和规划线路规模都十分可观。截至2019年7月底，我国大陆范围内开通城市轨道交通运营线路的城市共有36座，运营线路总计186条，运营长度总规模约5 765.6千米，运营车站共3 000余座。

城市轨道交通作用的发挥，依靠系统的安全和高效的运营，然而城市轨道交通系统设备先进、结构复杂，高新技术应用越来越普及，要保障如此庞大的系统安全、高效地运行，必须依靠与之相协调的高素质管理和操作人员。但当前极度缺乏较为系统、细致的，与专业岗位所需理论知识及操作技能紧密相关的专业培训系列教材，为此，西安铁路职业技术学院与西安地下铁道有限公司合作，根据教学工作，结合地铁运营一线经验，经过多次修改和完善，最终形成本书。

本书以项目形式编写，以城市轨道交通系统行车专业岗位所需的理论知识和操作技能为主，对城市轨道交通行车组织进行了详细、全面地描述。内容包括城市轨道交通行车组织概述、行车组织基础、运输计划、列车运行图、行车调度指挥、车站行车组织、车辆段行车组织、施工管理、突发事件应急处置共9个项目。每个项目又分若干任务，并附有实践性的任务实施，任务最后都附有一个效果评价，用于对本任务理解掌握效果的检验。

本书可作为控制中心、车站及车辆基地（车厂）行车调度员、行车值班员、站务员、调车员等行车各岗位人员的培训教材，也可作为高等及中等职业院校城市轨道交通及相关专业的教材和教学参考书，还可供从事城市轨道交通运营管理的专业技术人员学习参考。

本书编写工作分工如下：程涛负责编写项目1；田威毅负责编写项目2；孙佩负责编写项目3；金燕负责编写项目4；赵雯、韩乾负责编写项目5；吴伟、任望负责编写项目6；刘炜、魏子宁负责编写项目7；马文星负责编写项目8；何成敏负责编写项目9；本书由刘炜、程涛负责设计全书的框架及编写思路，赵雯、魏子宁负责完成全书的统稿工作，史小薇、王波恩完成全书的校对工作，刘峻峰担任本书的主审工作。

由于编写时间仓促，编写人员经验和水平有限，不当之处，敬请批评指正。

编　者

2019年7月

目录

项目 1

城市轨道交通行车组织概述

【项目描述】

城市轨道交通行车组织工作是城市轨道交通的中心工作，即在运输生产过程中，为完成运送乘客任务所进行的一系列与运输有关的工作。它担负着指挥列车运行、保证行车安全、提高运输效率的重要任务。城市轨道交通行车组织工作是城市轨道交通系统运营的核心。本项目从城市轨道交通行车组织特点、组织机构及基本工作制度等3个方面进行概述。

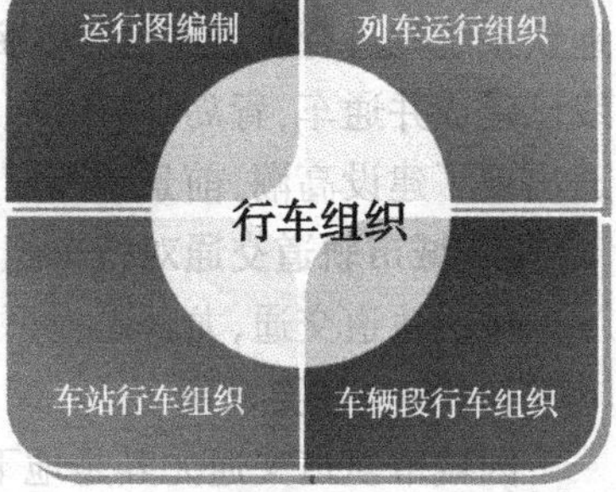

【学习目标】

通过本模块的学习要求掌握以下基本知识：

1.了解城市轨道交通行车组织特点；

2.掌握城市轨道交通行车组织基本概念；

3.熟悉城市轨道交通行车组织机构及各岗位的基本任务；

4.了解城市轨道交通行车组织的基本规章制度。

【技能目标】

1.能够熟练绘制城市轨道交通行车指挥机构层次图；

2.能够熟练绘制城市轨道交通行车技术规章体系图。

任务1 城市轨道交通行车组织特点认知

【活动场景】利用多媒体学习或组织试乘城市轨道交通列车，了解城市轨道交通的特点，以及对行车组织工作的要求。

【任务要求】掌握城市轨道交通对行车组织工作的要求，以及有别于城际铁路的特点。

【知识准备】

城市轨道交通（包括地下铁道和轻轨铁路）是现代化都市的重要基础设施，它安全、迅速、舒适、便利地在城市范围内运送乘客，最大限度地满足市民出行的需求。在城市各种公共交通工具中，具有运量大、速度快、准点、安全可靠、污染低、受天气气候干扰小等特点，对改变城市交通拥挤、乘车困难、行车速度低下是行之有效的。城市轨道交通是现代化都市所必需的交通工具。

我国北京、天津、上海、广州、深圳、南京、成都、沈阳、西安、苏州已建成档次和规模不同的地铁系统并进行扩展和延伸。武汉高架快速轨道线、重庆单轨运输线、大连轻轨线、长春轻轨线已建成并通车，青岛、哈尔滨、杭州、无锡等城市轨道交通也正在建设中。我国城市轨道交通出现了建设高潮，前景十分广阔。

1 城市轨道交通对行车组织工作的要求

城市轨道交通，尤其是地下铁道因其固有的特点，对其提出如下要求：

(1)安全性要求高

因城市轨道交通尤其是地下部分隧道空间小，行车密度大，故障排除难度大，若发生事故难以救援，损失将非常严重，所以对行车组织工作提出了更高的安全要求。

(2)通过能力大

城市轨道交通一般不设站线，进站列车均停在正线上，先行列车停站时间直接影响后续列车接近车站，所以要求信号设备必须满足通过能力的要求。另一方面，不设站线使列车正常运行的顺序是固定的，有利于实现行车调度自动化。

(3)保证信号显示

城市轨道交通虽然地面信号机少，地下部分背景暗，且不受天气影响，直线地段瞭望条件好，但曲线地段受隧道壁的遮挡，信号显示距离受到限制，所以保证信号显示也是一个重要的问题。

(4)可靠性高

由于城市轨道交通隧道净空小，且装有带电的接触网(轨)，行车时不便于维修和排除设备故障，所以要求信号设备具有高可靠性，应尽量做到运营时不维修或少维修。

(5)自动化程度高

城市轨道交通站间距短，列车密度大，行车工作十分频繁，而且地下部分环境潮湿，空气不佳，没有阳光，工作条件差，所以要求尽量采用自动化程度高的先进技术设备，以减少工作人员的数量，并减轻他们的劳动强度。

(6)限界条件苛刻

城市轨道交通的室外设备及车载设备，受土建限界的制约，要求设备体积小，同时必须兼顾施工和维护作业空间。

2　城市轨道交通行车组织特点

城市轨道交通信号系统沿袭铁路的制式，由于其自身的特点，与干线铁路不同。城市轨道交通在整个运输生产过程中，调车作业甚少，行车组织基本上只从事列车运行组织和接发列车工作，由调度所(或中央控制室)和车站(段)两级完成。

(1)具有完善的列车速度监控功能

城市轨道交通所承担的客运量巨大，对行车间隔的要求远高于铁路，最小行车间隔达到90 s，甚至更小，因此对列车运行速度和位置监控的要求极高。

(2)联锁关系简单但技术要求高

城市轨道交通的大多数车站没有配线，不设道岔，甚至也不设地面信号机，仅在少数有道岔联锁站及车辆段才设置道岔和地面信号机，故联锁设备的监控对象远少于铁路车站的监控对象，联锁关系远没有铁路复杂。除折返站外全部作业仅为旅客乘降，非常简单。通常一个控制中心即可实现全线的联锁功能。

城市轨道交通信号自动控制最大的特点是把联锁关系和ATP编/发码功能结合在一起，且包含一些特殊的功能，如无人驾驶、ATO运行、自动折返、自动进路、紧急关闭、扣车等，增加了技术难度。

(3)车辆段独立采用联锁设备

城市轨道交通的车辆段类似于铁路区段站的功能，包括列车编解、接发列车和频繁的调车作业。线路及道岔多，一般独立采用一套联锁设备。

(4)行车调度自动化水平高

由于城市轨道交通的线路短，站间距离小，列车种类较少，行车规律性很强，因此它的调度系统中通常包含自动排列进路和运行自动调整的功能，自动化程度高，人工介入少。

3　城市轨道交通有别于城际铁路的特点

城市轨道交通虽然和铁路同为轨道交通，但和铁路有很多不同之处。

(1)运营范围

城市轨道交通运行范围是城市市区及郊区，往往只有几十千米，不像铁路那样纵横数千千米，而且连接城乡。

(2)运行速度

城市轨道交通因在城市范围内运行，站间距离短，且每站须停车，列车运行最高速度通常不超过90 km/h。而铁路的运行最高速度比较高，许多线路在120 km/h以上，高速铁路在300 km/h以上。

(3)服务对象

城市轨道交通的服务对象单一，只有客运服务，不像铁路那样客、货共线运输。

(4)线路与轨道

城市轨道交通线路在地下、地面或高架，均为双线，各线路之间一般不过线运营。正线一般采用9号道岔，车辆段采用7号道岔，这些都与铁路有异。另外，城市轨道交通还有铁路没有的跨座式和悬挂式。

(5)车站

城市轨道交通一般车站多为正线,多数车站没有道岔,换乘站多为立体方式,不像铁路那样车站有数量不等的道岔及股道,有较复杂的咽喉区,采用平面方式换乘。

(6)车辆段

城市轨道交通的车辆段不同于铁路的车辆段,铁路车辆段只有车辆检修的功能。它类似于铁路的区段站,要进行车辆检修、停放以及大量的列车编解、接发车和调车作业。

(7)车辆

城市轨道交通采用电动车组,一般是采用4节或6节动、拖车编组而成,没有铁路那样的机车和车辆的概念,也没有铁路那样众多类型的车辆。

(8)供电

城市轨道交通供电包括牵引供电和动力照明供电。城市轨道交通一般为直流电力牵引,没有非电气化铁路。城市轨道交通的动力、照明供电尤为重要,一旦供电中断,将陷入瘫痪状况。

(9)通信信号

城市轨道交通列车密度高,行车间隔短,普遍采用列车自动监控和列车自动运行的信号系统。城市轨道交通为了迅速、准确、可靠地传递信息,建有自成体系的独立完整的内部通信网,还包括广播和闭路电视。

(10)运营管理

城市轨道交通运营条件十分单纯,除了进、出段和折返外,没有越行、交会,正线上一般没有调车作业,易于实现自动监控。

【任务实施】

行车组织是轨道交通运营的核心,是指导轨道交通设计和建设的灵魂,是综合运用各种运输技术设备、组织协调运输生产活动的技术业务。

行车组织工作是依据客流运输需求和实际运能配备,制订合理的运输计划(列车运行图),并通过各类行车人员(行车调度员、列车司机、行车值班员等)的紧密配合、协同工作,使列车尽可能按运行图行车,从而实现运送乘客的最终目标。

线路是列车运行的基础,乘客是服务对象,客流是行车组织的目标,而行车组织是实现目标的措施。

以西安地铁二号线的行车组织为例,说说你对城市轨道交通行车组织特点的认知。

【效果评价】

评　价　表

项目名称	城市轨道交通行车组织概述	学生姓名	
任务名称	任务1　城市轨道交通行车组织特点认知	分　数	
项　　目		分　值	考核得分
1.城市轨道交通行车组织基本工作相关知识、图片的搜集、整理		10	
2.是否有小组计划		5	
3.城市轨道交通行车组织特点的认知情况		30	
4.城市轨道交通行车组织有别于铁路特点的认知情况		40	
5.编制学习汇报报告情况		10	
6.基本素养考核情况		5	
总体得分			
教师简要评语： 教师签名：			

任务2　城市轨道交通行车组织机构认知

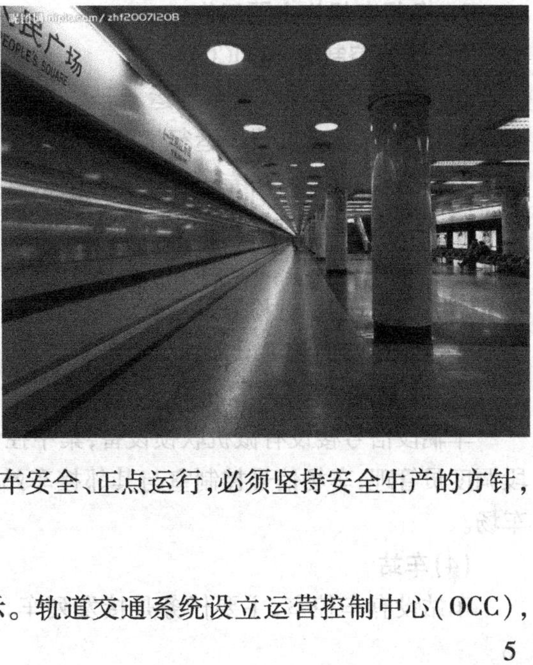

【活动场景】利用多媒体学习或实地参观城市轨道交通车站、车辆段、控制中心等场所，了解城市轨道交通行车指挥机构及各机构主要行车人员的工作。

【任务要求】熟悉城市轨道交通行车指挥机构，了解各主要行车人员的任务及基本要求。

【知识准备】

城市轨道交通系统是一个复杂的、技术密集型的城市公共交通系统。为确保行车组织工作中各环节紧密配合、协调工作，保证列车安全、正点运行，必须坚持安全生产的方针，贯彻高度集中，统一指挥，逐级负责的原则。

1　城市轨道交通行车指挥机构

城市轨道交通行车指挥机构如图1.1所示。轨道交通系统设立运营控制中心(OCC)，

OCC 一般按照分工设置不同的调度工种，通常设有值班主任、行车调度、电力调度、环控调度及维修调度等岗位。

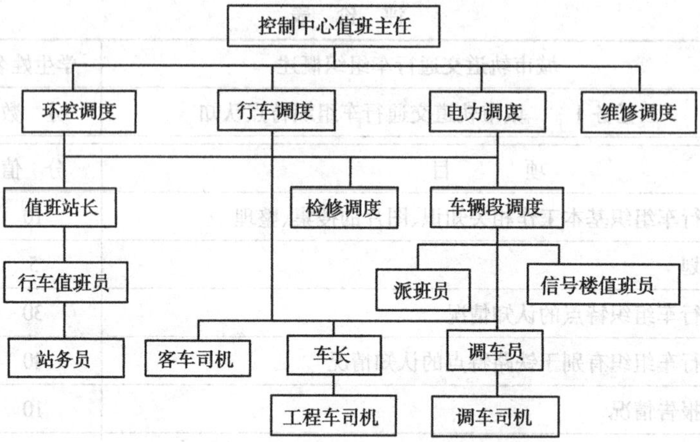

图 1.1　城市轨道交通行车指挥机构层次图

一般城市轨道交通行车指挥机构分为一级、二级两个指挥层级；二级服从一级指挥。一级指挥为：行车调度、电力调度、环控调度和维修调度；二级指挥为：车站值班站长、车辆段调度、检修调度。各级指挥根据各自职责任务独立开展工作，并服从 OCC 值班主任总体协调和指挥。

OCC、车辆段及车站的指挥工作关系：

①车站由值班站长、车辆段由车辆段调度统一指挥。

②列车在区间时，电客车由司机负责指挥，工程车由车长负责指挥；列车在车站时，由车站值班站长负责指挥，或由行车调度员用无线电话直接指挥列车司机。

③发生行车设备故障，车站值班站长（行车值班员）应及时报告维修调度员和行车调度员；由行车调度员跟进维修调度员或车辆段调度员组织抢修处理。

2　各行车机构主要工作

（1）运营控制中心（OCC）

OCC 是城市轨道交通系统运营日常管理、设备维修、行车组织的指挥中心，通过各调度员，对全线列车运营和设备运行情况进行监视、控制、协调、指挥和调度，也是城市轨道交通系统运营信息收发中心，所有与行车有关的信息必须通过 OCC 集散。

（2）车辆段控制中心（DCC）

DCC 是车场管理、车辆维修组织和作业的控制中心，负责车场范围内的行车组织、维修施工管理，负责车辆日常检修、清洁、定修和临修工作控制，为轨道交通系统运营及设备维修施工提供数量足够的和工况良好的客车和工程列车。

（3）车辆段信号楼

车辆段信号楼设有微机联锁设备，集中控制车场范围内的进路、道岔和信号机，隶属车辆段调度员管理，车场信号控制室与其邻接车站通过进路照查电路，共同组织与监控列车进出车场。

（4）车站

车站设有车控室，主要任务是接发列车，并做好乘客服务工作，遇突发情况进行应急处理，确保行车安全和乘客人身安全。

3　主要行车人员的任务

(1)行车调度员

行车调度员负责城市轨道交通的日常行车组织、指挥工作，按照《运营时刻表》的要求组织行车，实现安全、准点和优质的运营服务。负责监督控制全线客流变化情况，调集人力物力和备用车辆，疏导突发大客流。负责组织、实施正线、辅助线范围内的行车设备检修以及各种施工、工程车运输作业。负责组织、处理在运营过程中发生的各种故障、事件、事故。

(2)列车司机

列车司机负责城市轨道交通列车驾驶及车辆故障的处理工作，听从行车调度员指挥，按照列车时刻表为乘客提供安全、正点、快捷、舒适的优质服务。

(3)车站行车值班员

车站行车值班员负责车站的行车组织工作，监督控制本站客流变化情况，负责组织、实施本站范围内的行车设备检修以及各种施工组织工作，负责组织、处理车站在运营过程中发生的各种故障、事件、事故。

(4)车辆段人员

1)车辆检修调度员

车辆检修调度员负责车辆的计划维修、故障抢修、事故处理、调试、改造作业安排及组织实施，监视所有车辆技术状态，提供运行图所规定的客车数上线服务，并确保其状态良好，符合有关规定。

2)车辆段调度员

车辆段调度员统一指挥车辆段内的行车组织工作，全面负责组织实施客车、机车车辆转轨、取送作业，组织实施列车调试作业、列车出入车辆段等工作，科学合理地调配人员、机车车辆，协调、安排车辆段内行车设备、消防设备及库房等设备、设施的检修维护。

3)车辆段信号楼值班员

车辆段信号楼值班员根据接发列车作业计划、调车作业计划操作微机联锁设备，负责列车进出车辆段的行车组织工作。

4　对主要行车人员的基本要求

(1)行车调度员

作为实现列车时刻表的实际组织者，行车调度员肩负着控制整体系统、指挥列车运行、处理突发事件的重大责任。

(2)列车司机

作为行车组织的最前线执行人员，列车驾驶员肩负着安全驾驶列车、快捷运送乘客、保证人身安全的重大任务。

(3)车站人员

车站人员要确保自动化设备和所提供的服务能满足乘客的需求，也要保障在车站管辖范围内乘客的安全；车站的运输服务工作需要与控制中心紧密合作，车站人员随时准备执行行车调度员命令，协助行车调度员完成行车组织工作，根据客流状况作出适当的安排措施。

(4)车辆段、停车场人员

车辆段及停车场人员是行车组织工作中重要的后勤保障人员，为在线列车安全运营提供状态良好的列车，要求各岗位人员认真做好列车检修、维护及准备工作。

【任务实施】

对全国单线运营及网络化运营的地铁进行分类，对两者行车指挥体系进行分析、讨论。

(1)西安地铁二号线行车指挥体系

西安地铁二号线行车指挥体系与图 1.1 一致，为典型的单线行车指挥层次。

(2)上海轨道交通网络化指挥体系

随着上海轨道交通网络的建成，上海地铁的运营已由单线运营模式向网络化多线运营模式转变。上海地铁运营组织架构进行了调整，在各线路控制中心基础上成立了网络运营监控中心(COCC)和应急指挥中心(ETC)，网络运营采取集中分级式管理架构，指挥体系主要分三个层次。上海轨道交通网络化指挥体系如图 1.2 所示。

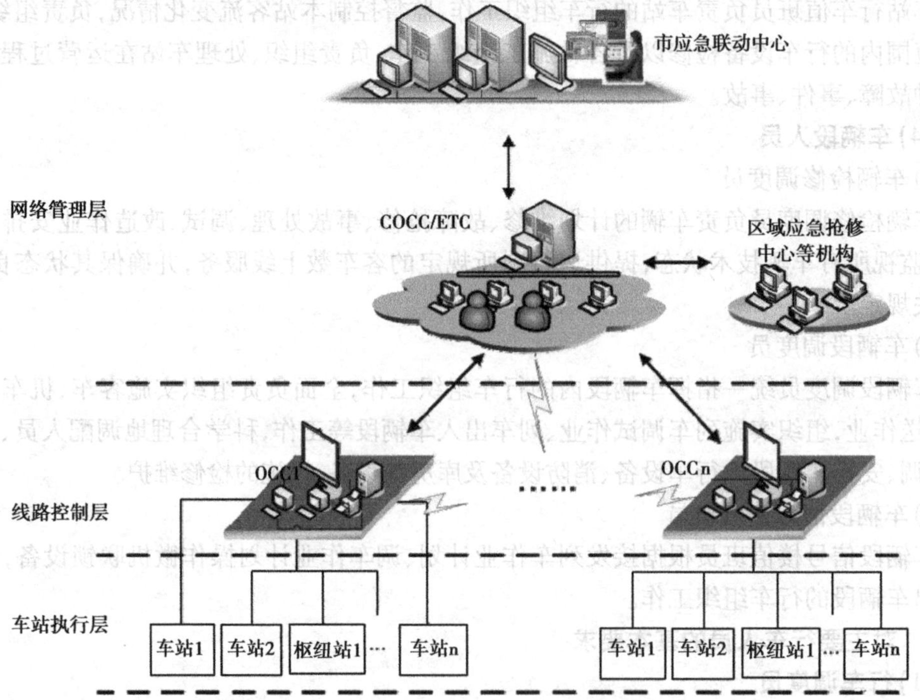

图 1.2　上海轨道交通网络化指挥体系

【效果评价】

评 价 表

项目名称	城市轨道交通行车组织概述	学生姓名	
任务名称	任务2　城市轨道交通行车组织机构认知	分　数	
项　　目		分　值	考核得分
1.城市轨道交通行车指挥机构相关知识、图片的搜集、整理		20	
2.是否有小组计划		5	
3.城市轨道交通各行车机构主要工作的认知情况		30	
4.城市轨道交通各主要行车人员基本要求的认知情况		30	
5.编制学习汇报报告情况		10	
6.基本素养考核情况		5	
总体得分			
教师简要评语： 教师签名：			

任务3　城市轨道交通行车组织的基本工作制度

【活动场景】在教室进行教学。

【任务要求】了解城市轨道交通行车组织的基本工作制度。

【知识准备】

城市轨道交通是技术高度密集的大容量客运交通系统，具有高度集中、统一指挥、紧密联系和协同动作的特点。对于城市轨道交通运营企业而言，行车组织工作是核心业务，其余各生产活动是为行车组织工作配套或提供技术保障。为使系统行车组织工作各环节中各业务管理部门、单位、工种能够统一、协调的运作，必须建立一个系统、统一、科学的行车管理规章体系。

行车组织类规章制度是轨道交通运营企业技术管理的核心，是规范所有行车组织工作从业人员生产活动的行为准则。各行车组织岗位人员必须严格遵守、执行规章制度，确保整个系统安全、有序、高效地运作。

1　城市轨道交通行车组织规则

(1)行车组织规则的内容

行车组织规则是各城市轨道交通企业根据各自运营线路信号及有关设备系统运营使用功能和行车设备的配置及实际运营要求情况制定的,是一个企业行车管理的基本法规。

①技术设备:包括限界、线路、限速、轨道、道岔、信号机、电客车、屏蔽门、通信设备、供电设备、机电设备和车辆段等;

②行车组织指挥系统:包括行车组织原则、运营组织指挥机构及功能、运营指挥执行层次等;

③行车闭塞法:主要包括固定闭塞法、电话闭塞法;

④列车运行有关规定:主要包括列车运行模式、电客车运行的准备和条件、电客车出入车辆段的组织、列车接发作业规定、电客车运行中的操作、工程车开行规定等;

⑤非正常情况下的行车组织:包括列车反方向运行规定、列车退行规定、列车推进运行规定、信号系统设备故障时的行车办法、客车故障处理、救援列车的开行、屏蔽门故障的处理、NRM 模式运行的规定、隧道内线路积水时的行车规定、遇恶劣天气时的行车组织等;

⑥设备维修规定:设备的日常养护维修、设备检修施工组织、运营时间的设备抢修、非运营时间的设备检修施工、施工防护等;

⑦信号设备操作规定:主要包括 HMI 操作规定、LCW 操作规定、LCP 盘的操作规定;

⑧固定信号、手信号显示方式、显示意义的规定及信号示意图;

⑨其他:包括隧道照明、标志、行车日期的划分、电动列车驾驶员添乘要求、行车凭证及行车表簿的格式及填写要求等。

(2)行车组织规则的编制要求

①行车组织规则是运营管理的基本法规,它规定了各部门、各单位在从事运营生产过程中,必须遵循的基本原则、工作方法、作业程序和相互关系;

②行车组织规则需明确运营工作人员的主要职责和必须具备的基本条件,并对工作流程作原则性说明;

③各部门、各单位制订的有关技术业务方面规程、规则、细则和办法等都须符合行车组织规则;

④随着城市轨道交通系统的不断发展,线路的不断延伸,信号管理模式的改变,行车组织规则也需不断充实和完善。

2　城市轨道交通行车调度工作规则

(1)行车调度工作规则的主要内容

①行车调度的组织机构、职责范围和工作制度;

②行车调度设备;

③日常调度工作;

④调度命令的下达程序及要求;

⑤中央控制室 ATS 操作及故障处理;

⑥施工计划的安排实施及运营前的多项准备;

⑦非正常情况下的列车运行调整;

⑧列车运行图的铺画规定;

⑨运行记录、图表;

⑩运营分析及信息传递;

⑪调度员的培训工作。

(2)行车调度工作规则的编制要求

①编制时应以行车组织规则为依据,内容不应与行车组织规则的规定相抵触;

②在行车调度工作中，行车调度工作规则应对调度工作具有指导作用；

③行车调度工作规则应根据线路、信号等设备的调整进行相应的修改。

3　城市轨道交通车站行车工作细则

(1)车站行车工作细则的主要内容

①车站概况和技术设备：车站概况包括车站的位置、性质、等级和任务；技术设备包括股道、信号、联锁及闭塞、客运设备、自动售检票系统、通信、照明、供电等设备；

②日常作业计划及生产管理制度；

③车站行车组织工作：包括正常运营期间及非正常情况下车站行车办法；

④车站客运组织工作：包括正常运营期间及非正常情况下车站客运组织办法；

⑤特殊运输工作组织；

⑥检修施工管理；

⑦行车备品管理及行车簿册填记要求；

⑧设备故障时车站广播宣传的规定；

⑨列车与车辆技术作业过程及其时间标准。

(2)车站行车工作细则的编制要求

①编制时应以行车组织规则为依据，细则中的规定不能与行车组织规则的规定相违背；

②车站行车工作细则的编制应从车站实际情况出发，制订的规定需符合车站工作要求，充分发挥现有设备的运用效能，从实际出发，更新改造限制能力的薄弱环节，不断提高作业效率，扩大设备能力；

③车站行车工作细则的编制内容应是行车组织规则的规定在车站工作的具体细化，并根据车站实际情况作补充，用合理的劳动组织推行作业标准化，做到各项作业的连续性、均衡性，最大限度地平行作业，减少各种等待、干扰时间，加速车辆周转，实现安全、正点、畅通、优质、高效地为乘客服务。

【任务实施】

对比全国各地铁行车组织技术体系的划分及结构，对城市轨道交通行车组织技术规章进行分析、讨论。

(1)西安地铁二号线行车组织规章体系

西安地铁二号线行车组织规章体系如图1.3所示，西安地铁的行车组织规章体系从结构上分为3级，即运营分公司级规章制度、部门级管理规定及各岗位操作细则。从内容上划分为行车管理办法、施工管理办法、专项规章及专项运营组织方案、突发事件应急预案、运营事故处理规则等方面。

以行车管理办法为例，第一级规章为行车组织规则(二号线首通段)，它是西安地铁二号线首通段运营管理、行车组织的指导性文件。规定了行车组织相关的基本准则，以及行车相关各部门工作接口界定的原则。行车管理办法第二级规章包括运营控制中心、车站、车厂等三个行车指挥机构的运作管理办法，这些规章具体描述了本部门行车组织的相关运作规定及与各部门接口的细化。行车管理办法第三级规章是针对各岗位的操作细则及指南。如控制中心各调度手册，各车站技术管理细则、车厂司机手册等。

(2)上海地铁行车组织规章体系架构

上海地铁行车组织规章体系架构如图1.4所示，上海地铁的行车组织规章体系从结构上可以分为2级，即公司级规章制度、方案和分公司级操作细则。从内容上划分为轨道交通行车管理办法、运行图有关规定、专项规章及专项运营组织方案。

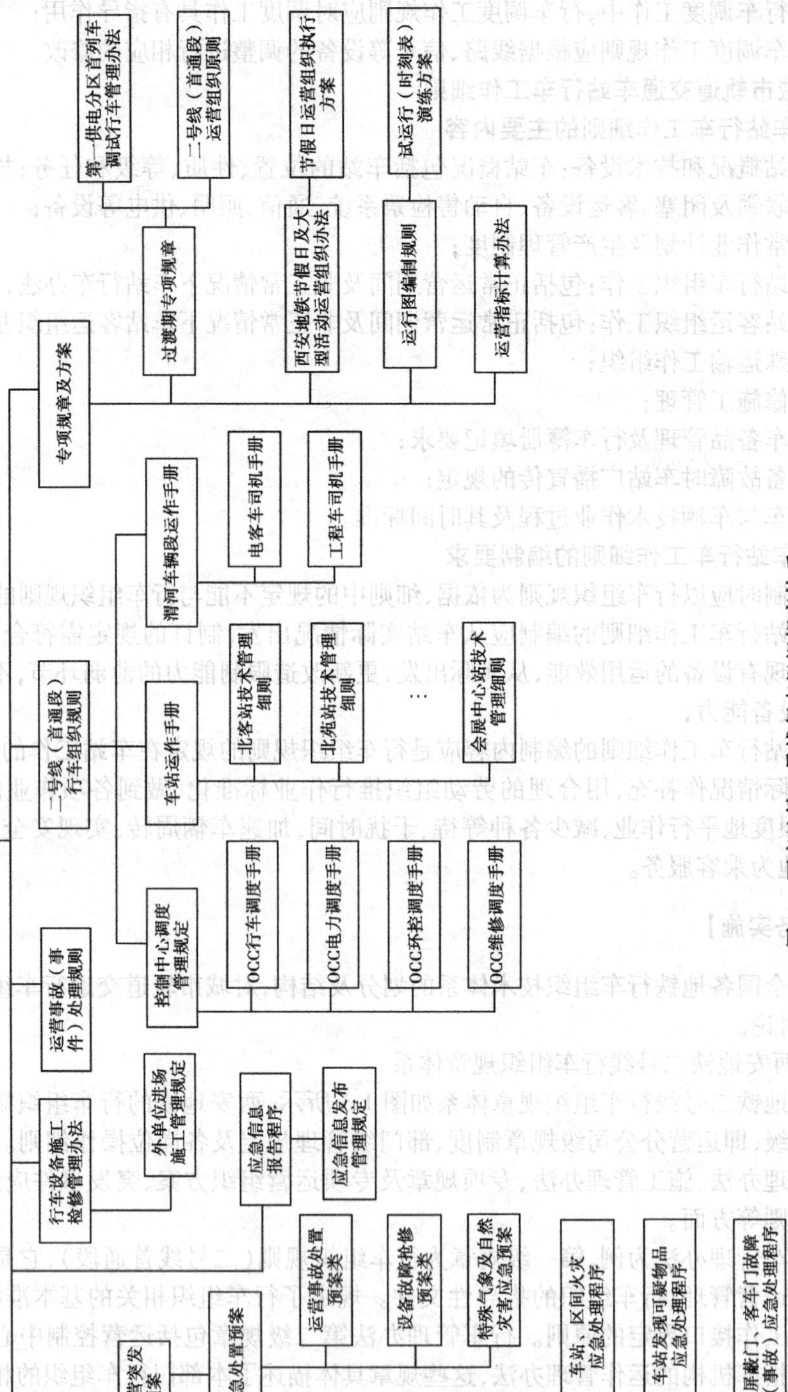

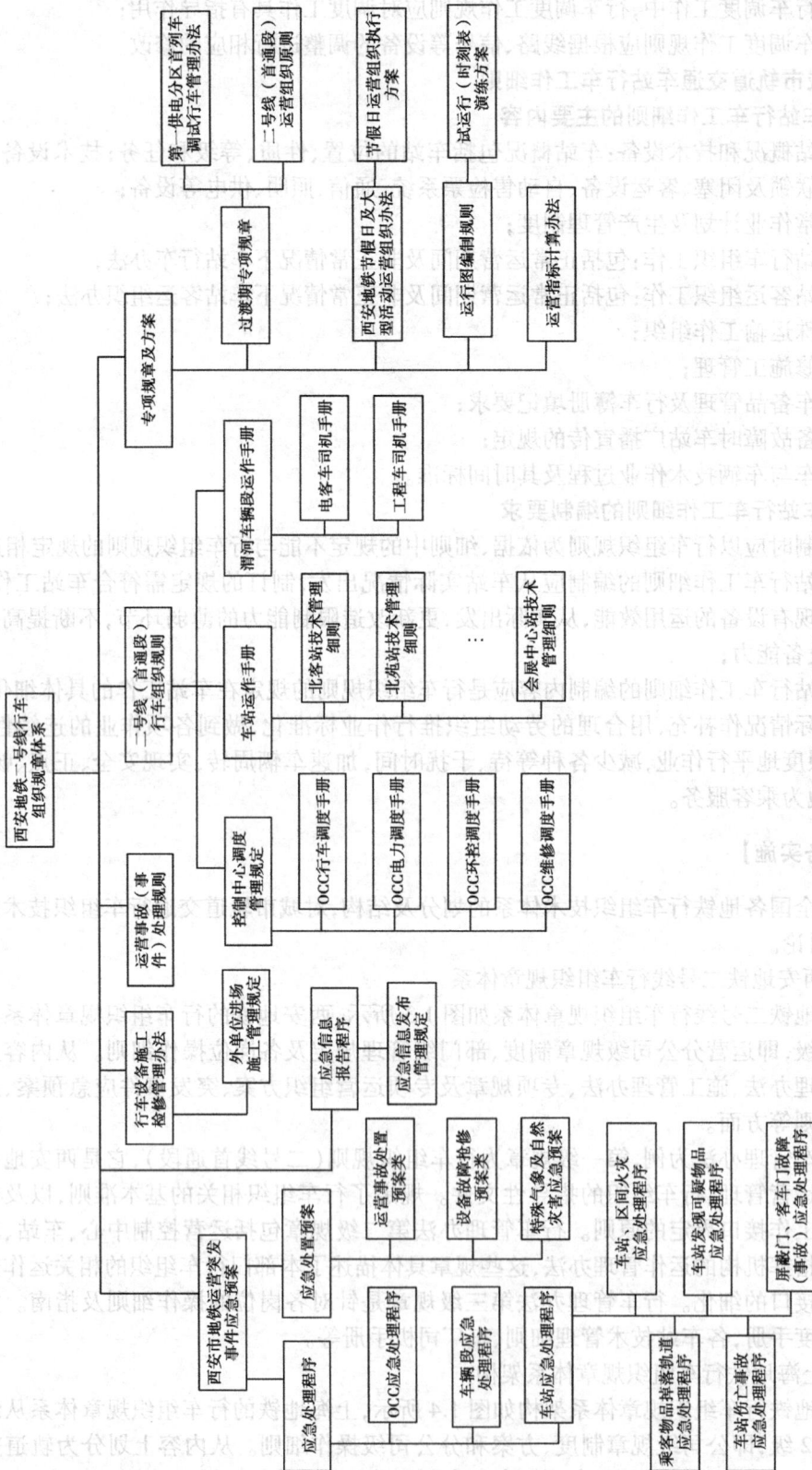

图1.3　西安地铁二号线行车组织规章体系

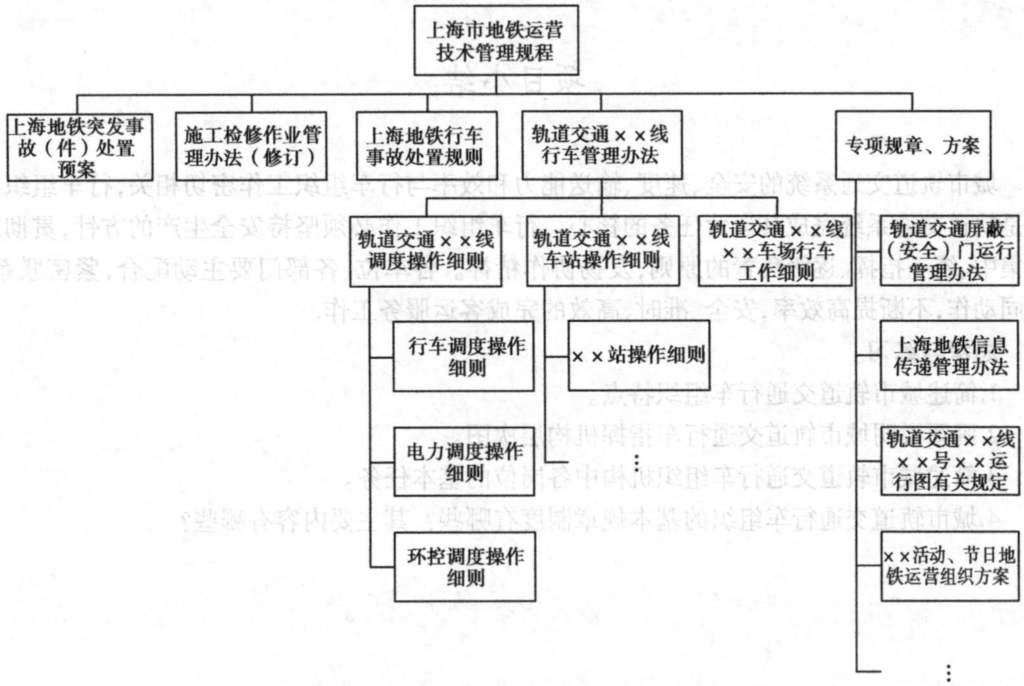

图 1.4　上海地铁行车组织规章体系架构

【效果评价】

评　价　表

项目名称	城市轨道交通行车组织概述	学生姓名	
任务名称	任务 3　城市轨道交通行车组织的基本工作制度	分　数	

项　　目	分　值	考核得分
1.城市轨道交通行车组织的基本工作制度的搜集、整理	10	
2.是否有小组计划	5	
3.城市轨道交通行车组织规则的认知情况	30	
4.城市轨道交通行车调度工作规则的认知情况	20	
5.城市轨道交通车站行车工作细则的认知情况	20	
6.编制学习汇报报告情况	10	
7.基本素养考核情况	5	
总体得分		
教师简要评语： 教师签名：		

项目小结

城市轨道交通系统的安全、速度、输送能力和效率与行车组织工作密切相关,行车组织工作是轨道交通系统完成其运营任务的核心。行车组织工作必须坚持安全生产的方针,贯彻高度集中、统一指挥、逐级负责的原则,发扬协作精神。各单位、各部门要主动配合,紧密联系,协同动作,不断提高效率,安全、准时、高效的完成客运服务工作。

思考与练习

1.简述城市轨道交通行车组织特点。

2.画图说明城市轨道交通行车指挥机构层次图。

3.简述城市轨道交通行车组织机构中各岗位的基本任务。

4.城市轨道交通行车组织的基本规章制度有哪些?其主要内容有哪些?

项目2 行车基础知识

【项目描述】

城市轨道交通是一个高度自动化的有机整体，是依靠各个系统的联动协调运作。本项目分车站及线路、信号系统、通信系统、供电系统4个任务，介绍了地铁设施设备概况。

【学习目标】

通过本项目的学习掌握以下基本知识：

1.掌握车站分类，熟悉线路组成及分类，认识线路标志；

2.掌握地铁信号、联锁、闭塞及列车运行控制相关知识；

3.熟悉地铁通信系统组成，各子系统的功能及使用；

4.掌握地铁供电系统变电所及接触网的基本知识。

【技能目标】

1.能对车站进行分类，描述各种车站特点；

2.能认识各种线路，描述其用途；

3.能认识各种信号机及其显示，明确其显示含义；

4.能使用和操作各种通信设备；

5.能认识变电所及接触网各个设备部件。

任务1 车站及线路的认识

【活动场景】在城市轨道车站、车辆段或正线现场教学,或用多媒体展示城市轨道交通车站、线路及线路标志实物图片。

【任务要求】掌握城市轨道交通车站、线路的组成及分类,认识线路及信号标志。

【知识准备】

1 地铁车站

在城市轨道交通运输生产活动中,车站有着重要的功能。城市轨道交通中的车站是客流集散的场所,是乘客出行乘坐列车始发、终点及换乘的地点,是运营企业与服务对象的主要联系环节。车站是线路上供列车到发、通过的分界点,某些车站还具有折返、存车等功能。

从不同的角度,可对车站进行不同的分类。

(1)按车站与地面的相对位置分类

车站可分为地下站、地面站、高架站。

地下站是指轨道线路设在地面以下的车站,如图2.1所示。通常地下站的站厅、站台以及生产、办公用房均设在地面以下,通过地下站的出入口(图2.2)通往地面。地下站一般为地面出入口、中间站厅和地下站台的两层或三层结构形式,出入口通道总数不得少于两个。由于建在地下,其工程造价高于其他两种类型的车站。

图2.1 地下站

图2.2　地下站的出入口

地面站是指轨道交通线路在地面上的车站，如图2.3所示。地面站的线路和站台、站厅、设备房等通常设在地面上。地面站出入口、站厅、站台分布在同一个平面，优点是造价低，缺点是占地面积过大，对线路经过的区域造成地面的人为分割。

高架站是指轨道交通线路架空在地面以上的车站，如图2.4所示。高架站除了线路和站台架空在地面以上外，站厅、办公用房、生产用房等通常也设在地面上，一般位于线路和站台的下层。高架站一般为地面出入口、地面或高架站厅、高架站台的两层或三层结构；其缺点是占用地面空间较大，对城市景观影响也大。

图2.3　地面站

图2.4　高架站

(2)按站台与轨道线路的空间关系划分

车站可分为侧式站台车站、岛式站台车站及混合式站台车站,如图2.5所示。

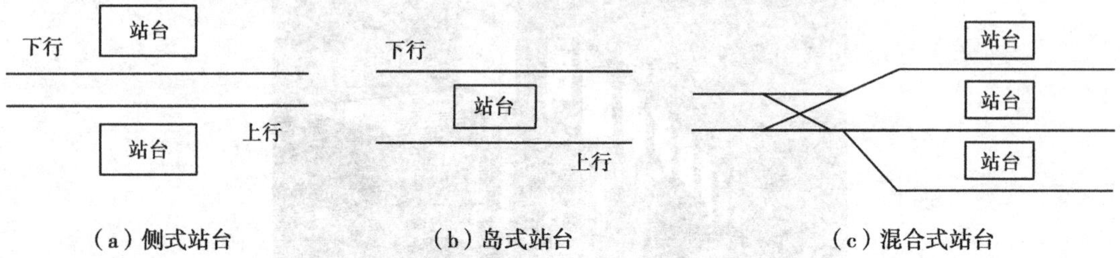

图2.5 按站台与线路的空间关系划分的车站

侧式站台车站是指车站的上、下行线路位于两站台的中间,站台位于上、下行线路两侧的车站,如图2.5(a)所示。其优点是站台的横向扩展余地大,上行、下行线乘客上车、下车无干扰,不易乘错方向,且对线路设计影响不大,工程造价相对岛式站台低;缺点是站厅客流组织难度大,乘客容易下错乘车站台等。

岛式站台车站是指车站的上、下行线路设在站台两侧,站台位于上行、下行线路中间的车站,如图2.5(b)所示。其优点是站台面积可以得到充分利用,便于集中管理,车站结构紧凑,设备使用率高,乘客换乘方便;缺点是对线路设计影响大,设计难度大、造价高。根据站台和线路数量的不同又可分为一岛式、两岛式等。

混合式站台是指同时具有侧式站台和岛式站台的车站,如图2.5(c)所示。如一岛两侧式、两岛一侧式等。一般多为终点站(始发站),设有道岔和信号联锁等设备,行车组织上增加了灵活度,通过不同站台同时接发列车,缩短列车行车间隔,提高列车运行效率。乘客可以在不同的站台上车、下车,方便车站的客流组织。

(3)根据信号系统功能划分

车站可分为联锁站和非联锁站,联锁站是指具有信号联锁设备,一般可以监控列车运行、排列列车进路以及对列车的运行进行控制的车站。联锁站通常有道岔。非联锁站是指没有联锁设备,一般不能监控列车运行以及不能排列列车进路的车站。非联锁站通常无道岔。

(4)根据运营功能划分

车站可划分为终点站、中间站、区域站、换乘站、联运站、枢纽站等,如图2.6所示。

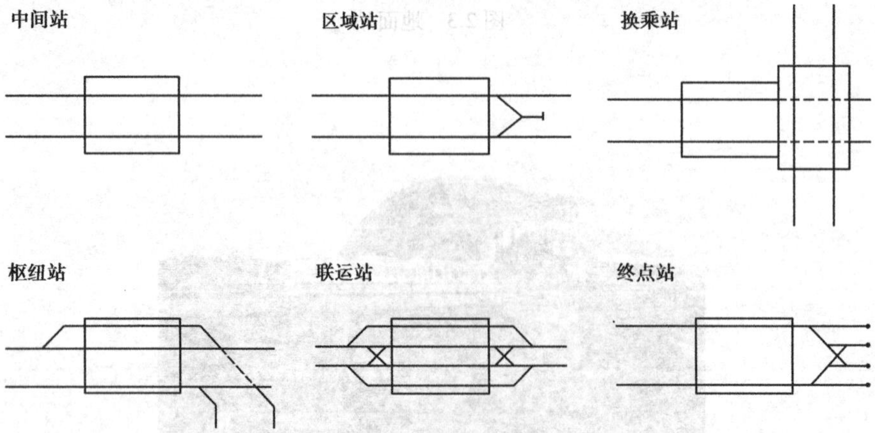

图2.6 按运营功能分类的车站

终点站是指线路两端的车站。终点站除了供乘客上下车外,通常还具有列车折返、停留等运营功能。

中间站是指线路上除两端终点站以外的车站。中间站一般只供乘客上下车,部分中间站也设有存车线和折返线,可供列车折返或停留。

区域站是指设在两种不同行车密度交界处的车站。设有折返线、渡线等折返设备,可供列车进行折返作业的车站。

换乘站是指设在不同线路的交汇处,供乘客上下车及由一条线路换到另一条线路的车站。换乘站在城市轨道交通线网中起着重要作用。它位于城市轨道交通线路的交叉点或汇合点处,其功能是把线网中各独立的线路连接起来,为乘客换乘其他线路的列车创造方便条件。通常城市轨道交通线网中乘客的换乘采用联票制度,不需要重新购票,线路间的换乘十分方便。

枢纽站:由此站分出另一条线路的车站。

联运站:车站内设有两种不同性质的线路进行联运。

2　城市轨道交通线路

城市轨道交通线路按其在运营中的作用,分为正线、辅助线和车辆段线。

由于运营线路为全封闭形式,数个列车在其中循环往返运行,为了便于工作人员识别方向,以上行和下行来命名线路的运行方向。一般以线路的一个终点站为参照点,列车驶向该站的线路为上行线,反之为下行线。

(1)正线

正线是贯穿所有车站、区间供车辆载客运营的线路。城市轨道交通的正线,一般按双线设计,采用右侧行车制;与其他线路相交时,一般采用立体交叉。正线行车速度高、密度大,要保证行车安全和乘座舒适,线路标准要求高,宜以 60 kg/m 以上类型钢轨铺设。

(2)配线

配线是为保证正线正常运营,合理调度列车,为空载列车提供折返、停放、检查、转线及出入段作业而配置的线路。配线速度要求低,最高运行速度一般限制在 35 km/h 以下,标准也低。辅助线包括折返线、渡线、存车线、联络线、出入段线和安全线等。

①折返线:是指在线路两端终点站或中间的区域站(准备开行折返列车的车站)设置的专供列车改变运行方向的线路。运营线路两端站必须设置折返线,中间站通常根据客流需要和列车交路安排设置适当数量的折返线。

②存车线和渡线:渡线是用道岔将上行线、下行线及折返线连接起来的线路,它又分为单渡线和交叉渡线,分别如图 2.7 和图 2.8 所示。存车线是为了故障列车能尽快退出正线运营,每隔 3~5 个车站应设置存车线,供故障列车临时存放或检修时用。

③联络线:是为沟通两条单独运营线路而设置的连接线,为两线列车过线服务。在整个城市轨道交通路网中,要使同种制式的线路实现列车过轨运行,这种过渡一般需要通过线与线之间的联络线来实现。联络线的位置应在路网规划中确定,先期修建的线路应根据规划要求为后建线路预留联络线的设置条件。另外,为方便车辆及大型设备的运输,有条件的地方应设置地面铁路专用线。

④出入段线:是连接正线与车辆段的线路,供列车出入段使用。

图 2.7　交叉渡线

图 2.8　单渡线

⑤安全线：是在两条线路转换处设置的起行车进路隔开作用的线路，一般在车辆段出入段线、折返线、存车线及与正线接轨的支线上根据需要设置安全线。

(3)车辆段线

车辆段线是车辆段内，场区作业、停放列车的线路。有停车线、检修线、试车线、洗车线、牵出线等。

①停车线：用于车辆的停放，按一线一列位或一线两列位设计，其数量应满足该运营线路配属列车的存放，如图 2.9 所示。

图 2.9　停车线

图 2.10　检修线

②检修线：指用于车辆各种不同修程的专用线路，一般设有检修坑道和维修平台，如图 2.10所示。

③试车线：指对车辆进行动态性能试验的线路，其线路标准通常应与正线一致。

④洗车线：指安装有洗车机的线路，用于车辆自动清洗，列车以低于 5 km/h 的速度通过洗车设备，完成车体清洗作业。

⑤牵出线：指用于场内列车转线作业的线路。

3　城市轨道交通线路平面

城市轨道交通线路平面是线路中心线在水平面上的投影，由直线与曲线组成。

①线路曲线对列车运行具有阻力，小半径曲线需限速运行，我国地铁设计规范规定，采用 A 型车且最高速度在 80 km/h 以下时：

a.正线上曲线半径一般不小于 350 m，困难地段不得小于 300 m。

b.辅助线上曲线半径一般不小于 250 m，困难地段不得小于 150 m。

c.车辆段线曲线半径一般不小于150 m,困难地段不得小于110 m。

②线路平面圆曲线与直线之间应根据曲线半径、超高设置及设计速度等因素设置缓和曲线。

③车站站台应设在直线上,在困难地段可设在曲线上,其半径不应小于800 m。

4　城市轨道交通线路纵断面

城市轨道交通线路纵断面是线路中心线在垂直面上的投影,由平道和坡道组成。铺设城市轨道交通线路时,为了适应地面的起伏,线路上除了平道以外,还修成上坡道或下坡道。

①城市轨道交通线路纵断面受车站埋深支配,其中主要是受防护要求及线路等级技术条件、地质条件的影响。此外,还可能受地下管线及地下结构物的影响。

②由于坡道的存在给列车运行带来阻力,线路坡度尽可能采用较平缓的坡度,最大坡度的确定必须考虑载客重列车位于曲线最大坡道处停车能加速启动及必要的安全系数。地铁设计规范规定了城市轨道交通正线最大坡度不宜大于3%,困难地段可采用3.5%,联络线、出入段线的最大坡度不宜大于4%。

③城市轨道交通隧道线路因排水需要,一般不设平坡,地铁设计规范规定隧道内和路堑地段的正线最小坡度不宜小于0.3%,困难地段在确保排水的条件下,可采用小于0.3%的坡度;地面和高架桥上正线最小坡度在采取了排水措施后不受限制。

④为减少列车在运行过程中的电耗和散热量,区间应尽量设计为合理的加减速坡道,其纵断面设计如图2.11所示。

⑤地下车站站台计算长度内线路坡度宜采用0.2%,在困难条件下,可设在不大于0.3%的坡道上。

⑥车辆段线宜设在平坡道上,条件困难时,库外线可设在不大于0.1%~0.5%的坡道上。

⑦道岔宜设在不大于0.5%的坡道上,在困难地段可设在不大于1%的坡道上。

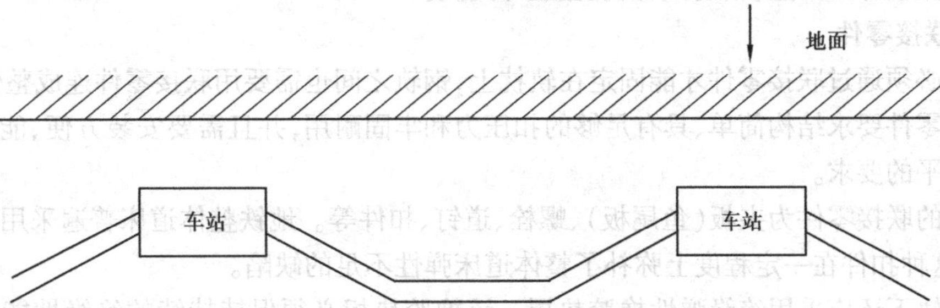

图2.11　隧道加减速坡道示意图

5　轨道系统的组成

轨道是列车运行的基础,必须满足列车运行的安全、可靠与平稳要求,并要便于养护。

地铁轨道由于它选线的特殊性而具有明显的特点:地下隧道内净空富余量小、行车密度大,因此对轨道的养护维修的空间小及时间少;隧道内温度变化幅度较小,钢轨因温度变化引起的形变小;隧道内空气相对潮湿、排水要求高,并要求轨道的主要零件采取防锈处理;地铁线路平纵断面变化幅度比较大、坡度大且曲线半径较小;地铁一般采用整体道床,稳定性好,但是弹性差、造价昂贵,并且列车运行会带来一定的噪声与振动;同时轨道还作为列车牵引用电的回流导线,应满足绝缘要求,以防止泄露电流对钢筋及其他设备的腐蚀。鉴于上述特点,对地铁轨道线路系统的设置，以及养护与维修均有不同的要求。

轨道是由钢轨、轨枕、联接零件、道床和道岔组成。

(1)钢轨

钢轨的功用是支撑和引导机车车辆的车轮运行，并把车轮传来的压力传给轨枕，以及为车轮滚动提供阻力最小的表面；有的线路钢轨还为供电、信号电路提供回路的作用。

钢轨类型以每米质量(kg)数来表示，有75 kg/m、60 kg/m、50 kg/m、43 kg/m等。钢轨的标准长度有12.5 m、25 m两种，此外还有曲线上使用的标准缩短轨。

根据地铁设计规范要求：城市轨道交通正线与辅助线应采用60 kg/m钢轨，车辆段线宜采用50 kg/m钢轨。正线钢轨接头应采用对接，曲线内股应采用厂制缩短轨调整接头位置。辅助线和车辆段线半径等于及小于200 m的曲线地段，钢轨接头应采用错接，错接距离不应小于3 m。

地铁正线与半径为250 m及以上的曲线，应铺设无缝线路。无缝线路是将25 m轨端无螺栓孔的钢轨焊接成1 km及以上的轨条铺设在轨道上，接缝大大减少，因此消灭了列车通过接头区的冲击力，从而减小了振动与噪声。由于在1 km长的钢轨内不存轨缝，当温度升高或降低时钢轨内部就产生了巨大的温度压力，这是无缝线路的一个显著特点，隧道内温度变化幅度较小，铺设无缝线路十分有利，如在地面线路铺设无缝线路则需要加强养护与监控，并适时进行应力放散工作，以防止线路胀轨跑道。

正线与辅助线上钢轨应设轨底坡，其坡度为1:40，但在道岔与道岔间不足25 m的直线段不应设轨底坡。

运营线路必须对钢轨进行定期与不定期探伤与检查，根据国家相关技术标准进行钢轨伤损的标示与跟踪，在高架桥与隧道内钢轨伤损达到轻伤则应及时更换，在普通线路(道岔)以及无缝线路缓冲区的重伤和折断钢轨应立即更换。

(2)联接零件

钢轨必须通过联接零件才能固定在轨枕上，钢轨之间也需要用联接零件连成整体。

联接零件要求结构简单、具有足够的扣压力和牢固耐用，并且需要安装方便、能满足调整轨距和水平的要求。

常用的联接零件为夹板(鱼尾板)、螺栓、道钉、扣件等。地铁整体道床普遍采用弹性分开式扣件，这种扣件在一定程度上弥补了整体道床弹性不足的缺陷。

地铁轨下还应采用绝缘弹性橡胶垫层。该橡胶垫板必须保持持续的绝缘性能和足够的弹性，一旦绝缘性能与弹性降低则应及时更换。

运营线路必须对钢轨联接零件进行定期巡检，根据国家相关技术要求，及时恢复联接零件的功能与补齐缺失的联接零件，以确保轨道系统的整体稳固。

(3)轨枕

轨枕直接支撑钢轨，并通过扣件牢固与钢轨连接。

地面线路采用国家标准轨枕铺设，隧道等采用钢筋混凝土短轨枕式混凝土整体道床时，短轨枕宜在工厂预制，混凝土强度等级宜采用C50，底部宜伸出钢筋以加强与混凝土整体道床的连接。采用连续支撑混凝土整体道床时，应采用整体灌注式。

(4)道床

道床的作用是支撑轨枕、把从轨枕传来的压力均匀传布给路基，它还有缓冲车轮对钢轨的冲击、固定轨枕的作用。在地面线还能起到排除轨道中雨水的作用。

地铁隧道普遍采用整体式道床，无须补充石渣或更换轨枕，而且整体性强、稳定性好、轨道几何尺寸易于保持、减少养护维修工作量，但不足的是工程造价高、施工难度大、一旦形成无法纠偏，出现病害难以整治，且道床弹性差。

高架线路可采用新型轨下基础，地面线路宜采用碎石道渣以降低投资。

地铁线路道床纵向排水坡度可与线路坡度一致，但不宜设置为平坡，道床面还应有不小于3%的横向排水坡。

地铁隧道内混凝土整体道床与地面碎石道床相连时，衔接处应设置弹性过渡段。

碎石道床按国家现行有关规范的规定设置防爬装置。

(5)防爬设备

列车运行时，常常产生作用在钢轨上的纵向力，使钢轨作纵向移动，有时甚至带动轨枕一起移动。这种纵向移动，称为爬行。爬行一般发生在复线铁路的区间正线、单线铁路的重车方向、长大下坡道上和进站时的制动范围内。

线路爬行往往引起轨缝不匀，轨枕歪斜等现象，对线路的破坏性很大，甚至造成涨轨跑道，危及行车安全。因此，必须采取有效措施来防止爬行，通常采用防爬器和防爬撑来防止线路爬行。

穿销式防爬器是由带挡板的轨卡和穿销组成的。安装时，轨卡的一边卡紧轨底，另一边楔进穿销，使整个防爬器牢固地卡住轨底。这样，钢轨在受到纵向阻力时，由于轨卡的挡板紧贴着轨枕，于是轨枕也就阻止钢轨爬行。为了充分发挥防爬器的作用，通常在轨枕之间还安装防爬撑，把3~5根轨枕联系起来，共同抵抗钢轨爬行。

(6)道岔

道岔是引导机车车辆从一股道转入另一股道的线路设备，是轨道系统的重要组成设备，也是轨道的薄弱环节之一。

道岔经常向某一方向开通称为定位，反之为反位，地铁通常规定道岔开通直股称为定位，反之为反位。

道岔按用途与平面形状可分为普通单开道岔(图2.12)、对称道岔、三开道岔、交叉渡线、交分道岔等几种类型。

图2.12 单开道岔

6　**线路及信号标志**

城市轨道交通线路上应设置百米标、坡度标、制动标、圆曲线与缓和曲线始点及终点标、曲线标、限速标、警冲标、停车位置标志等，如图 2.13 和图 2.14 所示。

隧道内百米标、限速标、停车位置标志应设在行车方向的右侧司机易见的位置上；警冲标是一种信号标志，应设在两会合线间，其位置应根据设备限界及安全量确定。隧道外的标志应按国家现行有关规范的规定设置。

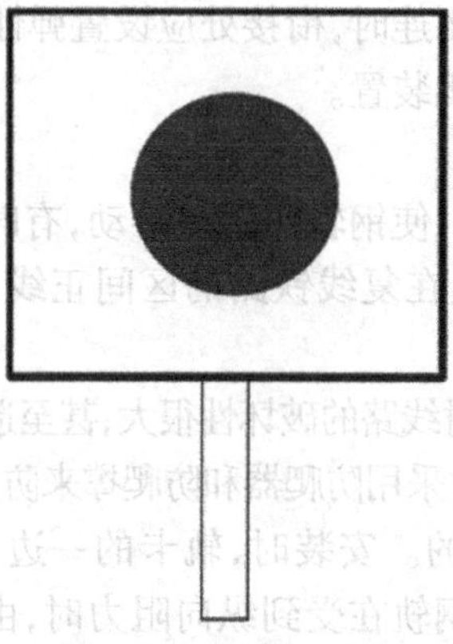

图 2.13　车挡表示器

图 2.14　站名标

7　**限界**

限界是限定车辆运行及轨道周围构筑物不允许超越的轮廓线限界。限界分车辆限界、设备限界和建筑限界 3 种，是工程建设、管线和设备安装位置等必须遵守的依据。它是为了确保机车车辆在线路上运行的安全，防止机车车辆撞击附近的建筑物或其他设备而规定的限制界限，如图 2.15 所示。接触网和接触轨限界属于设备限界的辅助限界。

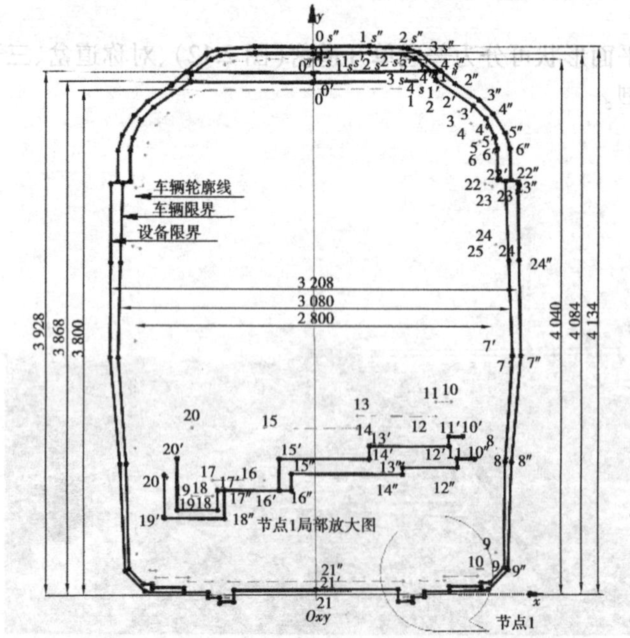

图 2.15　某地铁线路区间地段设备限界及车辆限界

(1)车辆限界

车辆限界是车辆在正常运行状态下形成的最大动态包络线。直线地段车辆限界分为隧道内车辆限界和高架或地面线车辆限界,高架或地面线车辆限界应在隧道内车辆限界基础上,另加当地最大风荷载引起的横向和竖向偏移量。应根据车辆主要尺寸等有关参数,并考虑在静态和动态情况下所达到的横向和纵向偏移量及偏移角度,按可能产生最不利情况进行组合计算确定。

(2)设备限界

设备限界是用以限制设备安装的控制线。直线地段设备限界是在直线地段车辆限界外扩大一定安全间隙后形成:车体肩部横向向外扩大 100 mm,边梁下端横向向外扩大 30 mm,接触轨横向向外扩大 185 mm,车体竖向加高 60 mm,受电弓竖向加高 50 mm,车下悬挂物下降 50 mm。转向架部件最低点设备限界离轨顶面净距:A 型车为 25 mm, B 型车为 15 mm。曲线地段设备限界应在直线地段设备限界基础上,按平面曲线不同半径、过超高或欠超高引起的横向和竖向偏移量,以及车辆、轨道参数等因素计算确定。应根据车辆限界、轨道状况不良引起的车辆偏移和倾斜,并留有适当的安全量等因素计算确定。

(3)桥梁、隧道建筑限界

区间直线地段各种类型的隧道建筑限界与设备限界之间的间距,应能满足各种设备安装的要求。其他类型与施工的隧道建筑限界,应按照地铁设计规范规定要求进行加宽和加高。

车站直线地段的站台高度应低于车厢地板面,其高度差宜为 50~100 mm;站台边缘距车厢外侧之间的空隙宜采用 100 mm。

(4)接触轨、接触网限界

接触轨限界是设在设备限界范围内,用以控制接触轨的固定结构和防护罩的安装,以及能容纳受流器安全工作状态下所需的净空。该限界应根据受流器的偏移、倾斜和磨耗、接触轨安装误差、轨道偏差、电间隙等因素确定。接触网限界是指为了保证受电弓的位置而留出来的空间。

【任务实施】

以西安地铁二号线为例对西安地铁车站及线路情况进行概括总结:

西安地铁二号线首通段 17 座车站,全部为地下站。依次为北客站、北苑站、运动公园站、行政中心站、凤城五路站、市图书馆站、大明宫西站、龙首原站、安远门站、北大街站、钟楼站、永宁门站、南稍门站、体育场站、小寨站、纬一街站、会展中心站。

车站分站厅、站台层,车站站台全部为岛式站台,有效长为 120 m,可停靠 6 辆地铁车辆编组的电客车。

地铁二号线设渭河车辆段,通过出入段线与正线连接。主要用于停放西安地铁二号线运营电客车和工程车辆,承担本线全部列车的检修、整备等日常维修工作,并负担西安地铁二号线线路系统维修和事故救援的工作。

正线为长轨整体道床,会展中心站折返线两组单渡线为碎石道床,渭河车辆段为碎石道床、库内为整体道床。全线线路最大坡度为 26.6‰(位于出入段线),正线最小曲线半径 350 m,辅助线最小曲线半径 130 m。

正线及辅助线采用 60 kg/m 钢轨,车辆段线采用 50 kg/m 钢轨,试车线采用 60 kg/m 钢轨,轨距 1 435 mm。

正线采用 60 kg/m 钢轨的 9 号道岔。车辆段采用 50 kg/m 钢轨的 7 号道岔(试车线为 60 kg/m钢轨,与其接轨的道岔为 60 kg/m 的 9 号道岔)站台边缘至线路中心线的水平距离为 1 500 mm。

【效果评价】

评 价 表

项目名称	行车基础知识	学生姓名	
任务名称	任务 1　车站及线路的认识	分　数	
项　目		分　值	考核得分
1.地铁车站从不同方面分类的认知情况		35	
2.地铁线路及其曲线、平纵断面的认知情况		15	
3.轨道系统及其组成的认知情况		15	
4.地铁线路标志的认知情况		20	
5.地铁限界的认知情况		10	
6.编制学习汇报报告情况		5	
总体得分			
教师简要评语: 教师签名:			

任务 2　车辆系统的认识

【活动场景】在城市轨道交通车辆段设备现场教学,或用多媒体展示车辆相关知识。

【任务要求】掌握城市轨道交通车辆系统基本知识。

【知识准备】

地铁车辆是运送旅客的运输工具。城市轨道车辆与干线机车车辆比较有其显著的特点。

在构造上:地铁列车本身带有动力牵引装置,兼有牵引和载客两大功能,不需要再连挂单独的机车就能保证在地铁线路上正常运行。车辆按有无动力可分为动车与拖车两大类:拖车 T 是无动力牵引装置的车辆;动车 M 是带有动力牵引装置的车辆。地铁车辆在运营时一般采用动拖结合,固定编组,形成电动车组。

从运用性能上:城轨交通站间距离短,起动、制动频繁,所以要求地铁车辆不仅要有良好的牵引、制动性能,保证运行安全、正点、快速,而且要有较高的安全保护措施。同时现代地铁还要有良好的旅客服务设施,使旅客感到舒适、方便。

1　车体车型

铁道车辆主要以普通碳钢为车体材料,车体质量重,造成运营成本和线路维修费用增加。为了降低营运和维修费用,近年来,国内外很多城市轨道交通企业选用不锈钢车辆。不锈钢车与普通碳钢车相比,具有质量轻、耐腐蚀性强、不用修补,使用寿命长等优点。

城市轨道交通车辆按类型可分为:A,B,C 3 种,其主要不同是车体宽度:A 型车宽 3 m,B 型车宽 2.8 m,C 型车宽 2.6 m。车型一般有 4 种:Tc 车为有司机室的拖车;T 车为无司机室的拖车;M 车为不带受电弓的动车;Mp 车为带受电弓的动车。以西安地铁二号线为例,列车采用 6 辆 B 型车编组,如图 2.16 所示。

图 2.16　列车编组

2　车门

以西安地铁二号线车辆为例,客室侧门采用每辆车每侧 4 套双扇电控电动内藏式拉门。车门的电控电动装置采用微处理器控制的电动机驱动装置,并具有自诊断功能和故障记录功能,与列车监控系统有接口。

车门设置可靠的机械锁闭机构、故障隔离装置、紧急解锁、重开门等安全设施。车门关闭时,通过车门的密封系统和合理的门板结构保证车门系统具有良好的隔热、隔音性能,并能有效地消除震动。

3　转向架

城市轨道交通车辆转向架如图 2.17 所示。减振系统的设计先进,采用橡胶弹簧悬挂,乘坐舒适。一系悬挂采用人字金属橡胶弹簧;二系悬挂采用空气弹簧。在运行时可根据乘客多少调节弹簧内空气压力,保持地板高度不变,因此减振性能好,旅客乘坐平稳舒适。转向架主要特点如下:

图 2.17　转向架

①质量轻;

②乘坐舒适,具有良好的运行性能;

③转向架结构简单,零部件少;

④维修费用低;

⑤易于组装和分解。

4　**牵引制动系统**

车辆一般采用先进的调频调压交流感应电机驱动系统，基本原理是将接触网来的1 500 V直流电通过逆变器转换成频率和电压可调的三相交流电，供给驱动用交流鼠笼式感应电机。只有通过调频才能调节感应电机的转速，只有通过调频电压才能使感应电机具有恒力矩或恒功率的牵引特性。众所周知，鼠笼式电机具有坚固耐用、维修少、体积小、质量轻等许多优点，只有大功率电力电子器件和微型计算机的出现和应用才能使它成为具有良好牵引特性的车辆主电机。

牵引电机为三相交流感应电机，可使车辆具有良好的制动性能，在制动时电动机变成发电机状态运行，将车辆动能转变成电能，经逆变器整流成直流电反馈于接触网，可供其他车辆牵引使用。当接触网无法吸收时，可全功率转变为电阻制动，低速或紧急时还有空气制动投入，车辆制动十分可靠。

5　**辅助逆变器**

车辆一般采用新型静态辅助逆变器。车辆的空调压缩机、通风机、空气压缩机、照明、控制电源、蓄电池充电等都需要低压电流，即将电网的直流 1 500 V 变成交流 50 Hz、380 V、220 V和直流 110 V，这就是辅助电源系统的任务。过去多用电动发电机组变换，缺点是噪声大、振动大、维修量大。近年来多采用静止逆变器，逆变器主元件选用当今世界最有竞争力的新型自关断半导体器件 IGBT（绝缘门极双极晶体管）。它的控制很简单，从而简化了主电路和控制电路。采用 IGBT 元件的逆变器应用三点式 12 脉冲线路，减轻对元件耐压的要求，输出波形状好，是当今新颖的线路方式。每节车上有一台 75 kVA 的辅助逆变器，交叉供电，使每节车不会因为自身辅助逆变器故障而造成停电事故。

6　**故障诊断**

采用带彩色显示的故障诊断系统。以 32 位微机为核心的故障诊断系统有多种功能，可以检测整列车主要部件的状态和故障信息，存储并显示于司机台上的彩色显示屏上。彩色显示屏是触摸式屏幕，可掀动页面，查找所需的数据，可记忆故障发生前 400 s 内车辆主要电气参数和环境供分析故障时使用。它还可在运行时根据事先的定义给故障进行评级。司机可根据 3 类故障的轻重缓急来决定下一步的行车方式。显示屏不断显示从 ATC 发来的各种信息和指令。

7　**自动驾驶功能 ATO**

车辆具有自动驾驶功能。车上装有 ATC 车载设备，与地面信号系统相配合，可实现列车自动保护（ATP），列车自动驾驶（ATO），列车自动监控（ATS）确保运行高效安全。

8　**ECU 功能**

车辆的空气制动采用电子模拟控制，指令和变量输入微机，微机经逻辑运算控制电磁阀，由电磁阀控制气阀直接控制闸缸压力，达到制动无极控制的目的。采用这一系统有利于和电制动互相配合，有利于各种信号的综合（如根据载客多少改变牵引力、制动力），且控制灵活方便，反应迅速，是当今气制动控制的最佳方式。车辆设有先进的空转和防滑保护，有效保护车轮和轨道免遭擦伤。

9　**空调制冷**

根据各地气温及湿度情况，车辆配置功率适当的空调制冷系统，每辆车在额定载荷下应保证车内温度在 27 ℃以下,最大相对湿度 65%,每小时每人新风共给量不小于 10 m^3。在紧急情况下,蓄电池供电维持通风 45 min,风量不小于 4 000 m^3/h。

10 广播及乘客信息显示系统

列车广播及乘客信息系统由列车广播、乘客信息、实时新闻播放和客室电视监控系统(CCTV)组成。具有列车广播、实时新闻无线接入、车载乘客信息、多媒体节目播放、LCD 显示、客室电视监控等功能。

列车广播及乘客信息系统设备主要包括视频控制器、音频控制器、车辆网络接口、摄像机、LCD 监视显示器、LCD 乘客信息显示器、LCD 新闻信息显示器、终点站 LED 显示器、车体外侧 LED 显示器、车门上方 LED 显示器(显示动态路线图)、乘客紧急报警器、扬声器等,这些网络设备通过网络连接器挂接在 TMMPIS 通信网上,利用通信网络交换多媒体信息流,与网络周边设备一起完成系统全部功能。

【任务实施】

以西安地铁二号线车辆车门技术参数和功能进行学习:

车门的基本技术参数

·车门数量:	每辆车每侧 4 对门扇
·净开宽度:	(1 300+4)mm
·净开高度:	(1 800+10)mm
·供电电压:	DC110 V,波动范围:77~121 V
·开门时间:	(3±0.5)s
·关门时间:	(3±0.5)s
·开、关门延时时间:	0~3.0 s 可调
·车门关紧力:	≤150 N(每个门扇)
·探测最小障碍物:	25 mm× 60 mm(宽×高)
·开关门噪声级别:	≤68 dB(A)
·车门结构:	对开滑移内藏式
·车门控制方式:	全列车门的开/闭集中控制

车门系统主要功能

·开/关门功能,包括车门开、关状态显示;

·未关闭好车门的再开闭功能,已关好的车门不再打开;

·开关车门的二次缓冲功能;

·防夹人/物功能(障碍物探测重开门功能);

·车门故障切除功能;

·车门内部紧急解锁功能(每辆车每侧两个车门);

·车门旁路功能;

·乘务员钥匙开关功能(每辆车每侧各一个车门);

·故障指示和诊断记录功能并可通过读出器读出;

·自诊断功能;

·零速保护。

【效果评价】

评 价 表

项目名称	行车基础知识	学生姓名	
任务名称	任务2　车辆系统的认识	分 数	
项 目		分 值	考核得分
1.地铁车辆车型的认知情况		20	
2.地铁车辆牵引制动的认知情况		25	
3.地铁车辆辅助逆变器的认知情况		20	
4.地铁车辆故障诊断的认知情况		15	
5.地铁车辆广播及乘客信息的认知情况		15	
6.编制学习汇报报告情况		5	
总体得分			
教师简要评语： 教师签名：			

任务3　信号系统的认识

【活动场景】在城市轨道交通车辆段和正线的信号室内、外设备现场教学，或用多媒体展示信号相关知识。

【任务要求】掌握城市轨道交通信号系统基本知识，及地铁联锁、闭塞、列车自动控制等方面知识。

【知识准备】

在城市轨道交通中，信号系统是用于指挥和控制列车运行的设备系统，对于保证行车安全、提高线路通过能力有着至关重要的作用。

1　信号系统的基本原理

为了防止两个或多个列车同时误入同一

区间,造成列车冲突,行车组织上把城市轨道交通线路划分为若干个空间(称为闭塞分区),在同一时间、同一空间内只允许一列车在其中运行,在空间的入口处设置信号机防护,以此来确保行车安全。

信号系统本身正常工作时能保证行车安全,系统发生故障时也不应危及行车安全,此为“故障—安全”原则,它是城市轨道交通信号安全系统必须贯彻的基本准则。如果构成信号安全系统的部件和电路本身不一定是“故障—安全”的,在这种情况下,必须采取其他安全措施,如故障检测等手段,是整个系统具有故障导向安全的特性。

2　转辙机

转辙机是信号系统的重要组成部分,在车辆段和正线联锁站内的每组道岔处都要设置转辙机,用以转换道岔、机械锁闭道岔并反映道岔的实际位置,如图2.18和图2.19所示。

图2.18　转辙机

图2.19　转辙机内部结构

转辙机的具体作用:

①转换道岔的位置,根据需要转换至左位或右位;

②道岔转至所需位置并且密贴后,实现锁闭,防止外力转换道岔;

③正确地反映道岔的实际位置,道岔的尖轨密贴于基本轨后,给出相应的表示;

④道岔被挤或因故处于“四开”(两侧尖轨均不密贴)位置时,及时给出报警及表示。

3　信号机

信号机是供城市轨道交通车辆段、正线区间作为进站、出站、进路、防护、调车、通过及引导等地面灯光信号使用(在移动闭塞系统中,信号机只在后备或降级模式下起作用),一个灯位为一个独立单元和一种颜色,每个灯位可以显示绿、红、黄、月白、蓝等色,使用时根据需要进行组合,如图2.20所示。色灯信号机有高柱型和矮型之分,无论是高柱型还是矮型,其机构都可分为单显示、二显示和三显示。

图2.20　信号机

红灯:表示停车;

绿灯:表示前进,前方道岔在定位(直股);

黄灯：表示前进，前方道岔在反位（侧股）；

黄灯+红灯：表示引导信号；

月白灯：表示允许调车；

蓝灯：禁止调车通过。

4 联锁

联锁是指进路、进路上的道岔、防护进路的信号机之间相互制约的关系。联锁设备是实现道岔、信号机、轨道区段间正常的联锁关系及进路控制的安全设备。联锁设备是 ATP 子系统的重要组成部分，是确保行车安全的基础设备，必须符合“故障—安全”原则及必要的设备冗余。

联锁设备的主要功能：

①按正确的联锁关系、运营规则及列车位置自动设定、解锁列车进路；

②能对正常的进路、延续进路、侧翼道岔、超限区段进行防护；

③无论是中央集中式联锁还是车站分布式联锁，联锁设备均能对其控制范围内的道岔进行单独操作、单独锁闭。除对列车开放信号外，还能对道岔、防护信号机、轨道区段等信号控制元素实施封锁，禁止通过该元素排列进路；

④能利用联锁设备的工作站轨道和道岔区段进行临时限速设置、信号元素复原的操作及状态表示；

⑤进路的办理方向必须与列车的运行方向相一致，并开放相应方向的信号；

⑥能向 ATP 提供信号状态、列车进路设置情况、保护区段的建立、轨道区段的临时限速、信号元素的封锁及区间运行方向等条件；

⑦联锁设备与 ATS 子系统结合，可实现 ATS 和联锁两级控制。根据运营要求实现自动和人工控制两种模式办理进路；

⑧联锁级自动控制可实现根据列车识别号自动地进行进路和信号机控制，或者根据列车位置自动地排列固定的基本进路和列车折返进路；

⑨联锁设备应具有完善的自诊断功能，能对联锁设备本身、转辙机、信号机、电源等实施监测；

⑩出入车辆段的列车作业和段内的调车作业由车辆段内单独设置的国产微机联锁设备独立控制；

⑪要求完成正线与防淹门、联络线、车辆段等接口功能，完成必要的逻辑判断以及对其接口对象进行正确的控制和监督。

5 列车自动控制系统

列车自动控制系统（简称 ATC 系统）是列车自动运行全过程的控制系统，包括列车自动防护（ATP）、列车自动驾驶（ATO）、列车自动监控（ATS）3 个子系统，3 个子系统通过信息交换网络构成闭环系统，实现地面控制与车上控制结合、现地控制与中央控制结合，构成一个以安全设备为基础，集行车指挥、运行调整以及列车驾驶自动化等功能为一体的列车自动控制系统。

6 信号系统闭塞制式分类

闭塞就是用信号或凭证，保证列车按照空间间隔制运行的技术方法。空间间隔制就是前行列车和追踪列车之间必须保持一定距离的行车方法。在城市轨道交通系统中，信号控制系统可分为固定闭塞、准移动闭塞和移动闭塞几种模式。其中移动闭塞模式代表了信号控制系统的发展方向，其追踪列车间的安全距离相比之下最小，能最大限度地提高线路运输能力。

目前国内新建地铁线路相继采用了移动闭塞系统。

7 CBTC介绍

(1)CBTC 定义

基于通信的列车控制技术(CBTC)是一种采用先进的通信、计算机技术,连续控制、监测列车运行的移动闭塞方式。它摆脱了用轨道电路判别对闭塞分区的占用与否,突破了固定闭塞的局限性。CBTC实现了列车与轨旁设备实时双向通信且信息量大,改变了以往列车运行时信息只能由轨旁设备向车上传递,信息量小的缺点。CBTC能大大减少轨旁设备,安装维修方便。在进一步完善其降级使用模式后,有利于降低运营成本。CBTC便于短编组、高密度运行,可缩短站台长度和端站尾轨长度,提高服务质量,降低土建工程投资。CBTC确立"信号通过通信"的新理念,使列车与地面(轨旁)紧密结合、整体处理,改变以往车—地相互隔离、以车为主的状态,它意味着只要车—地通信采用统一标准协议后,就易于实现不同线路间不同类型列车的联通联运。

(2)移动闭塞方法的原理

移动闭塞系统是采用交叉感应环线或无线扩频等通信方式来实现列车定位和车—地之间双向大信息量数据传输的信号系统,地面划分固定的闭塞分区,列车定位方式也不同于采用轨道电路系统,其列车定位精度高。线路上前行列车经ATP/ATO车载设备将本车的实际位置,通过传输系统传送给轨旁的移动闭塞处理器,并将此信息经系统处理,生成后续列车的运行权限,传送给后续列车的ATP/ATO车载设备。列车控制采用实时速度—距离模式曲线控制列车,追踪运行列车的停车点仅为一个距前行列车尾部预留一定的保护距离处。由于能按照列车性能自动调整列车运行间隔,追踪间隔距离由前后列车的关系和线路情况等动态确定,故称之为移动闭塞系统,如图2.21所示。

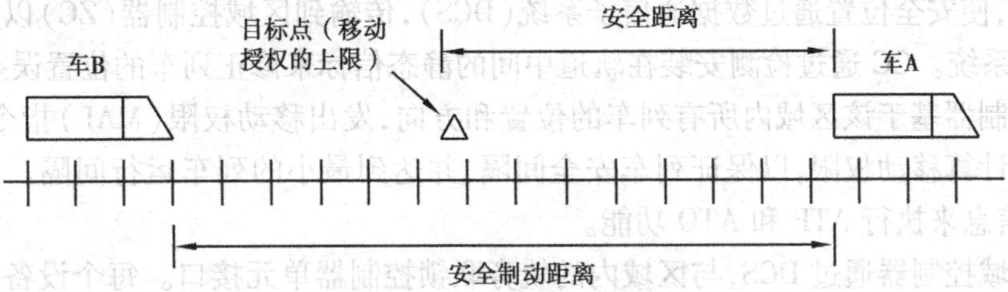

图2.21 移动闭塞原理图

(3)移动闭塞的特点

①可最大限度缩短行车间隔时间,提高系统的运输能力;

②提供实时、连续速度曲线的控制功能,列车的运行舒适性好;

③信息传输独立于轨道电路,受外界各种因素干扰小,运行可靠;

④采用交叉感应环线的移动闭塞系统因数据传输速率低、对乘客向导及多媒体信息支持的传输通道受到限制,是当其被用户选择时的不利因素,但投资较低;

⑤无线扩频通信系统的数据传输速率高,可实现多媒体的功能,进一步提高乘客向导信息功能,系统功能强大,但投资较高。

(4)移动闭塞与传统ATC的比较

传统ATC的传输方式采用固定闭塞,通过轨道电路判别闭塞分区占用情况,并传输信息码,需要大量的轨旁设备,维护工作量较大,此外,传统方式还存在以下缺点:

①轨道电路工作稳定性易受环境影响,如道渣阻抗变化、牵引回流干扰等;

②轨道电路传输信息量小;

③利用轨道电路难以实现车对地的信息传输;

④固定闭塞的闭塞分区长度是按最长列车、满负载、最高速度、最不利制动率等不利条件设计的,分区较长,且一个分区只能被一列车占用,不利于缩短列车运行间隔。

基于 CBTC 的移动闭塞克服了固定闭塞的缺点,它实现了车—地间双向、大容量的信息传输,在真正意义上实现了列车运行的闭环控制。采用无线通信可以达到连续通信的目的,能够提供连续的列车安全间隔保证和超速防护,在列车控制中具有更好的精确性和更大的灵活性,并能够更快地检测到故障点,易于实现联通联运。而且,移动闭塞可以根据列车的实际速度和相对速度来调整闭塞分区的长度,尽可能缩小列车运行间隔,提高行车密度。此外,这种系统与传统系统相比将大大减少沿线设备,安装维修方便,有利于降低运营成本。

【任务实施】

以西安地铁二号线为例对西安地铁信号系统进行概括总结,西安地铁二号线信号系统根据供货商及地理位置分为正线信号和车辆段信号两大部分。

1.正线信号系统

正线信号系统为浙大网新公司集成,采用基于无线通信技术的、移动闭塞制式的、具有完整 ATC 功能的列车自动控制系统,即 CBTC 信号系统。同时还提供了连续式 ATP 功能丧失情况下的点式 ATP 列车超速防护系统。满足二号线一期工程的技术指标、功能以及行车组织和运营需要。

(1)西安地铁二号线正线信号系统原理

车载控制器(CC)负责列车安全定位。CC 通过速度感应器和加速度传感器来确定列车的安全位置,使安全位置通过数据通信子系统(DCS),传输到区域控制器(ZC)以及列车自动监控(ATS)系统。CC 通过检测安装在轨道中间的静态信标来修正列车的位置误差。

区域控制器基于该区域内所有列车的位置和方向,发出移动权限(MAL)指令,并持续更新和传输。计算移动权限,以保证列车安全间隔,并达到最小的列车运行间隔。车载控制器利用 MAL 信息来执行 ATP 和 ATO 功能。

每个区域控制器通过 DCS,与区域内的轨旁联锁控制器单元接口。每个设备集中站都配备联锁控制器。联锁控制器控制和监测轨旁设备,诸如转辙机、计轴器、信号机和屏蔽门等,并将状态信息传递到区域控制器和 ATS。

(2)西安地铁二号线正线信号基础设备

正线轨旁子系统设备包括:正线信号联锁主机、区域控制器、转辙机、信号机、计轴器、应答器等。

正线车载子系统设备包括:车载 ATP/ATO、人机界面 TOD、测速传感器、加速度计、车载 MR 天线、车载应答器天线等。

正线 ATS 子系统设备包括:ATS 中央服务器、ATS 各工作站、人机界面 MMI、现地控制工作站 LCW、发车指示器 PDI 等。

正线 DCS 子系统设备包括:轨旁 AP、骨干交换机、介入交换机、光/电缆等,整个正线信号系统由 DCS 统一组网。

2.车辆段信号系统

车辆段信号系统由北京国铁铁信通科技发展有限公司生产的DS6-K5B计算机联锁系统、TJWX-2006-HH微机监测系统、DSG2电源系统组成。该技术较为成熟,已应用于我国多条地铁线路中。

【效果评价】

评 价 表

项目名称	行车基础知识	学生姓名	
任务名称	任务3　　信号系统的认识	分　数	
项　　目		分　值	考核得分
1.地铁信号系统基本原理的认知情况		10	
2.信号机、转辙机等信号设备的认知情况		10	
3.联锁设备的认知情况		30	
4.列车自动控制及CBTC的认知情况		35	
5.编制学习汇报报告情况		10	
6.基本素养考核情况		5	
总体得分			
教师简要评语: 教师签名:			

任务4　通信系统的认识

【活动场景】在城市轨道交通通信各子系统设备位置现场教学,或用多媒体展示城市轨道交通通信系统及其各子系统情况。

【任务要求】掌握城市轨道交通通信系统基本情况,及通信各子系统相关知识。

【知识准备】

通信系统是确保城市轨道交通正常运营的中枢神经,它为城市轨道交通运营各系统、各部门和控制中心间相互传递信息提供传输手段和通道,以便各岗位及时采取行动确保整个系统正常运营。

城市轨道交通通信系统包括传输系统、无线通信系统、公务及站内电话系统、广播系统、视频监控系统和时钟系统。

1　传输系统

通信网的主干是基于光纤的传输系统，它是轨道交通通信系统中最重要的子系统之一，能够为通信其他子系统和列车自动监控（ATS）、综合监控（ISCS）、防灾报警（FAS）、自动售检票（AFC）、电力监控（PSCADA）等系统提供高可靠性的、冗余的、接口灵活的多种宽、窄带传输通道，构成传送语音、数据和图像等信息的综合业务传输网。

在城市轨道交通系统内，传输系统主要为各个系统提供传输通道：

①为电话、广播、闭路电视等传输语音和图像信息；

②为无线通讯系统提供通道；

③为供电电力监控系统提供通道；

④为自动售检票系统提供通道；

⑤为环控系统及防灾报警系统提供通道；

⑥为办公及其他自动化系统等提供必要的通道。

2　无线通讯系统

城市轨道交通无线通讯系统是通讯系统重要的子系统之一，它是调度与司机通讯的重要手段，同时也是移动中的作业人员、抢险人员实现通讯的重要手段。

无线通讯系统提供处于移动状态的运营工作人员（如：司机、现场检修人员及站务人员等）与调度或指挥处所保持联系，必要时可以使用无线通讯发布调度口头命令，指挥行车。无线通讯由基地台、天线（隧道内泄露电缆）、列车无线台、便携式无线台及电源等设备组成。

无线通讯系统根据使用主体的不同包括列车无线调度电话、车辆段无线电话和应急抢险无线电话等。其中列车无线调度电话又简称无线列调，是指挥行车的重要工具之一，可实现列车司机与行车调度员、车站值班员之间的即时通话联系，使列车运行置于调度员的实时控制之下。

3　公务及站内电话系统

城市轨道交通的电话网是利用同一套程控交换机网组成公务电话网和专用电话网。公务及站内电话系统可分为公务电话子系统和站内及轨旁电话子系统两部分，能为管理部门、运营部门、维修部门提供一般公务联络服务，主要是电话业务和部分非话业务。本系统能够提供各种新业务功能，能识别非话业务能力，能与分组交换网连接，能与无线集群系统连接，能与本地公用电话网互联，实现与本市用户特种业务通话，还可以实现国内、国际长途通信。

（1）公务电话网

各车站、控制中心、各系统设备的维修单位、各管理单位内部以及各单位之间利用程控交换机联成程控交换机网络，形成城市轨道交通内部的公务电话网。该网和市话网有中继接入功能并根据需要分配有关用户。

（2）专用电话网

1）调度电话

调度电话用于行车调度、电力调度、环控调度、维修调度、专用调度所和各车站、车辆运用单位等用户之间的直接通话。

2）站间直通电话

站间直通电话由专用通道传递，主要用于车站之间办理行车业务用。

3) 轨旁电话

轨旁电话是指设置在线路轨道旁的电话,用于供有关专业人员和调度及其他有关分机联系,及时报告运行线路发生的故障及其他紧急情况,一般轨道旁隔一定距离(200 m)就设置一部轨旁电话机。

4　广播系统

广播系统由控制中心广播、车站广播、列车广播子系统组成,控制中心、车站、列车通过使用操作终端操控整条运营线路、一个车站、一列车的广播。广播系统的主要作用是:对外向乘客及时通报运营信息,播放温馨提示或音乐以改善候车环境;在故障等非正常情况下通报行车、客运等安排情况;对内亦可紧急召唤检修、抢修人员和车站其他工作人员等。

控制中心通过遥控、遥测,对车站、列车的各播音区进行控制和监测。

所有车站均设置一套有线广播子系统,分为若干个播音区,例如:站厅,上、下行站台,设备用房,管理用房等,可以同时广播,也可分区广播,正常情况下的车站广播可采用自动广播,必要时切换为人工通报有关信息。

各种广播台类型、使用地点、功能如表 2.1 所示。

所有列车设置一套有线广播子系统,对整列车厢同时广播,正常情况下自动广播到站信息,必要时切换为人工通报有关信息。

表 2.1　广播台类型及功能

类　型	使用地点	广播台功能
智能广播台	控制中心大厅	紧急情况下,调度人员可使用它对控制中心进行广播,也可以对任何车站的任何区域进行广播
站长广播台	车站控制室内	车站控制室的值班人员可以通过站长广播台对本站站台、站厅、办公区进行广播
站台广播台	各车站站台	一般每个站台设置一个,是一种全天候、有防护的对讲台
轨旁广播台	车辆段室外区域	通常是沿线路布置,是一种全天候、有防护的对讲台
列车广播台	司机驾驶室	正常情况下自动广播到站信息,应急情况下司机人工广播

5　视频监控系统

视频监控系统(简称 CCTV 系统)主要作用是使控制中心调度管理人员、车站值班员、站台工作人员等实时监控或事后察看方式监控所管辖车站客流、列车出入车站及旅客上下车等情况,以确保车站、乘客安全和合理进行客流组织。

视频监控系统是通过安装在车站各处所的摄像设备,供控制中心的调度人员或车站的值班人员实时、有选择地监视沿线各车站或本站站台及站厅的状况:

①监视客流动态以确保乘客进出站及乘降列车的安全有序。

②监视列车在车站的作业情况,以确保行车安全。

一般设在站台的摄像头采用固定式,一侧站台两个摄像头相对设置,监控范围可涵盖整个一侧站台。设在站厅及重要通道的摄像头宜采用摇头式,便于工作人员根据需要变换角度去观察相关重点位置。

监视终端显示器设置在控制中心大厅调度台、车站控制室工作台、站台端头司机立岗处等，供相关人员及时监控。设在站台端头司机立岗处的显示器，其位置可使司机在列车驾驶室就能看清，司机不出驾驶室就可以监控到乘客上下车情况，确保开关门安全。

6　时钟系统

时钟系统通过全球卫星定位系统（GPS），为轨道交通各生产单位及乘客提供一个标准的时间信息，为轨道交通通信系统、自动售检票系统、综合监控系统、电力监控系统、火灾报警系统等提供统一的时间信息。

城市轨道交通时钟系统主要为各线、各车站提供统一的标准时间信息。为城市轨道交通的其他各设备系统提供统一的定时信号。时钟系统由中心母钟（简称一级母钟）、车站和车辆段母钟（简称二级母钟）和时间显示单元（简称子钟）组成，如图 2.22 所示。

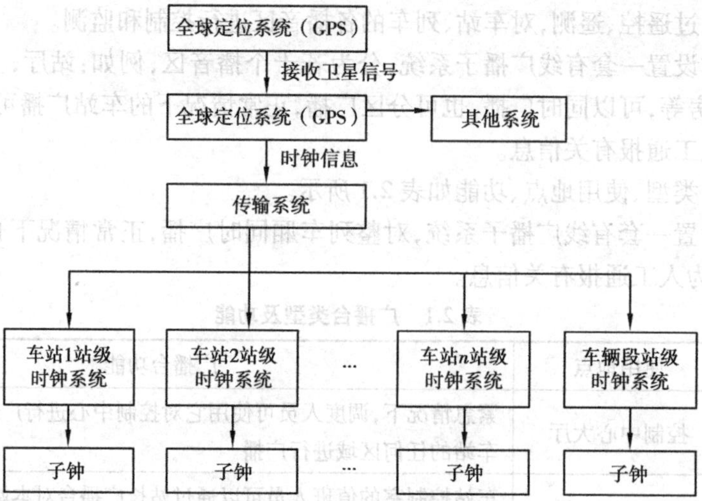

图 2.22　时钟系统组成框图

一级母钟设置在控制中心，二级母钟设置在各车站和车辆段，子钟设置在中央调度室、车站控制室、牵引变电所值班室、站厅、站台以及其他与行车工作直接相关的办公场所。

当设有数字同步网设备时，一级母钟应能接收外部全球卫星定位系统（GPS）基准信号校准，一级母钟定时向二级母钟发送时间编码信号用以校准；二级母钟产生时间信号提供给车站等地的子钟。

【任务实施】

以西安地铁为例对西安地铁的通信设备进行概括总结：

有线调度电话系统中，在 OCC 设有有线行车调度台 2 部，电力调度台、环控调度台、维修调度台、值班主任调度台各 1 部。各车站控制室、信号楼、DCC 各设操作台 1 部。车辆段内防灾控制室、各个变电所及各个车站控制室设有调度分机。

隧道内每 200 m 左右设有隧道电话，运营分公司各单位设有公务电话。

无线子系统中，行车调度设 2 台无线调度台，环控调度、维修调度、车辆段信号楼各设了 1 台无线调度台，DCC 及正线各车站车控室设置 1 台无线固定台，电客车每端司机室内配置 1 套车载台设备，乘务运转值班室及设施部各维修车间配置手持台若干。

正线广播系统设备包括 17 个车站和 1 个控制中心的设备；独立设备包括车辆段设备。车站值班员只对本站广播，控制中心调度员可对全线进行广播。

OCC、车站控制室配备闭路电视监控系统(CCTV),调度员和车站值班员利用它监视列车运行、客流情况、乘客上下车情况。在上、下行站台头端墙处设置站台监视器,便于司机监视乘客上下车、屏蔽门开关情况。

时钟系统主要为地铁各专业系统设备及乘客提供标准统一的同步时间,由一级母钟、二级母钟和子钟构成,一级母钟设在控制中心,正线各车站、车辆段设置二级母钟和子钟。OCC、DCC、信号楼、车辆段牵引降压混合变电所、空气压缩机房配置数字子钟设备,正线车站的站厅配置模拟子钟设备,站台、车控室、票务管理室、屏蔽门控制室、35 kV 控制室配备模拟子钟设备。

车辆段及正线由 MSTP 技术为基础的光纤设备构成传输网络,为地铁各专业系统设备提供各类信息的传输通道。

【效果评价】

评　价　表

项目名称	行车基础知识	学生姓名	
任务名称	任务4　通信系统的认识	分　数	
项　　目		分　值	考核得分
1.传输系统的认知情况		20	
2.无线通讯系统、广播系统的认知情况		20	
3.公务及站内电话系统的认知情况		20	
4.视频监控系统、时钟系统的认知情况		20	
5.编制学习汇报报告情况		10	
6.基本素养考核情况		10	
总体得分			
教师简要评语: 教师签名:			

任务5　供电系统的认识

【活动场景】在城市轨道交通变电所、接触网各设备现场教学，或利用多媒体展示城市轨道交通变电所、接触网系统情况。

【任务要求】掌握城市轨道交通供电系统概况，及变电所、接触网相关知识。

【知识准备】

1　地铁供电系统概况

地铁供电电源取自城市电网，通过城市电网一次电力系统和地铁供电系统实现输送或变换，然后以适当的电压等级供给地铁各类用电设备。

供电系统采用110 kV/35 kV两级电压集中供电方式，经AC35 kV环网电缆与车站变电所环串成供电网络。AC35 kV经变电所牵引部分降压、整流后为牵引列车提供1 500 V直流电源，经降压部分降压后为全线动力提供400 V交流电源，如图2.23所示。

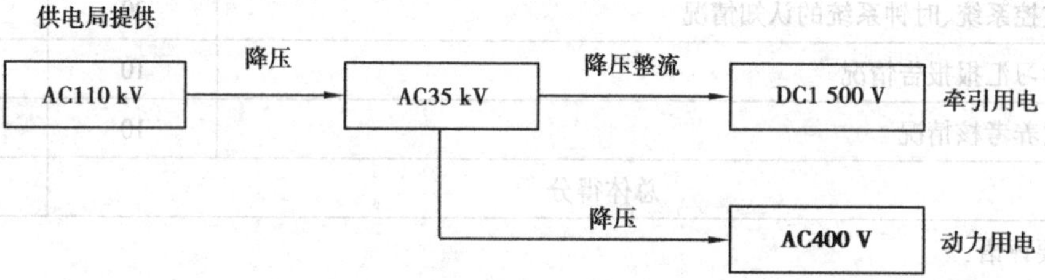

图2.23　地铁系统电能的传输

以某地铁线路为例，全线共设牵引降压混合变电所9座，其中正线设8座牵引降压混合变电所，车辆段1座牵引降压混合变电所。正线牵引降压混合变电所全部设置于地下车站的站台层，车辆段牵引降压混合变电所设置于地面；设置降压变电所9座，跟随式降压变电所8座，区间跟随式降压变电所1座，如图2.24和图2.25所示。

正线线路采用刚性架空接触网，车辆段、停车场采用架空柔性接触网。

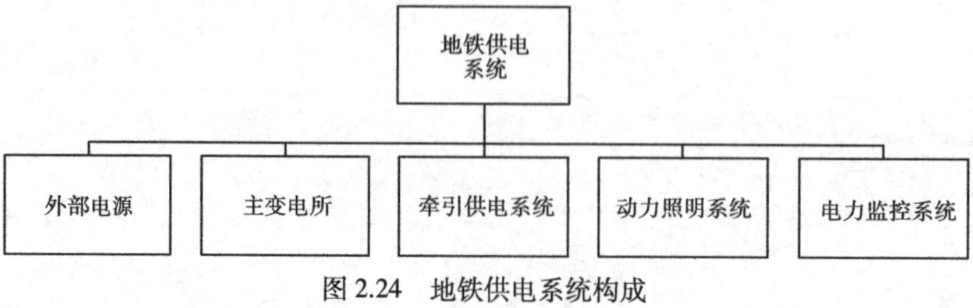

图2.24　地铁供电系统构成

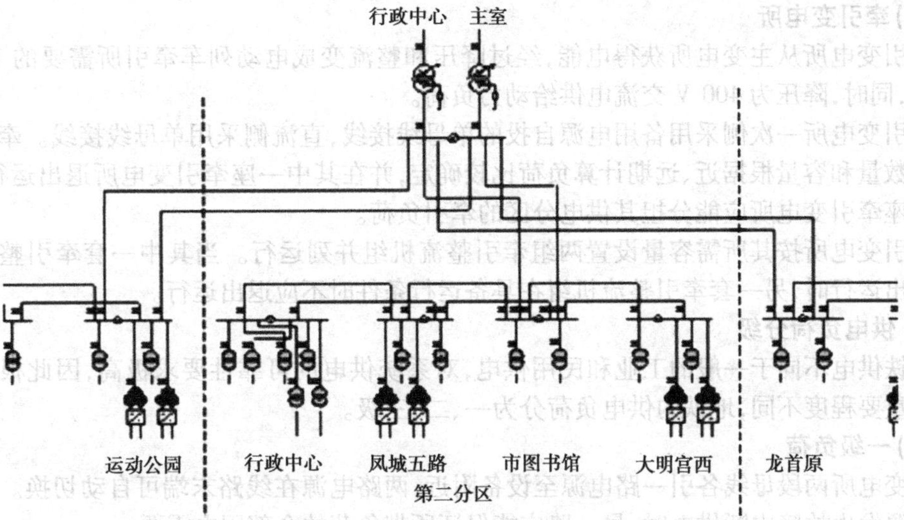

图 2.25 某地铁线路供电系统示意图

2 地铁供电系统的特点

地铁是一个重要的用电部门,地铁供电系统不同于一般工业和民用的供电,城市轨道交通变电所的电源进线应来自城市电网的多个区域变电所,当一路电源失电时,其他路电源可自动投入,使城市轨道交通变电所仍能不间断地获取电源。

城市轨道交通的外部电源方案根据线网规划和城市电网进行规划设计,可采用集中式供电、分散式供电和混合式供电方式。

(1)集中供电方式

城市电网对城市轨道交通的主变电所供电经主变电所降压后,再对牵引变电所和降压变电所供电,这种供电方式称为集中供电方式。

(2)分散供电方式

分散供电方式是指城市轨道交通线路不设主变电站,由城市电网的 35 kV 或 10 kV 电源直接向沿线设置的牵引、降压变电所供电并形成环网。采用这种方式的供电环境必须是城市电网比较发达,附近有符合可靠性要求的供电设施,如 110 kV 变电站等。

(3)混合供电方式

同一条轨道交通线路,其沿线供电条件不同,如一部分采用集中供电,一部分采用分散供电,则这条线路的供电方式就称为混合供电方式。

3 变电所设置及其运行方式

地铁供电电源取自城市电网,通过城市电网一次电力系统和地铁供电系统实现输送或变电。

(1)主变电所

主变电所内设两台主变压器,正常运行时两台主变压器分列运行,共同负担全站的负荷,35 kV分段断路器断开,设置分段自投装置。当其中一台主变停电时,另一台主变能承担该站全部的牵引负荷和动力、照明负荷的一、二类负荷。

(2)降压变电所

降压变电所、跟随式降压变电所均设两台动力变压器,分别负责向该变电所及区间内的动力、照明负荷供电,正常运行时两台动力变压器分别运行同时供电,当任一台动力变压器因故障退出运行时,通过联络开关由另一台动力变压器负担全所一、二级动力、照明负荷。

(3)牵引变电所

牵引变电所从主变电所获得电能,经过降压和整流变成电动列车牵引所需要的 1 500 V 直流电,同时,降压为 400 V 交流电供给动力负荷。

牵引变电所一次侧采用备用电源自投的单母线接线,直流侧采用单母线接线。牵引整流机组的数量和容量根据近、远期计算负荷比较确定,并在其中一座牵引变电所退出运行时,相邻的两座牵引变电所应能分担其供电分区的牵引负荷。

牵引变电所按其所需容量设置两组牵引整流机组并列运行。当其中一套牵引整流机组因故退出运行时,另一套牵引整流机组在具备运行条件时不应退出运行。

4　供电负荷分级

地铁供电不同于一般的工业和民用供电,对系统供电的可靠性要求极高,因此根据负荷性质及重要程度不同,地铁的供电负荷分为一、二、三级。

(1)一级负荷

自变电所两段母线各引一路电源至设备附近,两路电源在线路末端可自动切换。当任何一路电源发生故障中断供电时,另一路应能保证所带负荷的全部用电需要。

(2)二级负荷

正常时从降压变电所、环控电控室、照明配电室馈出单回供电线路至设备末端配电箱。当一台变压器退出运行时,降压变电所的 0.4 kV 母联开关自动闭合,对应此变压器的二级负荷由另一台变压器供电。

(3)三级负荷

正常时由一路引自三级负荷母线的电源供电,当一台变压器退出运行时,应将三级负荷从电网中切除。

各种设备的供电负荷分级如表 2.2 所示。

表 2.2　供电负荷分级

类别	设　备
一级负荷	通信系统、信号系统、防灾报警系统、机电设备监控系统、屏蔽门、事故及疏散标志照明、公共区事故照明、消防泵、废水泵、雨水泵、组合空调器、事故风机及其阀门、防淹门、变电所自用电
二级负荷	非事故风机及风阀、小系统空调机、排污泵、自动扶梯、自动售检票、设备管理房照明、民用通信电源、维修电源
三级负荷	广告照明、电开水器、清扫电源等

5　接触网系统介绍

西安地铁二号线接触网系统需满足列车最高运行速度 80 km/h 的运行要求。正线线路采用刚性架空接触网,车辆段采用架空柔性接触网。地下段接触网采用架空“Π”型刚性垂直悬挂,如图 2.26 所示,接触线无张力,架空地线最大张力为 12 KN。地面段及停车场接触网采用架空柔性悬挂,在架空柔性悬挂和刚性悬挂衔接处设置刚柔过渡设施。

接触网采用直接供电方式,额定电压 DC1 500 V,最高工作电压 DC1 800 V,最低工作电压DC1 000 V。正线接触网总截面满足持续载流量 3 000 A 的需要。

6　接触网供电方式

牵引变电所向接触网供电方式有两种,即单边供电和双边供电。城市轨道交通接触网

图2.26　刚性接触网

(或接触轨)在每个牵引变电所附近由电分段进行电气隔离,分成两个供电分区,每个供电分区也称为一个供电臂,若列车只从所在供电臂上的一个牵引变电所获得电能,这种供电方式称为单边供电。若一个供电臂同时从相邻两个牵引变电所获得电能,则称为双边供电。

车辆段内采用单边供电方式,正线采用双边供电方式。正线任一牵引变电所故障时,其相邻牵引变电所应采用越区供电方式,负担起该区段的全部牵引负荷,此负荷应满足远期高峰小时负荷。

牵引变电所的数量及其在线路上的位置,应满足在事故情况下越区或单边供电时接触网的电压水平。在任何运行方式下,接触网最高电压不得高于1 800 V,高峰小时负荷时,全线任一点的电压不得低于1 000 V。

如图2.27所示,正常运行时,列车从B牵引变电所和C牵引变电所以双边供电方式获得电能,越区隔离开关QS2断开。当B牵引变电所因故障退出运行时,合上越区隔离开关QS2,通过越区隔离开关由A牵引变电所和C牵引变电所进行大双边供电。正线上任何牵引变电所故障退出运行时,均由相邻牵引变电所越区供电。在越区供电方式下,供电末端的接触网(或接触轨)电压较低,电能损耗较大,因此,视情况要适当减少同时处在该供电区段的列车数目。所以,越区供电只是在不得已的情况下,短时采用的一种运行方式。

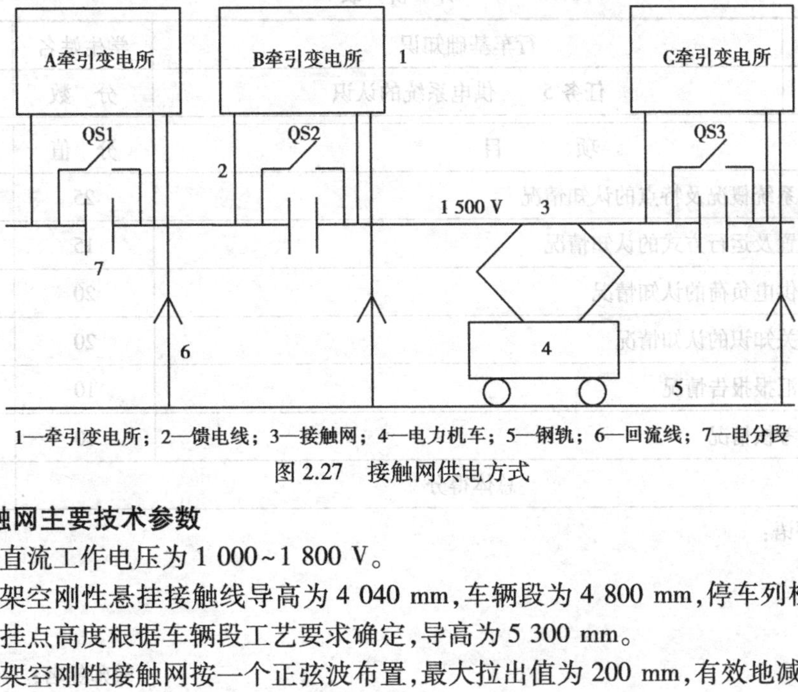

1—牵引变电所;2—馈电线;3—接触网;4—电力机车;5—钢轨;6—回流线;7—电分段

图2.27　接触网供电方式

7　接触网主要技术参数

接触网直流工作电压为1 000~1 800 V。

地下段架空刚性悬挂接触线导高为4 040 mm,车辆段为4 800 mm,停车列检库、洗车库内接触线悬挂点高度根据车辆段工艺要求确定,导高为5 300 mm。

地下段架空刚性接触网按一个正弦波布置,最大拉出值为200 mm,有效地减少了受电弓的磨耗。

【任务实施】

以西安地铁为例对西安地铁供电系统进行概括总结：

二号线首通段设有行政中心、会展中心两座主变电站，将110 kV降压为35 kV后，通过环网电缆向牵引降压混合变电所和降压变电所供电。供电控制模式为中央级和站级控制模式。

二号线首通段设有9座牵引降压混合变电所，分别为：渭河车辆段、北客站、运动公园、凤城五路、大明宫西、安远门、永宁门、小寨、会展中心变电所，将35 kV交流电降压整流为1 500 V直流电供给接触网，并将35 kV电压降压为380 V/220 V交流电供动力、照明系统设备使用。

二号线首通段设有9座降压变电所，分别为：北苑、行政中心、市图书馆、龙首原、北大街、钟楼、南稍门、体育场、纬一街降压所。将35 kV交流电降压为380 V/220 V交流电供动力、照明用电系统使用，并在行政中心、会展中心两个主变电所内各设一套所用降压变电设备，供主变电所动力、照明系统使用。

二号线首通段设有10座跟随式变电所，分别为：渭河车辆段(3)、北客站(2)、行政中心(1)、北大街(2)、小寨(1)、会展中心(1)跟随所，其将35 kV电压降压为380 V/220 V交流电供动力、照明系统设备使用。

牵引供电方式采用接触网供电，正线采用刚性架空接触网，车辆段接触网采用柔性架空接触网。

接触网导线距轨面的标准距离：隧道内4 040 mm；隧道外正线和试车线4 800 mm；渭河车辆段悬挂点最大高度为5 300 mm；接触网与车辆装载货物的距离不少于200 mm。

【效果评价】

评 价 表

项目名称	行车基础知识	学生姓名	
任务名称	任务5　供电系统的认识	分　数	
项　　目		分　值	考核得分
1.地铁供电系统概况及特点的认知情况		25	
2.变电所设置及运行方式的认知情况		15	
3.地铁各级供电负荷的认知情况		20	
4.接触网相关知识的认知情况		20	
5.编制学习汇报报告情况		10	
6.基本素养考核情况		10	
总体得分			
教师简要评语： 教师签名：			

项目小结

车站是城市轨道交通的重要组成部分,是客流集散的场所,具有供列和停车、折返、检修、临时待避及乘客集散、候车、上下车、换乘等功能。

车站一般由风亭、冷却塔、出入口、通道、站厅、站台以及运营管理用房、设备用房等部分组成。

轨道是一个整体性工程结构,一般由钢轨、轨枕、联结零件、道床和道岔组成。道岔设备由转辙部分、连接部分和辙叉部分组成,通过尖轨的平移,形成不同的开通方向,实现列车安全转线的目的。

城市轨道交通的信号系统通常包括 3 大部分:基础设备、联锁设备和列车自动运行控制系统。

信号系统根据其主要设备的分布,可分为以下几种运作模式:控制中心调度指挥模式、车站就地控制模式及列车控制模式。

城市轨道交通通信系统包括传输系统、无线通信系统、公务及站内电话系统、广播系统、视频监控系统和时钟系统。

城市轨道交通供电电源取自城市电网,通过城市电网电力系统和城市轨道交通供电系统实现传输或变换,然后以适当的电压等级供给城市轨道交通各类用电设备。

城市轨道交通的外部电源方案根据线网规划和城市电网进行规划设计,可采用集中式供电、分散式供电或混合式供电方式。

思考与练习

1.岛式站台与侧式站台的区别是什么? 各有什么优缺点?

2.城市轨道交通道岔有哪几种?

3.信号系统的基本原理是什么?

4.什么是行车闭塞法?

5.通信系统包括哪几个子系统?

6.城市轨道交通供电方式有哪几种?

项目3 运输计划

【项目描述】

运输计划是根据城市轨道交通客流的特点，规定城市轨道交通线路的日常运输任务，对于如何确定车站各时段最大断面客流量、计算营业时间内各时段开行的列车数、确定行车间隔以及列车开行方案等几方面进行重点分析，同时运输计划也是编制列车运行图，计算运输工作量和确定车辆运用方案的基础资料。

本项目将从客流计划、全日行车计划、列车运行计划、车辆运用计划等4个方面进行概述。

【学习目标】

通过本模块的学习要求掌握以下基本知识：

1.了解城市轨道交通客流的特点并掌握客流计划的编制方法；

2.掌握城市轨道交通全日行车计划的编制原则；

3.熟悉城市轨道交通列车折返方式及停站原则；

4.了解城市轨道交通车辆的运用计划。

【技能目标】

1.能分析客流特征并掌握客流计划编制的基本方法；

2.能进行全日行车计划的编制并掌握确定最终方案的微调原则；
3.能掌握列车折返模式的应用及各种交路的特点。

任务1　编制客流计划

【**活动场景**】利用多媒体学习或实地参观城市轨道交通车站，了解在不同时段、不同地点客流的波动情况，并做乘客出行调查。

【**任务要求**】了解乘客的出行需求及客流变化的影响因素；掌握客流计划的编制方法。

【**知识准备**】

城市交通特别是大城市交通，当前面临的主要问题是：人员流动及道路车辆增加速度过快；道路容量严重不足造成了交通阻塞、车速下降、事故频发；交通管理水平低下等问题造成市民行车难、乘车难。交通出行不仅成为市民工作和生活的一个突出问题，同时也制约着城市经济的发展。

城市交通问题的实质即人、车、线路三要素之间的相互制约关系在城市的不同时空中的反映，其核心是如何满足乘客广泛的交通需求，并保持优质的交通服务水平。

从供给和需求的角度来看，新的道路建设降低了出行时耗，但交通便捷的同时，也引发了新的交通需求，经过一段时间后又恢复到原来的拥挤状态，因此，交通需求趋向总是大于交通供给。

根据乘客的出行目的，城市轨道交通需求基本上可以分为两大类，即工作性出行（工作、学习）和非工作性出行（购物、旅游、其他）。城市交通的问题也集中反映在能否满足乘客各个层次各种性质的出行需求。

另外，随着社会经济的发展，客流在保持较快增长的同时，也受到季节变换、节假日、大型活动、恶劣天气以及出行时段等因素的影响，所以轨道交通部门还应掌握客流的变化特点，综合平衡运量需求和运能供给，制订合理的运输计划。

1　客流

客流是指在单位时间内，城市轨道交通线路在某个方向上通过的乘客人数。客流的概念既表明其在空间上的位移及数量，又强调了这种位移带有方向性和起讫位置。

客流是动态流，随天、时、地的变化而改变，这种变化是城市社会经济活动、生活方式在轨道交通系统的综合反映。客流变化主要体现在时间分布和空间分布两个方面。

在现代大都市中，一年的内的不同季节、一周内的不同日子，一日内的不同时段，客流分布有其自身的变化规律。

(1)季节性或短期性客流的变化

在旅游旺季或国家规定的法定节日，如元旦、五一劳动节、国庆节等假期内，城市中流动人口的增加会使轨道交通线路的客流也随之增加，如图3.1所示。一般情况，节假日全天各时段客流量都较高，客流日分布曲线为全峰型，如图3.2(a)所示。而短期性客流的激增，通常是因举办重大活动的特定时间段(活动结束后)，客流会显著增加，或遇恶劣天气(酷暑、大雨、台风等)聚变引起的，客流日分布曲线为突峰型，如图3.2(b)所示。

图3.1　节假日大客流

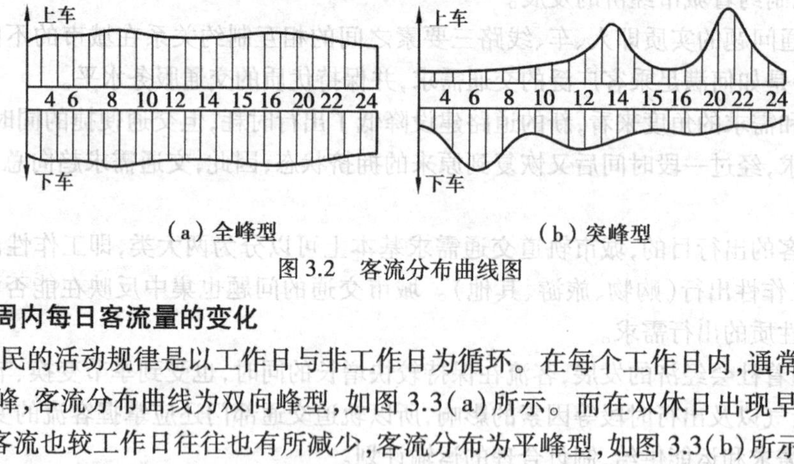

(a)全峰型　　(b)突峰型

图3.2　客流分布曲线图

(2)一周内每日客流量的变化

现代市民的活动规律是以工作日与非工作日为循环。在每个工作日内，通常会出现早晚2个客流高峰，客流分布曲线为双向峰型，如图3.3(a)所示。而在双休日出现早晚高峰并不明显，全日客流也较工作日往往也有所减少，客流分布为平峰型，如图3.3(b)所示。

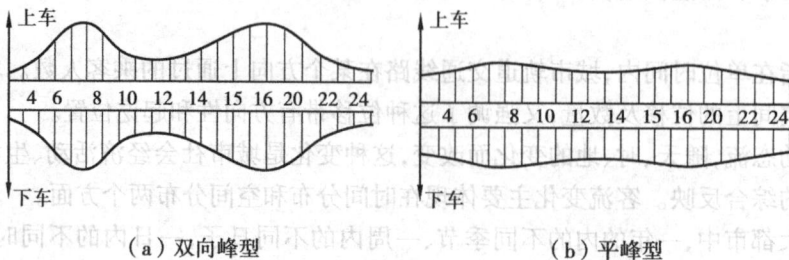

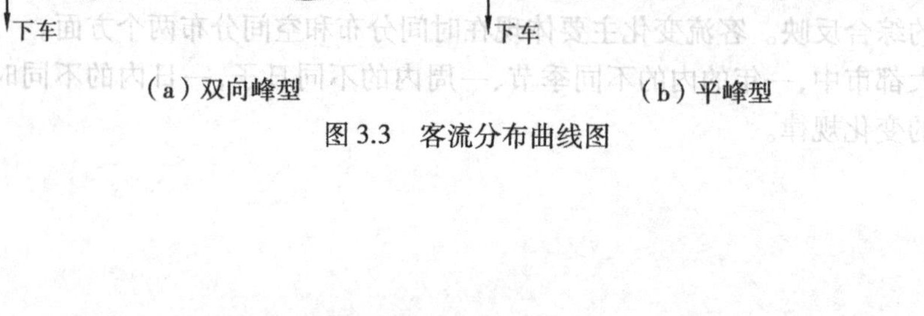

(a)双向峰型　　(b)平峰型

图3.3　客流分布曲线图

(3)一日内各小时的客流变化

小时客流量随人们的生活节奏和出行规律的变化而变化。白天时段客流有多次变化起伏，一般清晨与夜间乘客最少，早晨上班和上学的时段客流达到最高峰，高峰过后渐渐进入低谷，傍晚下班和放学时段客流进入次高峰，而后又进入低谷时段。同时客流在高峰时期的分布也是不均衡的，往往会出现 15~20 min 的超高峰时段，如图 3.4 所示。

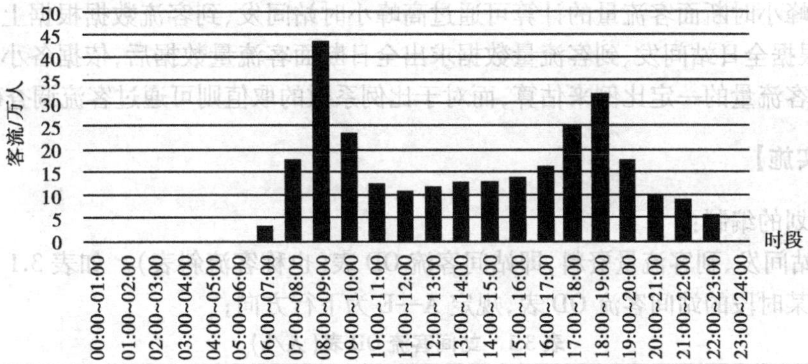

图 3.4 某城市轨道交通线路小时客流变化图

由于城市轨道交通线路的设置位置、站点分布及运行方向上的差异性等特点导致客流在空间上也存在一定的不均衡性。

(4)各条线路客流的不均衡

各条线路客流的不均衡体现为不同线路的客流量差异和客流量分布的差异。包括现状客流量分布的不均衡和客流增长的不均衡两个方面，共同构成整个轨道交通网客流分布的不均衡。

(5)各个方向客流的不均衡

在轨道交通线路上由于客流的流向不同，各条线路上下行方向的客流通常是不相等的。

$$\alpha_1 = \frac{\max(A_{\max}^{上}、A_{\max}^{下})}{\dfrac{(A_{\max}^{上} + A_{\max}^{下})}{2}} \tag{3.1}$$

式中 α_1——各个方向客流的不均衡系数；

$A_{\max}^{上}$、$A_{\max}^{下}$——上下行最大断面客流量，人。

当 α_1 较大时，即出现了上下行方向最大断面客流量不均衡。

(6)各车站乘降人数的不均衡

在城市轨道交通线路上，全线各站乘降量总和的大部分往往集中在少数几个车站上。居民区、商业中心及新线的开通都会使车站乘降量发生较大的变化，使不均衡性情况加剧或引发新的不均衡。

2 客流计划

客流计划是编制全日行车计划、列车开行方案和车辆运用计划的基础。在新线投入运营的情况下，客流计划根据客流预测资料进行编制；在既有运营线路的情况下，客流计划根据统计资料和客流调查资料进行编制。

客流计划主要包括站间发、到客流量，各站方向上下车人数，全日、高峰小时和低谷小时的断面客流量，全日分时最大断面客流量等。

客流计划是全日行车计划编制的基础资料。在客流计划编制过程中，以站间发、到客流量数据作为原始资料，通过计算可以得到各站上下车人数，继而绘制出各方向站间客流断面图，最后分析全日分时最大断面客流量等数据。

【知识链接】

对于高峰小时断面客流量的计算可通过高峰小时站间发、到客流数据根据上述方法计算求得，也可根据全日站间发、到客流量数据求出全日断面客流量数据后，依据各小时断面客流量所占全日客流量的一定比例来估算，而对于比例系数的取值则可通过客流调查确定。

【任务实施】

客流计划的编制：

1.收集站间发、到客流量资料，即站间客流 OD 表（也称客流斜表）。如表 3.1 为某城市轨道交通线路某时段的站间客流 OD 表，规定 A—E 为下行方向；

表 3.1　站间客流 OD 表（人/h）

发/到	A	B	C	D	E	合计
A	—	3 260	22 000	1 980	1 950	29 190
B	2 100	—	21 900	2 330	6 530	32 860
C	5 800	4 900	—	3 220	4 600	18 520
D	5 420	4 100	3 200	—	4 390	17 110
E	1 200	4 320	7 860	3 420	—	16 800
合计	14 520	16 580	54 960	10 950	17 470	114 480

2.计算出各站上下车人数，见表 3.2；

表 3.2　各站上下车人数统计/人

下行上车数	下行下车数	车站	上行上车数	上行下车数
29 190	0	A	0	14 520
30 760	3 260	B	2 100	13 320
7 820	43 900	C	10 700	11 060
4 390	7 530	D	12 720	3 420
0	17 470	E	16 800	0

3.根据各站上下车人数，绘制断面客流图，如图 3.5、3.6；

4.计算站间断面客流量数据，见表 3.3；

表 3.3　各区间断面客流量/人

下行	区间	上行
29 190	A—B	14 520
56 690	B—C	25 740
20 610	C—D	26 100
17 470	D—E	16 800

5.根据图表显示找出站间最大断面客流量。从图3.5、3.6及表3.3中可直观的看出下行最大断面客流量出现在B—C区间，上行最大断面客流量出现在C—D区间。

【小贴士】

右上角列累计为下行各站下客人数，行累计为下行各站上客人数；
左下角列累计为上行各站下客人数，行累计为上行各站上客人数。

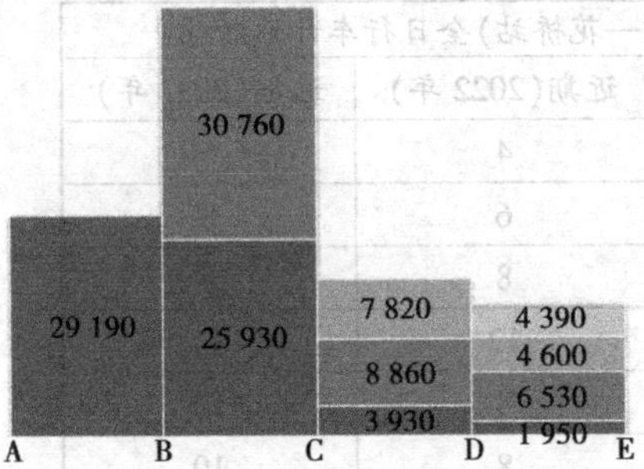

图3.5　下行客流断面图

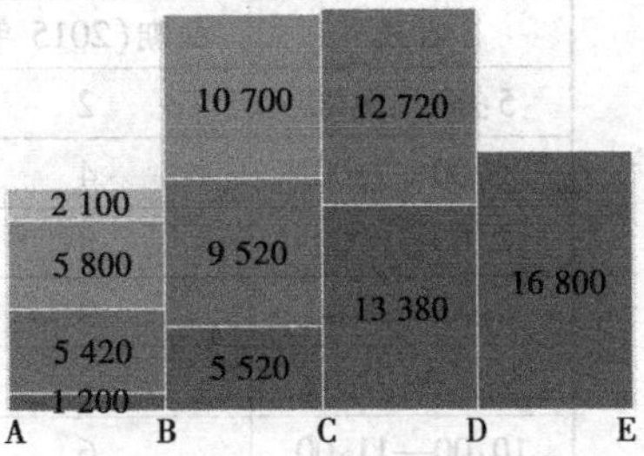

图3.6　上行客流断面图

【效果评价】

评　价　表

项目名称	运输计划	学生姓名	
任务名称	任务1　编制客流计划	分　数	
项　目		分　值	考核得分
1.交通现状、乘客出行资料的搜集、整理		10	
2.是否有小组计划		5	
3.客流分布及客流变化的认知情况		20	
4.客流计划编制方法的掌握情况		50	
5.编制学习汇报报告情况		10	
6.基本素养考核情况		5	
总体得分			
教师简要评语： 教师签名：			

任务2 编制全日行车计划

【活动场景】实地参观城市轨道交通车站,收集部分城轨车站分时段客流量数据信息并统计各时段列车开行对数。

上海轨道交通11号线(安亭站—花桥站)全日行车计划对/h			
时段	初期(2015年)	近期(2022年)	远期(2037年)
5:00—6:00	2	4	5
6:00—7:00	4	6	8
7:00—8:00	8	8	8
8:00—9:00	9	12	14
9:00—10:00	8	8	10
10:00—11:00	6	8	10
11:00—12:00	6	8	10
12:00—13:00	6	8	10
13:00—14:00	6	8	10

【任务要求】掌握全日行车计划的编制方法。

【知识准备】

全日行车计划是城市轨道交通营业时间内各个小时开行的列车对数计划,它规定了城市轨道交通线路的日常运输任务。全日行车计划根据营业时间内各时段的最大断面客流量、列车定员、车辆满载率以及希望达到的服务水平综合考虑编制。

1 全日行车计划编制资料

(1)营业时间

城市轨道交通系统的营业时间依城市而异。营业时间的安排主要考虑了两个因素:一是方便乘客,满足城市居民生活的需要,考虑市民居住生活出行等特点;二是满足轨道交通系统各项设备检修养护的需要。较长的运营时间,是城市轨道交通系统提高服务水平的体现。

【小贴士】

表3.4 世界主要城市轨道交通系统营运时间/h

城市	始运年份	营业时间	城市	始运年份	营业时间
伦敦	1863	20	莫斯科	1935	19
纽约	1868	24	华盛顿	1976	18
芝加哥	1892	24	北京	1969	18
布达佩斯	1896	19	香港	1979	19
巴黎	1900	20	上海	1993	18
柏林	1902	21	广州	1997	17.5
东京	1927	19.5			

(2)全日分时最大断面客流量

全日分时最大断面客流量通常在高峰小时断面客流量的基础上，根据全日客流分布比例图计算确定。

(3)列车定员数

列车定员数是车辆定员和列车编组辆数的乘积。

车辆定员人数由车辆的座位人数和站位人数组成。站位面积为车厢面积减去座位面积，所以车辆定员的多少取决于车辆的类型、尺寸、车厢内座位布置方式和车门设置数。

列车编组辆数的确定以高峰小时最大断面客流量作为基本依据，在客流量一定的情况下，可采用增加列车编组辆数，或缩短行车间隔时间的措施达到预定的运能要求。

【小贴士】

表3.5 部分地铁公司车辆尺寸及定员情况

	洛杉矶	莫斯科	新加坡	上海	香港
车宽/m	3.08	2.71	3.20	3.00	3.11
车长/m	22.78	19.21	23.65	24.14	22.85
座位/人	68	47	62	62	48
站位/人	164	187	258	248	279
定员/人	232	234	320	310	327
制造国	意大利	俄国	日本	德国	英国

(4)线路断面满载率

线路断面满载率是指在单位时间内特定断面上的车辆载客能力利用率。线路断面满载率通常是指在高峰小时，单向最大客流断面的车辆载客能力利用率，计算公式如下：

$$\beta = \frac{p_{\max}}{c_{\max}} \times 100\% \tag{3.2}$$

式中 β——线路断面满载率；

$P_{\max}$——单向最大断面客流量，人；

$C_{\max}$——高峰小时线路输送能力，人。

线路断面满载率反映了高峰小时开行列车在最大客流断面的满载程度，也反映了乘客乘坐的舒适程度。

2 全日行车计划的编制

(1)编制程序

①计算营业时间内各小时开行列车数；

②计算行车间隔时间；

③对各行车间隔进行微调；

④最终确定全日行车计划。

(2)编制方法

①确定全日分时最大断面客流量数据。

②计算全日分时行车计划中开行的列车对数，按下式计算：

$$n_i = \frac{p_{\max}}{p_{列} \times \beta} \tag{3.3}$$

式中　n_i—— 某 i 小时内应开行的列车数，列或对；

$p_{\max}$——该小时最大客流断面旅客数量，人；

$p_{列}$——列车的设计载客能力，人；

β—— 满载率，一般高峰小时可 120%，其他运营时段可取 90%左右。

③计算发车间隔时间，按下式计算：

$$T_i = \frac{60}{n_i}(\min) \tag{3.4}$$

或

$$T_i = \frac{3\ 600}{n_i}(\mathrm{s}) \tag{3.5}$$

式中　T_i——行车间隔时间，min 或 s；

n_i—— 小时开行列车数，列。

【项目实施】

全日行车计划的编制：

1　已知资料

某城市轨道交通线路客流资料如下：

①该城市轨道交通线路营业时间：5:00—23:00；

②早高峰时段出现在 7:00—8:00，晚高峰时段出现在 17:00—18:00；早高峰小时(7:00—8:00)客流量为 32 000 人；

③全日分时断面客流分布比例如图 3.7；

④列车编组 6 辆，定员为 260 人；

⑤线路断面满载率：高峰小时为 120%，其他运营时间为 90%。

2　编制步骤

①计算全日单向分时断面客流量数据。已知该城市轨道交通线路某日早高峰小时(7:00—8:00)客流量为 32 000 人，其他时段单向客流所占比例如图 3.7 所示，全日分时段单向最大断面客流量计算结果见表 3.6。

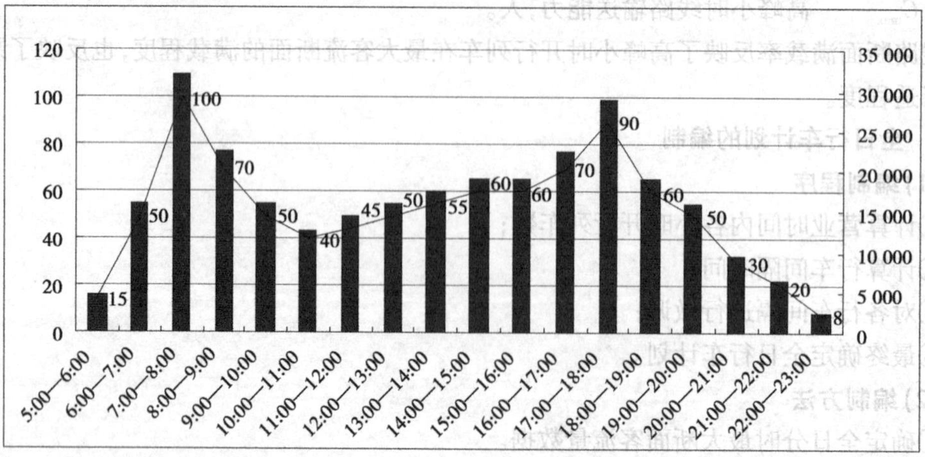

图 3.7　全日分时断面客流量分布示意图

表 3.6 全日分时单向最大断面客流量

时　段	单向最大断面客流量	时　段	单向最大断面客流量
5:00—6:00	4 800	14:00—15:00	19 200
6:00—7:00	16 000	15:00—16:00	19 200
7:00—8:00	32 000	16:00—17:00	22 400
8:00—9:00	22 400	17:00—18:00	28 800
9:00—10:00	16 000	18:00—19:00	19 200
10:00—11:00	12 800	19:00—20:00	16 000
11:00—12:00	14 400	20:00—21:00	9 600
12:00—13:00	16 000	21:00—22:00	6 400
13:00—14:00	17 600	22:00—23:00	2 560

②计算营业时间内各小时应开行的列车对数。如 7:00—8:00 客流量为 32 000 人,利用公式(3.3)则开行列车对数应为:

$$n_i=\frac{p_{\max}}{p_{列}\times\beta}=\frac{32\ 000}{260\times6\times120\%}\approx18(对)$$

各小时列车开行对数计算结果见图 3.8 所示。

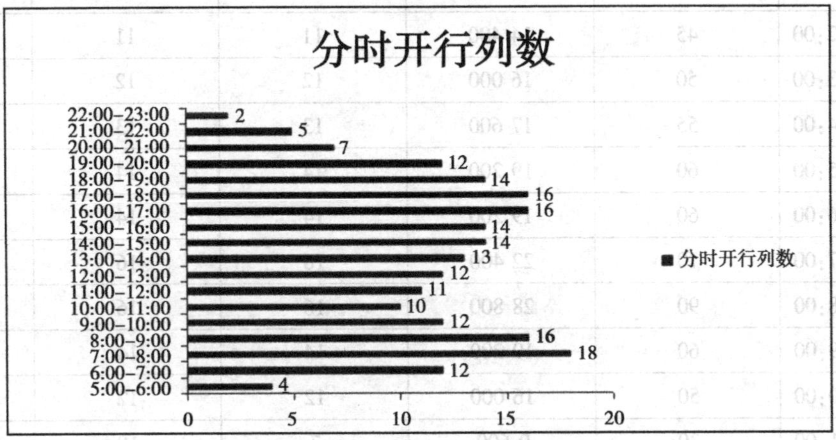

图 3.8 全日分时开行列车数

③计算行车间隔时间。如 7:00~8:00 根据上述计算得知列车开行对数为 18 对,利用公式(3.5)则发车间隔时间应为:

$$T_i=\frac{3\ 600}{n_i}=\frac{3\ 600}{18}=200(\text{s})$$

各时段行车间隔计算结果见表 3.7 所示。

④最终确定全日行车计划。在计算出车站各时段应开行的列车对数及行车间隔的基础上,再根据城市轨道交通车站制定的服务水平进行调整。

根据客流需求确定沿线各段的行车间隔时间可提高轨道交通服务的针对性和有效性,从而改善轨道交通的服务质量,提高车辆运营的效率,增强对城市居民出行的吸引力。在非高峰运营时段如果行车间隔时间过长,不但会增加乘客的候车时间,而且也不利于吸引客流。因此,为方便乘客并提高服务水平,可规定在9:00—21:00的非高峰运营时段,为保证线路服务水平,确定最终行车间隔时间标准不大于6 min;而在其他非高峰运营时段内,最终确定的行车间隔时间标准不大于10 min。

根据这个原则,上述案例中22:00—23:00这一时段客流量为2 560人,根据计算得知应该开行列车对数为2对,此时行车间隔为30 min,则乘客候车时间过长,为方便乘客出行需求,最终将列车开行对数调整为6对,行车间隔调整为10 min。最后全日行车计划中的高峰小时行车间隔时间还需校验是否符合线路、信号以及其他设备条件等制约因素。最终确定的全日行车计划见表3.7所示,早高峰小时运输能力见表3.8所示。

表3.7 全日行车计划

营业时间	全日分时断面客流分布比例/%	单向最大断面客流量/人	分时开行列车数/对	实际开行列车数/对	行车间隔/min:s
5:00—6:00	15	4 800	4	6	10:00
6:00—7:00	50	16 000	12	12	5:00
7:00—8:00	100	32 000	18	18	3:20
8:00—9:00	70	22 400	16	16	3:45
9:00—10:00	50	16 000	12	12	5:00
10:00—11:00	40	12 800	10	10	6:00
11:00—12:00	45	14 400	11	11	5:25
12:00—13:00	50	16 000	12	12	5:00
13:00—14:00	55	17 600	13	13	4:40
14:00—15:00	60	19 200	14	14	4:20
15:00—16:00	60	19 200	14	14	4:20
16:00—17:00	70	22 400	16	16	3:45
17:00—18:00	90	28 800	16	16	3:45
18:00—19:00	60	19 200	14	14	4:20
19:00—20:00	50	16 000	12	12	5:00
20:00—21:00	30	9 600	7	10	6:00
21:00—22:00	20	6 400	5	6	10:00
22:00—23:00	8	2 560	2	6	10:00

表3.8 早高峰小时运输能力

时　间	2002年	时　段	7:00—8:00
单向最大断面客流量	32 000人	行车间隔时间	200 s
列车编组辆数	6辆	开行列车对数	18对
列车定员数	1 560人	单向最大运输能力	33 696人

【效果评价】

评 价 表

项目名称	运输计划	学生姓名	
任务名称	任务2 编制全日行车计划	分 数	
项 目		分 值	考核得分
1.城轨车站客流量数据、列车开行对数及发车间隔时间等资料的搜集、整理		10	
2.是否有小组计划		5	
3.城轨车站营业时间、车辆定员及线路断面满载率的认知情况		20	
4.全日行车计划的编制要求及编制方法的掌握情况		50	
5.编制学习汇报报告情况		10	
6.基本素养考核情况		5	
总体得分			
教师简要评语： 教师签名：			

任务3 编制列车运行计划

【活动场景】通过网络或多媒体课件学习各地城轨列车折返模式及交路计划，或实地参观部分城轨车站，了解其折返设备的应用及布置情况。

【任务要求】了解列车折返方式及各种交路的应用。

【知识准备】

当轨道交通线路较长，客流分布不均衡时，通过合理、可行的交路组合来安排列车输送能力是一种充分利用有限资源、降低运输成本的有效方法。规定列车交路的方法与过程就是编制列车交路计划。

1 列车运行交路

(1)列车交路计划

列车交路计划是指根据运营组织的要求及运营条件的变化,按列车运行图或由行车调度指挥列车按规定区间运行、折返的列车运行计划。

(2)列车折返方式

列车折返是指列车运行至图定的终点或折返站时,进入折返线路,改变运行方向的过程。折返作业时司机驾驶列车到达终点或折返站,车站行车人员以及司机按有关规定完成折返操作的程序与步骤。

列车折返方式分为站前折返、站后折返和混合折返。

①站前折返:指列车在中间站或终点站经由站前渡线进行折返作业,如图3.9所示,其中(a)、(c)为列车在终点站利用交叉渡线进行站前折返,(b)、(d)为列车在终点站利用单渡线进行站前折返。

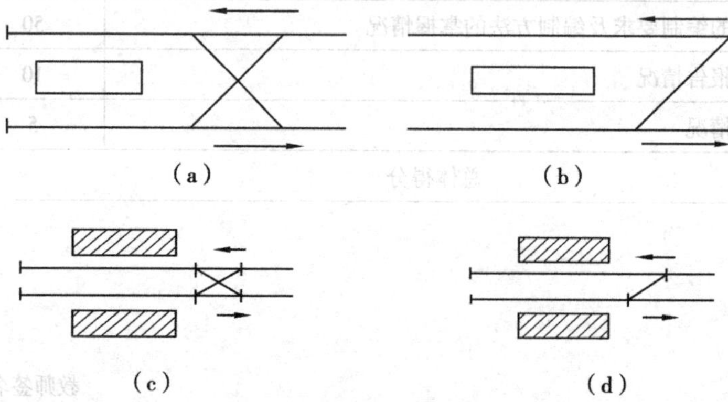

图3.9 站前折返示意图

适用性分析:采用侧式站台站前折返方式,道岔距离车站端部距离很近,能够保证具有较大的折返能力。如(c)站前为交叉渡线时,由于列车交替使用两个股道,乘客很难选择进入哪侧站台,此种站台形式会延长乘客的候车时间。而且在客流量大时,上下车乘客共用一站台,客流组织比较混乱。

采用岛式站台站前折返方式,可以避免乘客选择站台,无论列车停在哪一股道,进入岛式站台的乘客都可以顺利乘车。站前道岔区距离站台相比侧式车站大大增加,列车在道岔区的干扰时间长,折返能力比侧式车站低。

站前折返优点:

A.站前折返时,列车空车走行少,折返时间较短;

B.乘客能同时上下车,可缩短停站时间;

C.车站正线兼折返线,能减少投资费用。

站前折返缺点:

A.列车在折返过程中会占用区间线路,从而影响后续列车闭塞,对行车安全有一定威胁,出发列车与到达列车存在敌对进路;

B.进出站侧向通过道岔,列车速度受到限制、影响乘坐舒适感;

C.客流量大时,可能会引起站台客流秩序的混乱。

城市轨道交通中较少采用这种折返模式,特别是当行车密度高、列车运行间隔短的条件下一般不会采用站前折返方式。

②站后折返方式:由站后尽端折返线折返,如图3.10所示,其中图3.10(a)为列车在终点站利用交叉渡线进行站后折返,图3.10(b)为列车在中间站利用折返线进行站后折返。

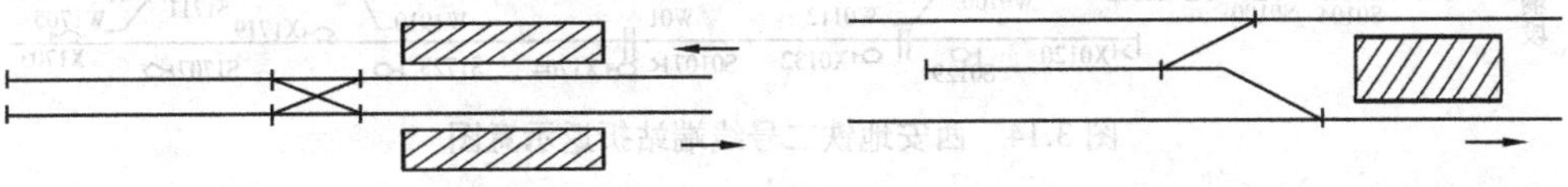

图3.10 站后折返示意图

站后折返避免了前述的进路交叉问题,安全性能良好;而且站后折返时列车进出站速度较高,有利于提高旅行速度。一般来说,站后尽端折返线折返是国内外城市轨道交通最常见的方式,站后渡线方法则可为短交路提供方便,如图3.11所示。

环形线折返设备可保证最大的通过能力,节省设备费用与运营成本,但施工量大,由于列车在小半径曲线上运行,钢轨的磨耗也大,而且不能停放检修列车也难以进行线路扩展,如图3.12所示。站后折返的主要不足是列车折返时间较长。

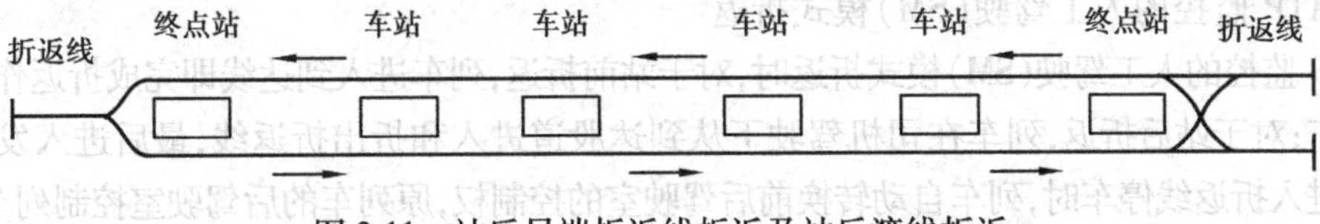

图3.11 站后尽端折返线折返及站后渡线折返

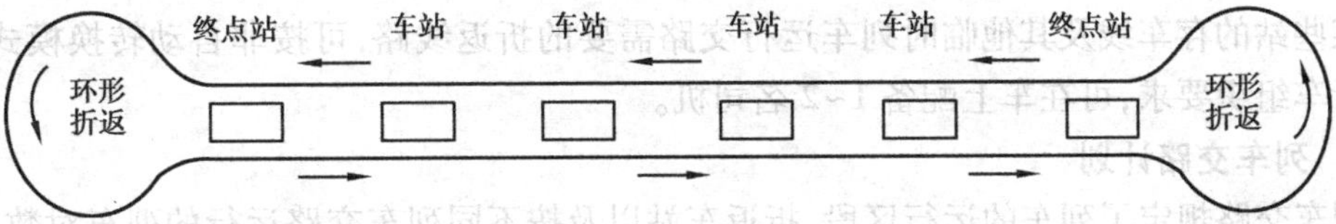

图3.12 环形折返

③混合折返:站前、站后混合布置折返线,如图3.13所示。混合折返的目的是为了提高列车折返能力与线路通过能力,有利于行车组织调整,适用于对折返能力要求较高的端点站。

图3.13 混合折返

【知识链接】

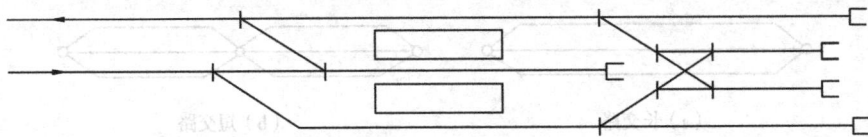

西安地铁二号线从铁路北客站至韦曲,全长26.3 km,设车站21座,并建车辆段、停车场、控制中心各1处,主变电站两座。一期工程北客站至会展中心站,总长度20.3 km,均为地下线路,共设车站17座,平均站间距为1 283 m,有5座换乘站。二期工程会展中心至韦曲站,全长6 km,均为地下线路,设车站4座。

西安地铁二号线首通段北客站——会展中心站采用双线单方向运行,电客车由北客站经上行线运行至会展中心站,经折返线到下行线,再由会展中心站经下行线到北客站循环运行,如图3.14所示。

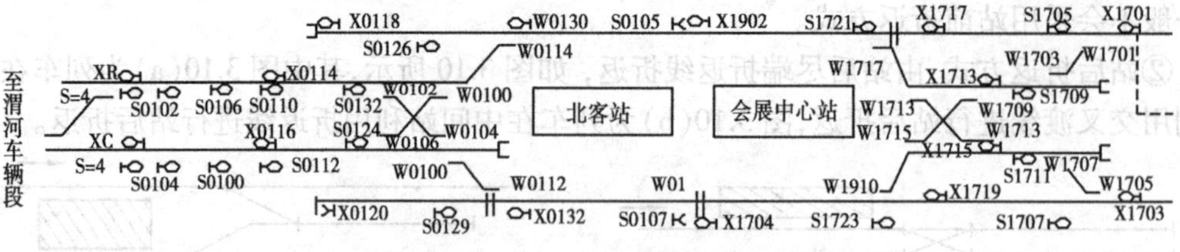

图 3.14　西安地铁二号线端站折返示意图

电客车存放在渭河车辆段,运营开始前,从转换轨经北客站进入正线按图投入运营;运营结束后,从北客站经转换轨回渭河车辆段。

(3)列车折返模式

1)列车自动折返(AR)模式折返

列车自动折返(AR)模式仅在某些特定区段使用。对于站前折返,列车进入到达线站台即完成了折返作业,最后由此发车;对于站后折返,列车以允许的速度从到达停车线自动驾驶进入和驶出折返线,最后进入发车股道。当列车进入折返线停车时,列车自动转换前后驾驶室的控制权,原列车的后驾驶室控制列车前进。

2)ATP 监控的人工驾驶(SM)模式折返

ATP 监控的人工驾驶(SM)模式折返时,对于站前折返,列车进入到达线即完成折返作业,最后由此发车;对于站后折返,列车在司机驾驶下从到达股道进入和折出折返线,最后进入发车股道。当列车进入折返线停车时,列车自动转换前后驾驶室的控制权,原列车的后驾驶室控制列车前进。

3)人工折返

某些站的存车线及其他临时列车运行交路需要的折返线路,可按非自动转换模式折返。根据行车组织要求,可在车上配备 1~2 名司机。

2　列车交路计划

列车交路规定了列车的运行区段、折返车站以及按不同列车交路运行的列车对数。列车交路计划的确定应建立在对线路各区段客流量进行统计分析的基础上,充分考虑行车组织与客运组织的条件,进行可行性研究后加以确定。

常见的列车交路有长交路、短交路和混合交路 3 种,如图 3.15 所示。

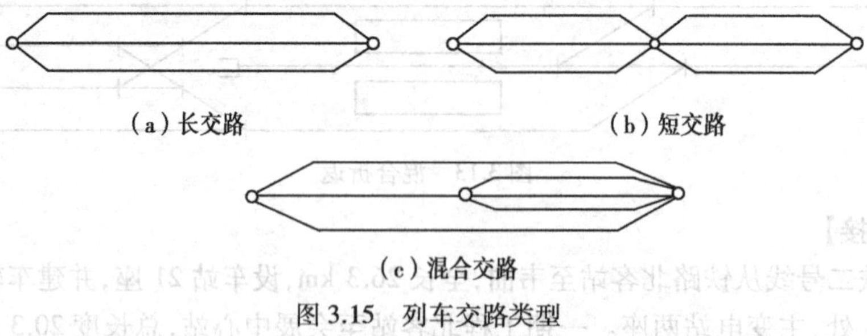

图 3.15　列车交路类型

①长交路(也称单一长大交路)是指列车在全线各站间运行,为全线提供运输服务,列车到达折返线或站后返回;

②短交路(也称分段运行交路)是指列车在某一区段内运行,在指定车站折返,它可为某一区段旅客提供服务;

③混合交路(也称大小交路或嵌套交路)则指线路上长短交路并存的情形。既能够在两

个终点站间折返运行，也能够在中间站折返运行。

长交路具有对中间站折返线路要求不高、行车组织运行方式简单的优点，但不考虑区段客流量不均衡的因素，合理运用运能方面有所欠缺。

短交路在城市轨道交通的运营组织中除特殊情况下一般不采用。

混合交路的行车组织方式是比较经济合理的一种运行方案，特别是在区段客流不均衡程度高，造成某一区段运能不能满足运量的需要时，混合交路运营组织方式尤为适用；但这种方式行车组织相对较为复杂，同时对客运组织也有较高的要求。

从行车组织的角度，长交路要较短交路列车运行组织简单，对中间站设备要求也不高，但在各区段客流量不均衡程度较大的情况下，会产生部分区段运能的浪费。短交路能适应不同客流区段的运输要求，运营较经济，但要求中间折返站具有两个方向的折返设备以及具有方便的换乘条件。长短交路混跑的组织方案，可兼顾不同出行距离乘客的需求，又能提高运营效益。

【小贴士】

确定列车交路一般考虑的因素：

①特性：客流在时间上、空间上的不均衡性；

②线路条件：折返线的设置；

③行车条件：折返时间，追踪间隔时间；

④车底（动车组）数；

⑤客运组织工作：乘降作业、列车清客、客运服务工作等。

【知识链接】

成都地铁1号线为南北方向主干线，北起大丰站，南止广都站。1号线线路全长31.6 km，设23座车站。其中地下线长约22.44 km，地上线长约9.16 km；高架车站5座，地下车站18座，如图3.16所示。成都地铁1号线一期建设线路，北起升仙湖站，南至世纪城站，全长18.5 km，全部为地下线。共设升仙湖站、火车北站、人民北路、文武路、骡马市、天府广场、锦江宾馆、华西坝、省体育馆、倪家桥、桐梓林、火车南站、高新站、行政中心、孵化园、海洋公园、世纪城等17座地下车站。

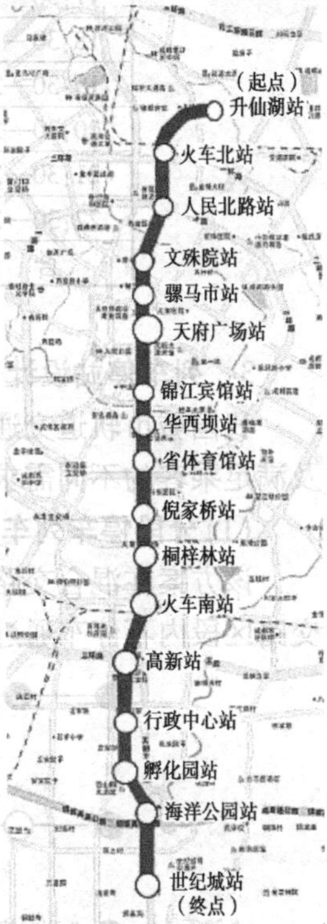

图3.16　成都地铁1号线

成都地铁一号线的列车交路计划，根据客流预测结果，确定正常状态下的列车运行交路如下：

①初期：高峰时段和平峰时段均采用一个大交路运行，即升仙湖站—世纪城站，运营长度18.5 km，列车编组为6辆每列。

②近期：高峰时段采用大小交路套跑，即大交路为大丰站—广都站；小交路为升仙湖站—孵化园站。大交路运营长度31.6 km，小交路运营长度为15.260 km，列车编组为6辆每列。

③远期：同近期运行交路，列车编组为6辆每列。

表3.9　成都地铁1号线全日行车计划方案（单位：对/h）

年度 \ 时段	初期 2012	近期2019 小交路	近期2019 大交路	远期2034 小交路	远期2034 大交路
5:30—6:30	6		6		6
6:30—7:30	8		8		8
7:30—8:30	10	6	12	15	15

续表

时段\年度	初期	近期 2019		远期 2034	
	2012	小交路	大交路	小交路	大交路
8:30— 9:30	10	6	12	15	15
9:30—10:30	8	4	10	10	15
10:30—11:30	8		10		15
11:30—12:30	8		10		15
12:30—13:30	8		10		15
13:30—14:30	8		10		15
14:30—15:30	8		10		15
15:30—16:30	8		10		15
16:30—17:30	8	4	10	10	15
17:30—18:30	10	6	12	15	15
18:30—19:30	10	6	12	15	15
19:30—20:30	8		10		12
20:30—21:30	8		8		8
21:30—22:30	6		6		6
22:30—23:30	6		6		6
合　计	146	32	172	80	226

3　列车停站设计

我国城市轨道交通在列车停站设计中大多采用站站停的方案。但为提高列车旅行速度及满足乘客的不同需求,根据线路的客流特点,还可采用其他不同的列车运行方案。

(1)分段停车列车运行方案

该方案在混合交路的基础上,规定长交路列车在短交路区段外进行站站停车作业,在短交路区段内不停车通过,而短交路运行列车则在短交路区段内各站停车,如图 3.17 所示。

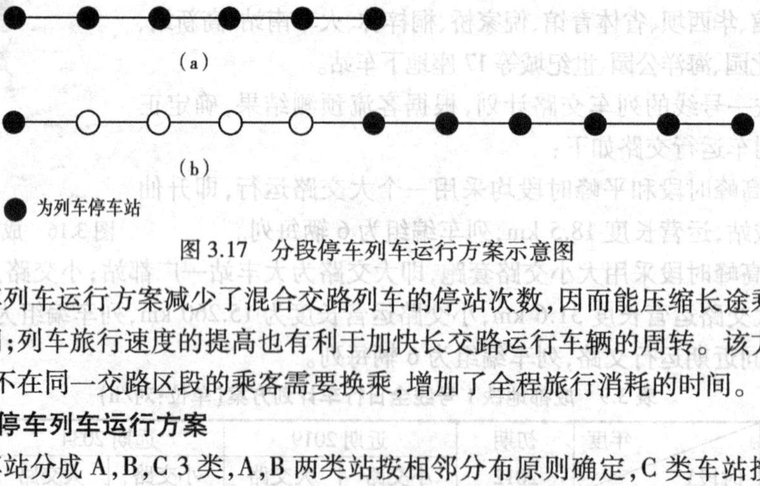

图 3.17　分段停车列车运行方案示意图

分段停车列车运行方案减少了混合交路列车的停站次数,因而能压缩长途乘客在列车上的总旅行时间;列车旅行速度的提高也有利于加快长交路运行车辆的周转。该方案的主要问题是:上下车不在同一交路区段的乘客需要换乘,增加了全程旅行消耗的时间。

(2)跨站停车列车运行方案

将全线车站分成 A,B,C 3 类,A,B 两类站按相邻分布原则确定,C 类车站按每隔若干个车站选择一站原则确定。所有列车均应在 C 类车站停车作业,但在 A,B 两类车站则分别停车作业,如图 3.18 所示。

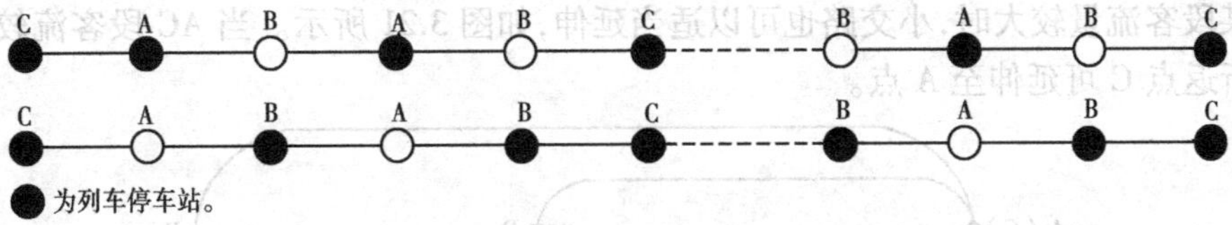

图 3.18 跨站停车列车运行方案示意图

跨站停车列车运行方案减少了列车停站次数,因而能压缩列车旅行时间和乘客换乘时间、提高旅行速度;还能够加速车辆周转速度,减少车辆使用,降低运营成本。该方案的问题是:由于A,B两类车站的列车到达间隔加大,乘客候车时间增加,另外在A,B两类车站间乘车的乘客需要在C类车站换乘,带来不便。该方案适用于在C类车站客流量较大,而在A,B类车站客流较小,并且乘客平均运距较长的线路。

【任务实施】

上海轨道交通1号线于1993年4月起投入试运营。1997年7月,上海火车站——莘庄站区段开通,全长20.06 km,共设车站16座,在北延伸段开通前实行单一交路运行方式。2004年12月,1号线北延伸段开通,北延伸段共长12.47 km,共设9座车站。既有段和北延伸段采用统一制式,车辆、信号等设备系统均能兼容,1号线如图3.19所示。

上海轨道交通1号线是国内最先采用大小交路运行方案的系统。该方案实施以来,运营企业在行车组织、客流组织等方面积极探索适应大小交路开行要求的运营措施,取得了良好的社会效益和经济效益。

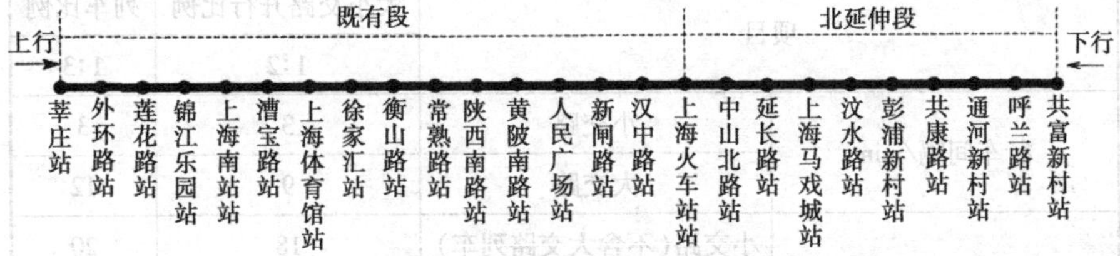

图 3.19 上海轨道交通1号线示意图

1号线大小交路运营组织可为网络化条件下其他交路方式(如分段运行交路、跨站停车运行交路等)的运营组织提供实践经验,也可为其他城市轨道交通线路的列车开行方案提供借鉴。

大小交路运行方案示意图如图3.20所示,在端点站(A—B)之间开行贯通全线的大交路列车,同时在客流量较大的区段(C—D)间开行小交路列车。通过大小交路列车开行对数的合理配置,充分发挥线路的通过能力,满足各区段不同的输送能力需求。大小交路的运营组织适合AC、DB两个区段客流量相当且交路重叠区段客流量较大的轨道交通线路。

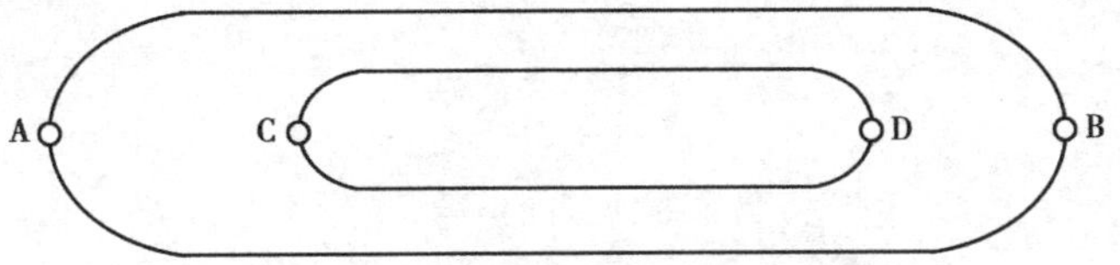

图 3.20 大小交路运行方案示意图

运营中,若出现因车辆短缺而造成的紧张情况应根据实际情况制定合理的行车方案,在优先满足成熟区段、客流压力较大区段乘客需求的前提下,尽量方便其余区段乘客的出行。

当某段客流量较大时，小交路也可以适当延伸，如图 3.21 所示。当 AC 段客流较大时，小交路的折返点 C 可延伸至 A 点。

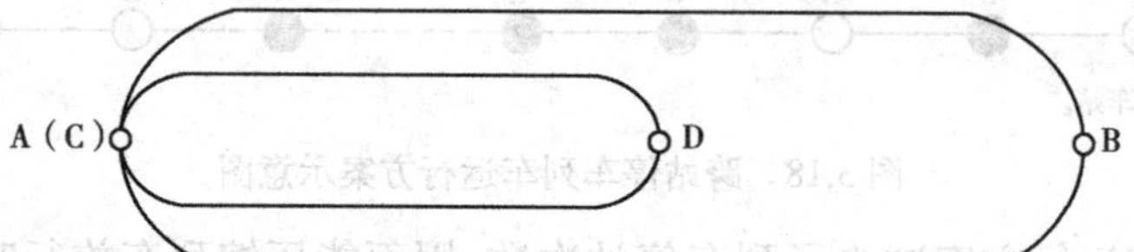

图 3.21　一端折返点重合的大小交路运行方案

根据现有线路条件和配属列车情况，上海轨道交通 1 号线北延伸段开通初期开行大小交路是符合运营实际要求的。1 号线的交路运行方案为：在既有段开行小交路，在全线开行大交路，如图 3.22 所示。

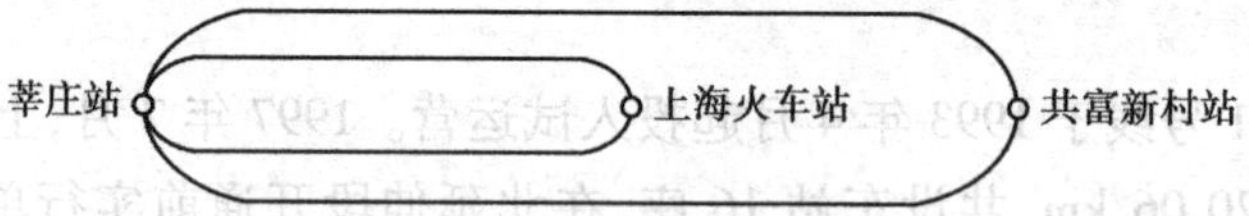

图 3.22　上海轨道交通 1 号线大小交路运行方案示意图

上海轨道交通 1 号线大小交路开行初期，制定了相关行车调整措施，如果发生列车故障或突发事件，以确保小交路正常运行为主，尽量恢复大交路正常运行。大交路列车中途需要变更为小交路列车时，需考虑到客流组织的相关措施，1 号线列车开行方案见表 3.10 所示。

表 3.10　上海轨道交通 1 号线列车开行方案

项目		大小交路开行比例	列车比例
		1:2	1:3
行车间隔/min	小交路	3	3
	大交路	9	12
上线运用车数/列（不含备用车）	小交路（不含大交路列车）	18	20
	大交路	14	10
	合计	32	30
额定载客能力/万人次（按 6 人/m^2）	既有段	37 200	37 200
	北延伸段	12 400	9 300

【效果评价】

评 价 表

项目名称	运输计划	学生姓名	
任务名称	任务3 编制列车运行计划	分 数	
项 目		分 值	考核得分
1.列车在站折返的相关知识、图片资料的搜集整理		10	
2.是否有小组计划		5	
3.折返模式及交路计划的认知情况		20	
4.城轨车站折返方式的应用及其优缺点的认知情况		50	
5.编制学习汇报报告情况		10	
6.基本素养考核情况		5	
总体得分			
教师简要评语： 教师签名：			

任务4 编制车辆运用计划

【活动场景】在城轨车辆段、检修库进行现场教学，或通过网络及多媒体学习部分城市车辆段车辆配备情况。

【任务要求】掌握车辆的类别及配备计划。

【知识准备】

车辆运用计划是指在一定类型的设备和行车组织方法条件下，为完成全线全日行车计划所需要的车辆保有数量计划。车辆配备计划包括推算运用车辆数、在修车辆数和备用车辆数三部分。

1 运用车

运用车是为完成日常运输任务而配备的技术状态良好的车辆，运用车的需要数与高峰小时开行列车对数、列车旅行速度及在折返站停留时间等因素有关。列车保有量根据线路远期客流预测数据,测算远期运行行车间隔可得出所需运用列车数。

(1)运用车配备计划

运用车辆数与高峰小时开行的最大列车对数、列车旅行速度及折返站停留时间等因素有关,计算方法为:

$$N=\frac{n_{高峰}\theta_{列}\,m}{60} \tag{3.6}$$

式中 $n_{高峰}$——高峰小时开行的列车对数;

m——平均每列车编成辆数;

θ——列车周转时间,min。

列车周转时间是指列车在线路上往返一次所消耗的全部时间。它包括列车在区间运行时间、列车在中间站停留时间以及列车在折返站作业停留时间。

$$\theta_{列}=\sum t_{运}+\sum t_{站}+\sum t_{折} \tag{3.7}$$

式中 $t_{运}$——列车在线路上往返一次各区间运行时分之和;

$t_{站}$——列车在线路上往返一次各中间站停站时间之和;

$t_{折}$——列车在折返站停留时间之和。

(2)车辆运用过程

城市轨道交通系统是一个复杂的、技术密集的公共交通系统,它具有高度集中、协调联动的特点。而车辆运用组织系统又是这个大系统中重要的组成部分之一,它在上级运营指挥部门的统一指挥下,按照运行图完成日常的车辆运用工作。

列车运转流程指的是列车运用过程,包括四个环节,即列车出车、列车正线运行、列车回库收车及列车场内检修及整备作业。这些作业由车辆运用部门各个岗位协同配合共同来完成。

1)列车出车

列车出车工作流程分为制订发车计划、出乘作业及发车作业三部分。从制订发车计划开始到列车发出结束,其中制订发车计划可分为编制下达发车计划与检修交车确认计划二个环节。出乘作业可细分为司机出勤、出车前检查、列车出库等三个环节。

2)列车正线运营

列车正线运行主要由乘务员(电动列车司机)来完成,主要工作内容包括正线运行中的信息交流、正线交接班作业。

①正线中信息流转

a.正线列车或其他行车设备发生故障时,司机应及时报告行车调度员故障车次、故障时间、故障现象以及处理结果。

b.行车调度员将故障车次/车号、故障情况及其他相关信息通报维修部门。

c.司机除汇报行车调度员有关故障信息外,还应将故障信息在报单上记录备案。

d.对运营中列车因故障而导致下线,行车调度员应及时通知运转值班员。

②正线交接班有关规定

司机在正线交接班时应提前20 min至有关地点出勤,出勤方式按部门制定的相应规定执行。

司机在途中交接班时必须向接班人员说明列车的运行技术状态及有关行车注意事项,并填写在司机报单上,内容包括制动性能、故障情况、线路情况、当前有效调度命令及执行情况以及其他必须交接的情况。

3)列车收车

列车回库收车工作流程分为接车、回库作业,其中回库作业可细分为列车入库、回库检查及收车、司机退勤等三个环节。

4)列车检修与整备

列车检修工作包括:列车回库停稳并按规定收车后与车辆维修部门办理车辆交接手续,运转值班员应及时与车辆维修部门办理车辆交接手续,未办理车辆交接手续的电动列车,未经运转值班员同意检修部门不得擅自进行检修作业,正在进行检修作业的电动列车,未经检修负责人同意运转值班员不得擅自调动使用。

2　检修车

处于检修状态的车辆为检修车。车辆经过一段时间的运用后,各部件会产生磨耗、变形或损坏,为保证车辆技术状态良好和延长使用寿命,需要定期对车辆进行检修。车辆检修包括车辆检修级别和车辆检修周期。根据设计性能、使用寿命以及运用环境和运用指标来确定。

检修列车数量需根据运用列车数量综合维修能力、修程修制取得,一般为运用列车数量的10%~15%。

车辆的检修级别通常包括日检、双周检、双月检、定修、架修和大修六类,如表3.11所示。

检修周期主要是根据设备的磨损程度和可靠性而定的,而车辆运用时间和行走里程数通常是设备磨损和可靠性的表征,因此在实际过程中,就将车辆运用时间和走行里程数作为车辆检修周期的确定标准。列检库及车辆架修如图3.23和图3.24所示。

表3.11　车辆检修级别、周期及停时

检修类别	时间间隔	走行里程数/km	检修停时
日检	1 d	—	—
双周检	14 d	4 000	4 h
双月检	60 d	20 000	48 h
定修	1 a	100 000	10 d
架修	5 a	500 000	25 d
厂(大)修	10 a	1 000 000	40 d

图3.23　列检库

图 3.24 车辆架修

【知识链接】

我国目前经常采用的检修修程、周期及停修时间是基于日常维修和定期检修相结合的检修制度即预防性计划检修制度而确定的，下面介绍一下部分大城市轨道交通检修制度。

表 3.12 北京地铁车辆检修修程、周期及停修时间

检修修程	修程周期/万 km	库停时间/(d·列$^{-1}$)	调试/(d·列$^{-1}$)	合计/(d·列$^{-1}$)
厂修	112～128	70	20	90
架修	54～56	17	7	24
定修	28～32	10	7	17
月检	2	2	0	2
列检	每日	—	—	—

表 3.13 上海地铁车辆检修修程、周期及停修时间

检修级别	时间间隔	走行里程	检修停时	主要检修内容和要求
日检	1 d			系统功能检查，保证车辆运行安全
双周检	14 d	4 000	4 h	系统功能检查，易损件检查更换，保持车辆状态
双月检	60 d	20 000	48 h	主要部件状态检查测试，更换使用周期短的零件
定修	1 a	100 000	10 d	架车，局部解体，大型部件细致检查、测试、修理、旋轮，保持车辆整体主要性能
架修	5 a	500 000	25 d	架车，基本解体，走行部和牵引电机分解、清洗、检查、修理，恢复车辆整体主要性能
大修	10 a	1 000 000	40 d	架车，全部解体，车体和转向架整形；电机、电气线路、轮对分解修理；车辆外表喷漆；局部技术改造。恢复车辆基本性能，达到或接近新造车的水平

表 3.14　广州地铁车辆检修修程、周期及停修时间

检修修程	检修周期(运营时间)	检修周期(走行里程)/万 km
日检	1 d	
双周检	14 d	0.35~0.5
三月检	90 d	2.5~3.5
半年检	180 d	6.5~8
一年检	1 a	12.5~15
二年检	2 a	23~28
三年检	3 a	34~40
架修	6 a	62~75
厂修	12 a	125~150

表 3.15　日本地铁车辆检修修程、周期及停修时间

检修修程	检修周期		停修时间/(d·列$^{-1}$)
	东京营团地铁	东京都营地铁 名古屋市营地铁	
全面检查	≤6 a	≤6 a	18~25
重要部件检查	60 万 km 或≤4 a	40 万 km 或≤3 a	12~15
月检查	≤180 d	≤180 d	1.0
日检查	≤6 d	≤3 d	0.25

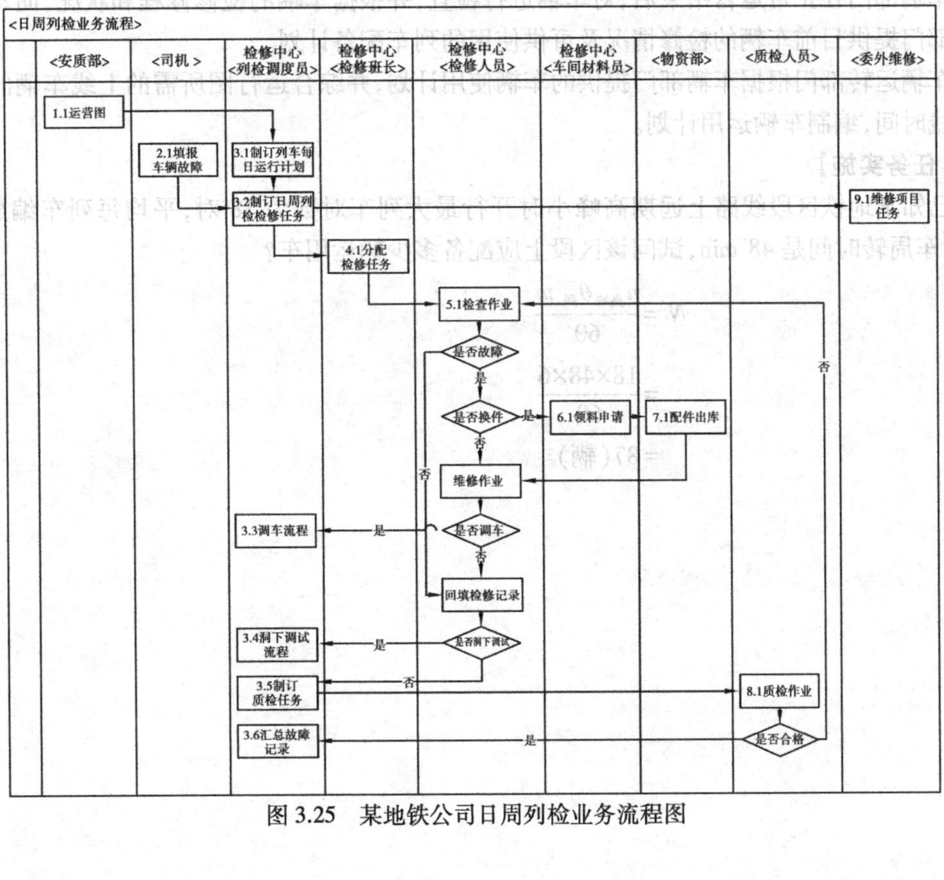

图 3.25　某地铁公司日周列检业务流程图

3　备用车

备用车辆是为轨道交通系统适应可能的临时或紧急的运输任务、预防车辆故障的发生而准备的技术状态良好的车辆数,如图 3.26 所示。一般说来,这部分车辆可控制在 10%左右。新线车辆状态较好,客流量不大,备用车辆数量可适当减少。

图 3.26　备用车

4　车辆运用计划的确定

车辆部门在正常运营结束后,对车辆进行检查,并根据车辆的检修修程和状况,向车场的运转部门提供目前车辆的检修情况及可供使用的列车配备计划。

车辆运转部门根据车辆部门提供的车辆使用计划,并综合运行图所需的上线车辆的数量和上线时间,编制车辆运用计划。

【任务实施】

已知某地铁区段线路上远期高峰小时开行最大列车对数为 18 对,平均每列车编成为 6 辆,列车周转时间是 48 min,试问该区段上应配备多少辆运用车?

$$N=\frac{n_{高峰}\theta_{列}\ m}{60}$$

$$=\frac{18\times48\times6}{60}$$

$$=87(辆)$$

【效果评价】

评 价 表

项目名称	运输计划	学生姓名	
任务名称	任务4 编制车辆运用计划	分 数	
项 目		分 值	考核得分
1.城轨车辆的相关知识、图片的搜集、整理		10	
2.是否有小组计划		5	
3.运用车、检修车、备用车的认知情况		20	
4.车辆配备数计算的掌握情况		50	
5.编制学习汇报报告情况		10	
6.基本素养考核情况		5	
总体得分			
教师简要评语： 教师签名：			

项目小结

城市轨道交通运输计划根据城市轨道交通客流的特点，规定城市轨道交通线路的日常运输任务，制订客流计划、全日行车计划、列车开行方案、车辆配备计划等内容。

客流计划将是全日行车计划编制的基础资料。编制时以站间发、到客流量数据作为原始资料，通过计算得到各站上下车人数，然后绘制出各方向站间客流断面图，最后分析全日分时最大断面客流量等数据。

全日行车计划在客流计划的基础上，计算出营业时间内各小时开行列车数，由此再计算出行车间隔时间，并对非高峰时段行车间隔进行微调，最终确定全日行车计划。

列车运行计划规定了列车在指定车站的折返方式（站前、站后），并通过大小交路、列车开行对数的合理配置，充分发挥线路的通过能力，满足各区段不同的输送能力需求。

车辆运用计划则是为了更好的完成全线全日行车计划，而准备的所需要的车辆保有数（运用车、检修车、备用车）。

思考与练习

1.什么是客流计划？包括哪些内容？

2.轨道交通营业时间的安排需要考虑哪些因素？目前大多数城市的轨道交通营业时间是多少？

3.列车定员数如何计算？列车编组辆数如何确定？有哪些限制因素？

4.线路断面满载率的含义是什么？在实际工作中通常是指什么？如何计算？

5.列车交路的种类有哪些？各类交路有何优缺点？

6.根据下列已知条件计算最大断面客流量，并确定全日行车计划。编制资料：

(1)全日站间 OD 客流数据见表 1；

(2)客流全日分时分布规律见表 2；

(3)列车编组为 4 辆，车辆定员为 210 人；

(4)线路断面满载率，早、晚高峰小时(早高峰为 7:00—8:00、晚高峰为 17:00—18:00)为 1.1，其他运营时间为 0.9。

表 1　全日站间 OD 客流

O \ D	1	2	3	4	5	合计
1	—	6 520	44 000	3 960	3 900	58 380
2	4 200	—	43 800	4 660	13 060	65 720
3	11 600	9 800	—	6 440	9 200	37 040
4	10 840	8 200	6 400	—	8 780	34 220
5	2 400	8 640	15 720	6 840	—	33 600
合计	29 040	33 160	109 920	21 900	34 940	228 960

表 2　客流全日分布规律

时　段	客流占全日客流比例	时　段	客流占全日客流比例
5:00— 6:00	0.014	14:00—15:00	0.042
6:00—7:00	0.06	15:00—16:00	0.04
7:00—8:00	0.14	16:00—17:00	0.07
8:00—9:00	0.08	17:00—18:00	0.13
9:00—10:00	0.04	18:00—19:00	0.08
10:00—11:00	0.04	19:00—20:00	0.04
11:00—12:00	0.046	20:00—21:00	0.05
12:00—13:00	0.04	21:00—22:00	0.028
13:00—14:00	0.046	22:00—23:00	0.014

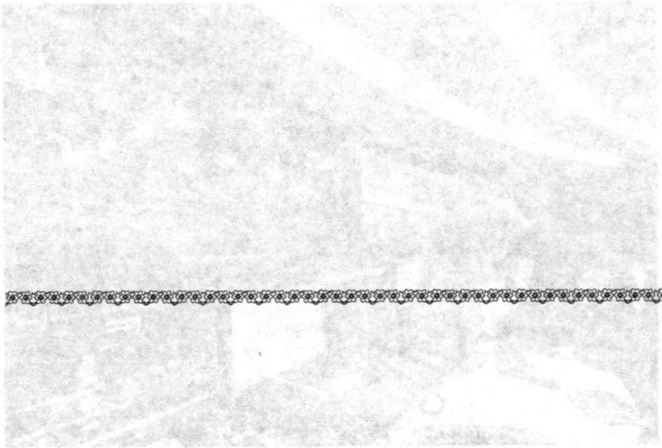

项目4 列车运行图

【项目描述】

列车运行图是城市轨道交通运营生产的一个综合性计划，是城市轨道交通行车组织的基础，其质量的高低直接关系着城市轨道交通系统的效益、能力和安全。如何编制列车运行图，有哪些要素和内容，分为哪些类型，分别使用于哪些实际情况，如何对编制质量进行检查，使其最终应用到实际运营中。通过本项目的学习，我们就能得到以上问题的答案。

【学习目标】

通过本模块的学习，要求掌握以下基本知识：

1.了解列车运行图的意义及作用；

2.熟悉列车运行图的格式及分类；

3.熟悉列车运行图基本组成要素；

4.熟悉列车运行图的编制流程及基本方法；

5.掌握列车运行图相关指标的计算。

【能力目标】

1.能分析列车运行图的要素及对运行图分类；

2.能掌握列车运行图的编制流程及基本方法；

3.能掌握列车运行图技术指标的计算与核查。

任务1　列车运行图的认识

【活动场景】通过对城市轨道交通运营企业控制中心实地参观或在教室用多媒体展示运行图有关知识。

【任务要求】明确列车运行图的概念，认识列车运行图，熟悉列车运行图在实际运营生产中的作用。

【知识准备】

1　列车运行图的定义

列车运行图是运用坐标原理来描述列车在轨道线路运行的时间、空间关系，直观地显示出列车在各车站（车辆段）停车或通过、在各区间运行状态的一种图解形式。它规定了列车运行交路、各次列车在车辆段和每个车站的到达和出发（或通过）时刻、列车折返时间、列车在区间运行时间及在车站停站时间等，是组织全线列车运行的基础。

在城市轨道交通运营生产中，根据不同工种、对象的使用范围要求，列车运行图有两种输出形式：运营时刻表和图解表形式。运营时刻表是指列车在车站（车辆段）出发 、到达（或通过）及折返时刻的集合，主要供车站人员、乘务司机以及对外公布时乘客使用。图解表又称时距图，是指列车在车站（车辆段）出发 、到达（或通过）时刻，及列车折返、在各区间的运行时间的图解形式，主要供城市轨道交通企业运营调度部门行车调度指挥使用。其中图解表中的坐标系根据使用习惯特点有两种表示方法，如图4.1所示。在图4.1（a）中，横坐标为时间，纵坐标为距离，水平线之间的距离即为站间距，在国内这种表示方法使用最为广泛。而4.1（b）坐标系表示方法正好与4.1（1）相反，例如：国内采用西门子信号系统的轨道线路则使用这种形式的列车运行图。

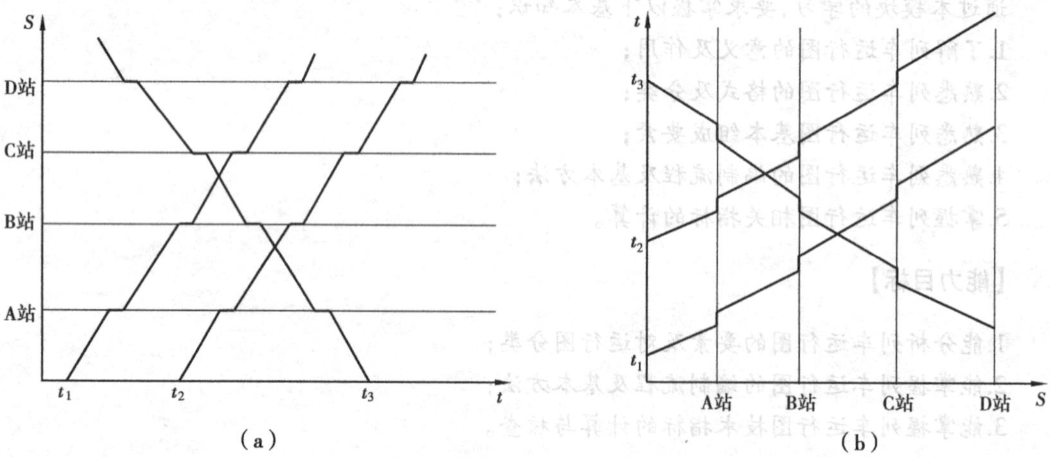

（a）　（b）

图4.1

2　**列车运行图的意义**

在城市轨道交通运营生产过程中，列车运行是一个复杂的系统过程，它要利用多种技术设备和系统的联动，要求各部门、各工种、各项作业之间互相协调配合，才能保证行车的安全和提高运营效率，列车运行图在此发挥着极其重要的作用。为了保证城市轨道交通运输生产过程的协调一致性和计划性，使各列车运行能彼此很好地配合，保证列车运行与乘客服务工作的协调一致，保证安全、快捷、经济、准确地运送乘客，合理有效地利用轨道交通技术设备，充分利用轨道交通通过能力，轨道交通运营企业必须通过编制列车运行图来实现。

一方面，列车运行图是城市轨道交通运营企业实现列车安全、正点运行和经济有效地组织运营生产工作的列车运营生产计划，它规定了轨道线路、车辆段、电客车、施工检修设备的运用以及与行车相关各部门(如车站、车辆段、施工检修部门)的工作组织安排，并通过列车运行图把整个轨道线网的运营生产工作联系成一个统一的整体，使其严格按照一定运行程序有条不紊地进行工作，保证按图运行。另一方面，列车运行图又是城市轨道交通运营企业面向社会提供运输能力和保证服务水平的一种有效形式，它提供了城市轨道交通线路运营服务时间、首末班车时间和运营时刻表，规定了不同季节、不同日子、不同时段客流需求的运能供给和运营服务能力指标。

因此，列车运行图不仅是城市轨道交通运营生产的一个综合性计划、是行车组织工作的基础，更是轨道交通运营企业经济效益和社会效益的重要体现。

【任务实施】

以国内城市轨道交通行业典型的列车运行图形式为例，进一步理解运行图的意义。

①西安地铁二号线采用浙大网新信号系统，运行图编制采用其开发的时刻表编辑软件 Hustas，其编辑的运行图信息如图 4.2(a)所示。

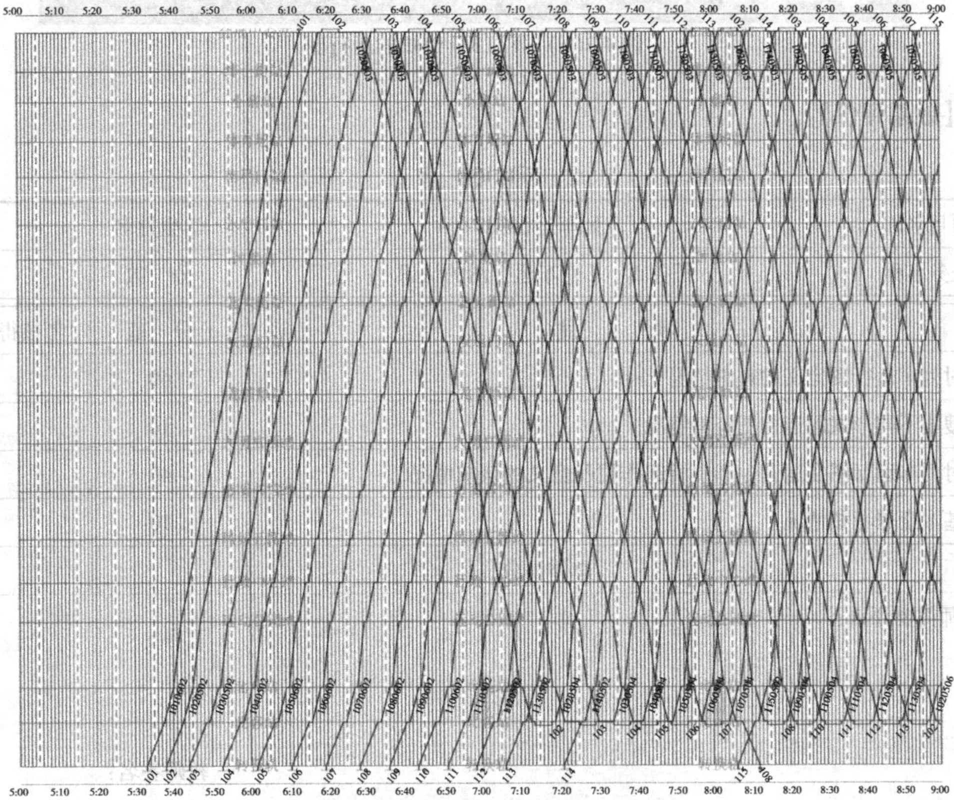

图 4.2(a)　Hustas 编辑的运行图

②广州地铁一、二、四、五、八号线采用西门子信号系统，运行图编制采用西门子开发的时刻表编辑软件 FALKO，其编辑的运行图信息如图 4.2(b)所示。

图 4.2(b)　FALKO 编辑的运行图

【效果评价】

评　价　表

项目名称	列车运行图	学生姓名	
任务名称	任务 1　列车运行图的认识	分　数	
项　　目		分　值	考核得分
1.对列车运行图定义的理解情况		40	
2.搜集不同形式的运行图资料情况		10	
3.对列车运行图在运营生产中所起作用及意义的认知情况		40	
4.基本素养考核情况		10	
总体得分			
教师简要评语： 教师签名：			

任务2　列车运行图的格式与分类

【活动场景】利用多媒体在教室进行讲解教学。

【任务要求】掌握列车运行图的格式及种类，能分析不同类型列车运行图的特点。

【知识准备】

1　列车运行图的图解表示

列车运行图运用坐标原理表示列车在各站和区间运行计划的一种图解形式，其由时间线、站名线、运行线、列车车次和运行时刻组成。

(1) 竖线——代表时间线

将横轴按一定比例用竖线划成等分，代表不同的分钟和小时，通常分钟格线以较细线表示，小时格线以较粗线表示。一般城市轨道交通列车运行图使用 1 min 等分格。

(2) 横线——代表站名线(车站中心线位置)

根据区间实际运行时间或区间实际里程，将纵轴按一定的比例用横线加以划分，以车站中心线位置进行距离定点，表示车站站名线。

在列车运行图上，车站中心线的位置一般有下列两种确定方法：

①按区间实际里程的比例确定

指车站中心线的位置按整条线路内各车站之间实际里程的比例来确定。采用这种方法时，从运行图上可以直接看出各站间距离的实际情况和大小。但由于各区间线路的平面和纵断面不一样，列车在各区间的运行速度也不同，所以列车在全线的运行线往往是一条斜折线。在实际运用当中，既不整齐，也不易发现列车在区间运行时间上的差错，所以一般不采用这种方法。

②按区间运行时间的比例确定

指车站中心线的位置按整条线路内各车站之间列车运行时间的比例来确定，如图 4.2 所示。采用这种方法时，从运行图上可以明显看出各区间运行时间的长短。由于不考虑线路平纵断面情况，所以使列车在整条线路上的运行线基本上为一条斜直线，既整齐美观，也易发现列车在各区间运行时间的差错。

(3) 斜线——代表列车运行线

根据列车在各站的到达、出发或通过的时刻铺画列车运行线，即为列车运行的近似表示。列车运行线路分为上、下行线，我国城市轨道交通企业普遍采用的运行图，由左下方向右上方倾斜的运行线为上行线，由左上方向右下方倾斜的运行线为下行线。

通常在一张运行图上，存在担任不同运营任务的列车。为了便于识别，不同种类列车运行线采用不同的表示方法，主要表现在列车车次或运行线型的不同。

(4)车次

目前我国大多数城市轨道交通系统的列车运行图中,列车车次由 7 位数组成,主要包括:列车服务号、目的地码和行程号(又名序列号)。在不同的 ATS 信号系统中,上述 3 部分内容在车次中的次序根据系统设计要求而不同。在我国城市轨道交通系统中规定,上行列车的车次为双数,下行列车的车次为单数。例如:西安地铁二号线列车车次形式为"列车服务号(3位)+目的地码(2位)+行程号(2位)",上行列车车次为双数指其中的行程号为双数,下行列车车次为单数指其中的行程号为单数。

(5)时刻表示

在列车运行图上,列车运行线(斜线)与车站中心线(横线)的交点即为列车到达、通过或出发的时刻。由于城市轨道交通系统采用 1 分格运行图,列车行车间隔较小、停站时间较短,则一般不标注列车到、发时刻。

2　列车运行图的分类

按照使用范围、时间格式和轨道线路的技术设备(如单线、双线)、列车运行速度、运行方式、上下行方向的列车数量和列车运行交路(如共线、非共线)等条件,列车运行图可以分为多种不同的类型。

(1)按照使用范围分类

①工作日运行图

该运行图是根据每周工作日出现早晚 2 个高峰的客流特征而编制,主要满足城市居民上下班(学)的出行需求。

②双休日运行图

在每周的双休日出现的早晚高峰并不明显。根据城市轨道线路沿线分布不同特征,全日客流较工作日也有所减少或增加,该运行图是根据双休日实际客流特征而编制。

③节假日运行图

节假日主要指元旦、春节、清明节、五一劳动节、端午节、中秋节和国庆节等法定节假日。节假日期间,在连接商业网点、旅游景点的轨道交通线路上,客流往往会有所增加。节日前的晚高峰小时客流会大于一般工作日早晚高峰小时客流。所以从运营经济性考虑,应根据不同的客流量编制不同的运行图满足运量需求。

④其他特殊运行图

该运行图通常因举办重大活动、遇天气骤变而引起短期性客流的激增而编制的特殊运行图,或因新线开通设备调试、运行演练而编制的演练运行图等。

(2)按照时间格式分类

①1 分格运行图

它的横轴以 1 min 为单位用细竖线划分,5 分格用虚线,10 分格和小时格用较粗的竖线表示。1 分格运行图主要在城市轨道交通(地铁或轻轨)运行图上使用。

②2 分格运行图

它的横轴以 2 min 为单位用细竖线划分,常用于市郊铁路运行图的编制。

③10 分格运行图

它的横轴以 10 min 为单位用细竖线划分,半小时用虚线表示,小时格用较粗的竖线表示。10 分格运行图主要用在铁路运行图上,供调度员在日常调度指挥工作中绘制实迹运行图时使用。

④小时格运行图

它的横轴以 1 h 为单位用竖线划分。在铁路上,小时格运行图主要是编制旅客列车方案图和机车周转图时使用。

(3)按照区间正线数目分类

①单线运行图

在单线区段,上下行方向列车都在同一正线上运行。在城市轨道交通系统中,单线运行图使用较少,通常只在非正常情况下列车运行调整时而采用。因此,两个方向的列车必须在车站上进行交会,如图 4.3 所示。

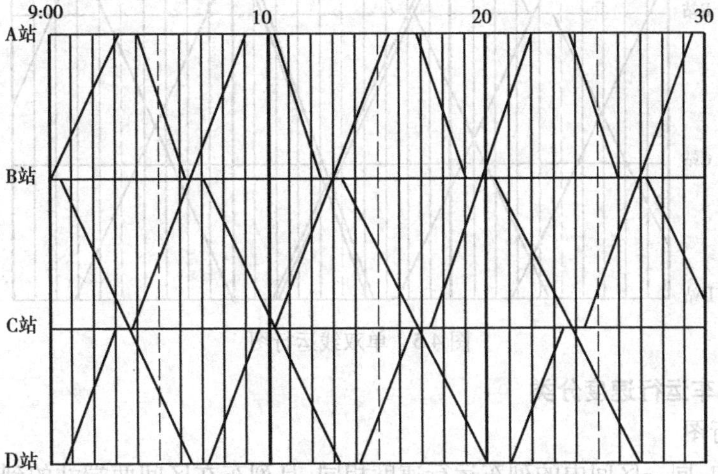

图 4.3 单线成对平行运行图

②双线运行图

在双线区段或线路,上下行方向列车在各自的正线上运行,因此,上下行方向的列车运行互不干扰,在车站或区间均可交会。城市轨道交通系统一般均设置双线,采用双线运行图,如图 4.4 所示。

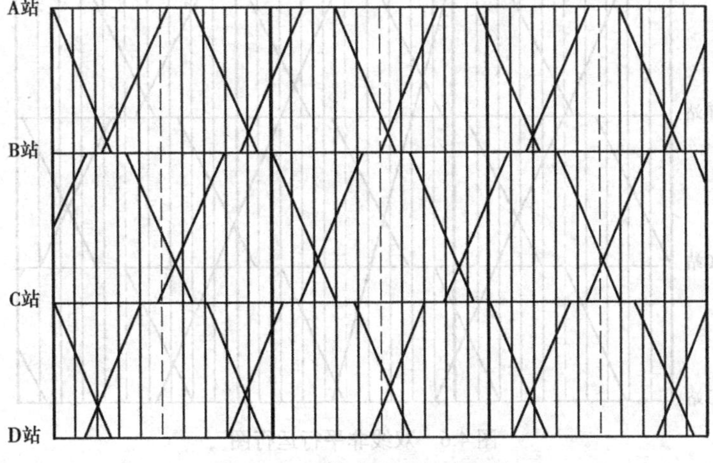

图 4.4 双线成对平行运行图

③单双线运行图

此类情况主要运用在铁路上,在有部分双线的单线区段或线路,单线区间和双线区间各自按单线运行图和双线运行图的特点铺画运行线。在城市轨道交通系统线网中只有在非正常情况下的列车运行调整时使用,如图 4.5 所示。

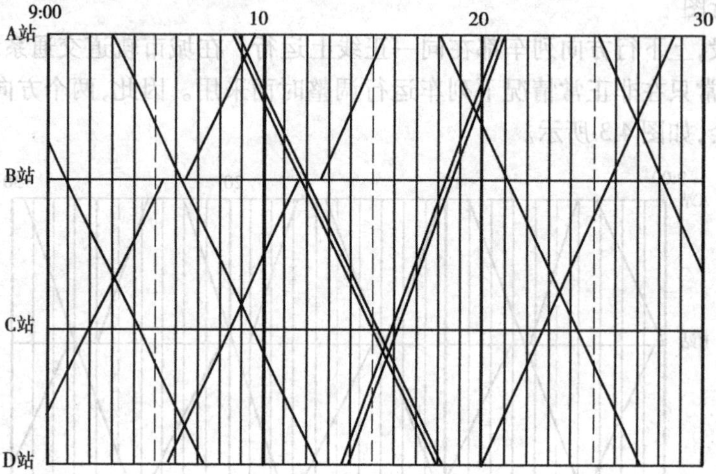

图 4.5　单双线运行图

(4)按照列车运行速度分类

①平行运行图

在同一方向,同一区间内的列车运行速度相同,且列车在区间两端站的到、发或通过的运行方式也相同,因而列车运行线相互平行,如图 4.3 和图 4.4 所示。

②非平行运行图

在同一方向,同一区间铺画不同运行速度的列车,且列车在区间两端站的到、发或通过的运行方式不同,因而列车运行线间不平行,如图 4.6 所示。

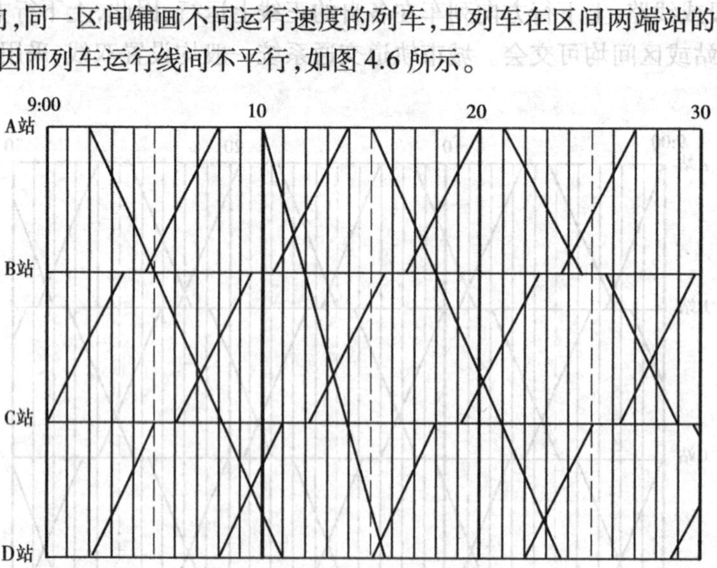

图 4.6　双线非平行运行图

(5)按照上下行方向列车数目分类

①成对运行图

该运行图是上下行方向的列车数相等的运行图,如图 4.3 和图 4.4 所示。

②不成对运行图

该运行图是上下行方向的列车数不相等的运行图,如图 4.7 所示。

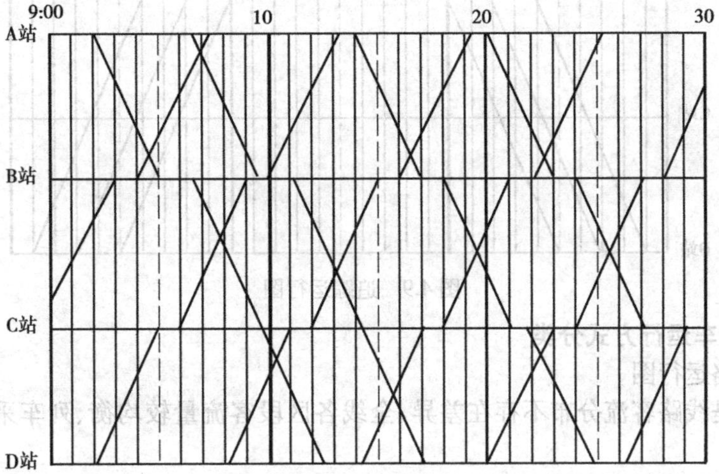

图 4.7　双线不成对运行图

(6)按照同方向列车运行方式分类

①连发运行图

在这种运行图上,同方向列车的运行是以站间区间为间隔。在单线区段采取这种运行图时,在连发的一组列车之间不能铺画对向列车,如图 4.8 所示。

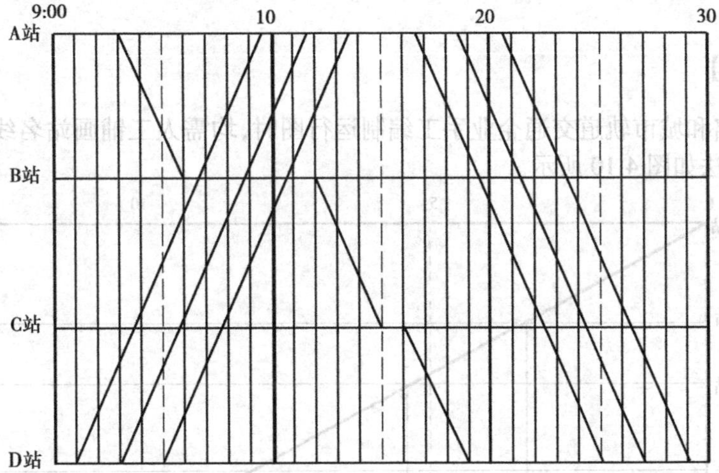

图 4.8　连发运行图

②追踪运行图

在这种运行图上,同方向列车的运行以闭塞分区为间隔。一般在自动闭塞的单线或双线区段上采用,如图 4.9 所示。

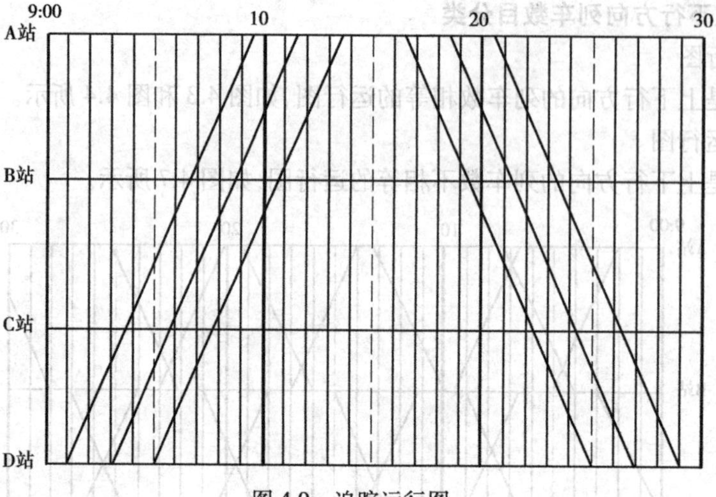

图 4.9　追踪运行图

(7)按照列车运行方式分类

①单一交路运行图

该运行图是线路客流分布不存在差异、全线各区段客流量较均衡、列车采用单一运行交路的运行图。

②非单一交路运行图

该运行图是因城市轨道线网中部分线路结构形式,或线路客流在时间和空间上的不均衡性而采用的共线交路形式的列车运行图,主要包括大小交路嵌套运行图、环形交路运行图和衔接交路运行图等。

以上所列举的分类,都是针对运行图的某一特点而加以区别的。实际上,每张运行图都具有好几方面的特点。根据城市轨道交通系统线路运营特点,列车运行图一般均采用双线平行成对运行图。

【任务实施】

在我国铁路和城市轨道交通企业手工编制运行图时,均需人工铺画站名线与时间线的坐标系,其铺画方法如图 4.10 所示。

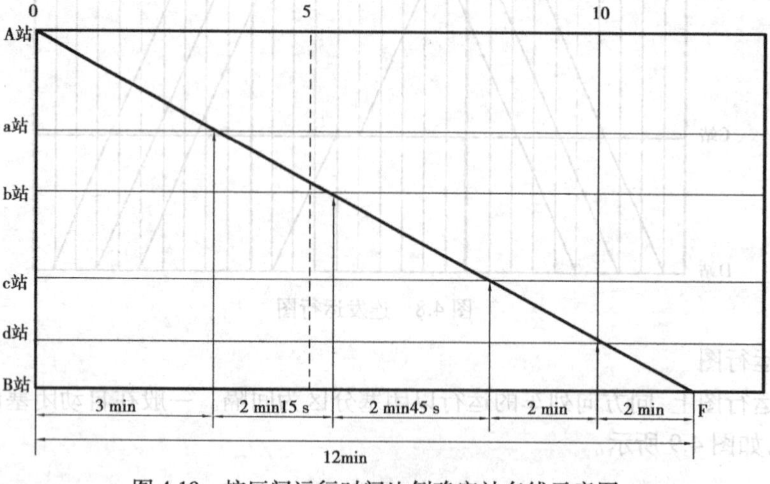

图 4.10　按区间运行时间比例确定站名线示意图

(1)某轨道交通线路下行方向两端站 A、B 间的列车单程运行时分共计 12 min,区段内各区间的运行时分如表 4.1 所示。

表 4.1 AB 区段各区间运行时分

区间	A—a	a—b	b—c	c—d	d—B
区间运行时分	3 min	2 min15 s	2 min45 s	2 min	2 min

(2) 具体铺画步骤:

①首先在运行图上确定两端站 A、B 在整张坐标系上的位置;

②在代表 A 站的横线上任取一点 A,并以 A 点所对应的时间为原点,在代表 B 站的横线上向右截取相等于 12 min 或 12 min 整倍数的 BF 线段,得到 F 点;

③再按 Aa、ab、bc、cd、dB 区间的列车运行时分,将 BF 线段划分为 5 个时间段,连接 A、F 两点,得到一斜直线 AF;

④然后以 5 个时间段的端点为基点作横轴的垂直线,在斜直线 AF 上可得到交点,过各该交点作水平线,代表 a、b、c、d 站的横线,即各站的车站中心线;

⑤最后铺画代表时间轴的竖直线,并用不同的线型代表不同的时间轴。

【效果评价】

评 价 表

项目名称	列车运行图	学生姓名	
任务名称	任务 2　列车运行图的格式与分类	分　数	

项　目	分　值	考核得分
1.对运行图图解表示的掌握情况	20	
2.各类列车运行图的认知情况	30	
3.对按运行时分比例法确定车站中心线的掌握情况	30	
4.编制学习汇报报告情况	10	
5.基本素养考核情况	10	
总体得分		
教师简要评语: 教师签名:		

任务3　列车运行图要素

【**活动场景**】利用多媒体在教室进行讲解教学。

【**任务要求**】掌握列车运行图各项组成要素的定义和计算方法。

【**知识准备**】

城市轨道交通系统列车运行图虽有各种不同的类型，但它总是由一些基本要素所组成。所以，在编制列车运行图前，必须确定列车运行图的各项要素。

其组成要素主要分为三方面：时间要素、数量要素和相关要素，这是编制列车运行图的基础和前提。

1　时间要素

(1)区间运行时分

区间运行时分是指列车在两相邻车站之间的运行时间标准，它通过牵引计算和实际试验相结合的方法进行查定。

$$T_{运}=t_{纯运}+t_{起}+t_{停} \tag{4.1}$$

式中　$T_{运}$——列车区间运行时分，min；

$t_{纯运}$——列车不停车通过两相邻车站所需的区间运行时分，min；

$t_{起}$——起车附加时分，min；

$t_{停}$——停车附加时分，min。

在城市轨道交通系统中，列车区间运行时分按线路相同方向出站信号机之间的距离计算。由于上下行方向的线路平面、纵断面条件和列车编成辆数可能不相同，所以列车区间运行时分应按各种列车和上下行方向分别查定。此外，列车区间运行时分还应根据列车在每一区间两个车站上不停车通过和停车两种情况分别查定。列车不停车通过两个相邻车站所需的区间运行时分称为纯运行时分。列车到站停车的停车附加时分和停站后出发的起动附加时分，应根据电客车类型、列车编成辆数以及进出站线路平纵断面条件查定。

但事实上，一条新线开通前，通常是采用理论时间加一定富裕量，用“就上不就下”的原则确定(如:2′12″就靠成2′15″)，尽量留有余量。通过一段时间的运行后，经过查标，重新修正一些出入较大的区间。修正完后，在列车速度不变的情况下，基本上就固定这个区间运行时分不变。

(2)停站时间

停站时间指车站办理乘客乘降所必须的停车时间标准。城市轨道交通系统列车停站作业可分解为：进站停稳至屏蔽门、车门打开，乘客上下车，关闭车门和屏蔽门至列车起动三部分。由此可见，影响列车的停站时间主要在于乘客上下车效率和司机操作效率，其时间长短主要取决于车站的乘客上下车人数、列车车门数、站台布设及站台客流组织等因素。

列车停站时间，应根据不同信号系统级别、车站客流量等级、列车不同需要分别确定。对线路终点站的确定需考虑车站人员上车清客、司机播放客服广播所需要的时间；对车站屏蔽门和车门未实现联动的情况需考虑司机配合操作默契度、两者开关的不同步时差。

列车停站作业的时间标准，一般通过客流预测分析计算的理论值和实际查标相结合的方法确定。在满足实际需要的条件下，应最大限度地缩短列车停站时间，以提高列车的旅行速度。根据国内目前城市轨道交通运营经验统计，每名乘客上下车约需 0.6s。

$$t_{上下}=\frac{0.6\times Q_{上下}}{N_{列}\times M} \tag{4.2}$$

式中 $t_{上下}$——乘客上下车时间，s；

$Q_{上下}$——高峰小时内单个方向本站上下客人数之和，人；

$N_{列}$——高峰小时通过本站的列车对数，对；

M——每列车的车门数，个。

由于乘客的上下车人数在时间上具有波动性，随天、时、地的变化而改变；而且，不同的运行时段（高峰、低峰）和不同的运行区段（大客流区间、小客流区间）车厢内的乘客密度也不均衡（尤其对于新线开通时的运行情况），所以在计算结果外应考虑一定的富裕量。

$$t_{停站}=t_{门}+t_{上下}+\Delta t \tag{4.3}$$

式中 $t_{停站}$——每列车在车站上的停留时间，s；

$t_{门}$——开关门时间，s；

$t_{上下}$——乘客上下车时间，s；

Δt——一定程度的富裕时间，s。

（3）折返作业时分

折返作业时分指列车到达终点站或在具有折返能力的中间站进行折返作业所必需的时间总和。该时间一般设计部门通过通过牵引计算和实际查标相结合的方式确定。

列车折返方式分为站前折返和站后折返。站前折返是列车经由站前渡线进行折返，站后折返是列车利用站后尽端折返线进行折返。不同的折返布置形式，列车折返所需时间不同。折返作业时分主要包括：确认信号时间、列车驶入（出）折返线时间、司机交接班时间、办理进路时间等，主要受折返线折返方式、列车长度、列车制动能力、信号设备水平、司机操作水平等多因素影响。在城市轨道交通系统中一般采用站后折返方式，只有在非正常情况下（如：列车严重晚点、站后折返线道岔故障）列车运行调整时采用站前折返。列车在终点站进行站后折返作业过程如图 4.11 所示。折返作业时间计算公式如下：

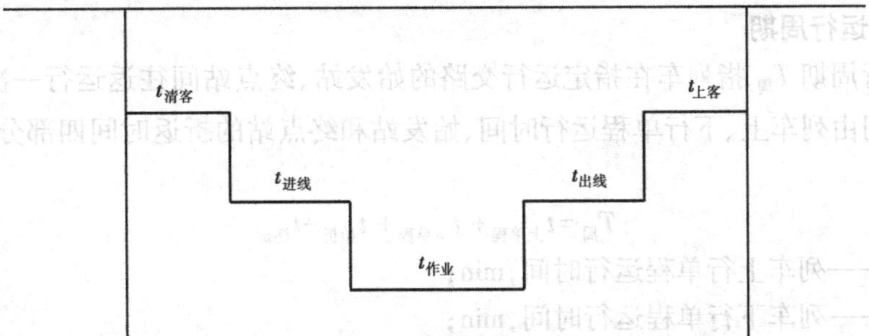

图 4.11 列车在终点站折返作业过程图

$$t_{折} = t_{纯折} + t_{清客} + t_{上客} \tag{4.4}$$

式中 $t_{折}$——列车在车站折返作业时分,min;

$t_{纯折}$——列车在车站纯折返作业时分,min;

$t_{清客}$——列车在车站下客站台清客时分,min;

$t_{上客}$——列车在车站上客站台上客时分,min。

城市轨道交通系统纯折返时间指列车自终点站下客站台动车时起,运行到达上客站台停稳时止所需的运行时间。

$$t_{纯折} = t_{作业} + t_{进线} + t_{出线} \tag{4.5}$$

式中 $t_{纯折}$——列车在车站纯折返作业时分,min;

$t_{作业}$——包括道岔区段进路解锁延迟、排列折返进路和开放调车信号、司机交接班、列车更换操作台等各项作业时间,min;

$t_{进线}$——列车驶入折返线的走行时间,min;

$t_{出线}$——列车驶出折返线的走行时间,min。

(4)运行间隔时间

城市轨道交通系统的列车运行间隔时间是根据一天当中客流特点来确定的。一般来说,工作日早晚高峰客流量最大,呈现出早晚两个高峰时间段;双休日与节假日客流量大且均匀,主要集中在白天时间段。所以不同使用范围的运行图最大区别是相同时段的运行间隔安排不同。定义 $t_{间隔i}$ 为一天中第 i 时段的列车运行间隔时间,其计算方法为:

$$t_{间隔i} = \frac{3\,600mp\rho_i}{M_i} \tag{4.6}$$

式中 $t_{间隔i}$——第 i 时段的列车运行间隔时间,min;

m——列车编组数量,辆/列;

p——列车定员数量,人/辆;

ρ_i——第 i 时段的列车满载率;

M_i——第 i 时段的最大断面客流量,人/h。

在城市轨道交通列车运行图编制中,列车运行间隔除了要满足各时段(特别是高峰时段)的客流需求外,还需要考虑线路在不同运营阶段,受到投入运用的列车数量、技术设备折返能力、列车停站时间等不同因素的限制问题。所以按上述方法计算出的理想运行间隔往往无法实现,因此,在实际编图计算列车运行间隔时,需要考虑不同时段实际运行间隔时间与列车运行周期和列车运用数量间的相互关系,以此最大限度地满足在既有设备条件下不同时段的客流需求。

(5)列车运行周期

列车运行周期 $T_{周}$ 指列车在指定运行交路的始发站、终点站间往返运行一次所花费的总时间。该时间由列车上、下行单程运行时间、始发站和终点站的折返时间四部分组成,其计算公式如下:

$$T_{周} = t_{上单程} + t_{下单程} + t_{始折} + t_{终折} \tag{4.7}$$

式中 $t_{上单程}$——列车上行单程运行时间,min;

$t_{下单程}$——列车下行单程运行时间,min;

$t_{始折}$——列车在始发站折返时间,min;

$t_{终折}$——列车在终点站折返时间,min。

一般来说，在技术设备和开行方案不做调整的情况下，$t_{上单程}$、$t_{下单程}$的时间基本是固定的，$T_{周}$主要受$t_{始折}$和$t_{终折}$的制约。

(6)车站间隔时间

车站间隔时间指车站上办理两列车到达、出发或通过作业所需的最小间隔时间。它是限制全线能力的最重要的要素。在查定车站间隔时间时，应遵守有关规章的规定及车站技术作业时间标准，以保证行车安全和最有效地利用区间通过能力。

在城市轨道交通系统中，一般均采用双线单向运行方式，所以常用的车站间隔时间包括同方向列车连发间隔时间、同方向列车不同时发到间隔时间两种。一般是在信号设备功能不完善或故障时，列车采用信号降级模式下的行车闭塞法运行调整时采用。

1)同方向列车连发间隔时间$\tau_{连}$

在双线区段，从列车到达或通过前方邻接车站时起，至由车站向该区间再发出另一同方向列车时止的最小间隔时间，称为同方向列车连发间隔时间。需要考虑的因素有：两相邻车站间距离、线路状况、行车类型、运行时间、停站时间、发车时间、司机确认时间等。根据列车在前后两车站停车或通过的不同情况，连发间隔时间可有下列四种形式：

①两列车均通过前后两车站，见图4.12(a)；

②第一列车在前方站停车，第二列车在后方站通过，见图4.12(b)；

③第一列车在前方站通过，第二列车在后方站停车，见图4.12(c)；

④两列车在前后两站均停车，见图4.12(d)。

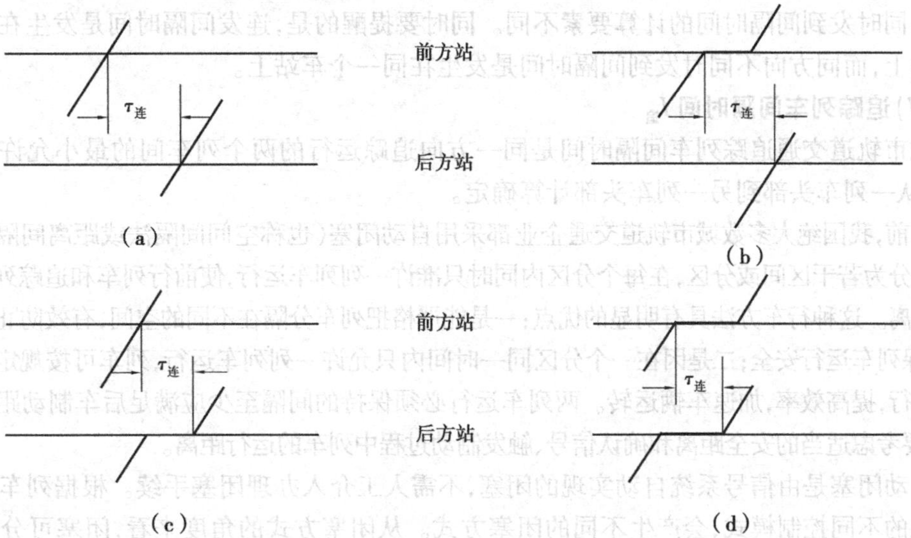

图4.12　同方向列车连发间隔时间

根据上述四种形式特点，可以将其归纳为两种类型。第一种类型为图4.12(a)、4.12(b)两种形式，其共同点是第二列车均在后方站通过，不同点则为前者是前方站车站值班员监督列车通过点，后者是前方站车站值班员监督列车的到达点。可以看出，这一类型的连发间隔时间由两部分组成：后方站为第二列车办理闭塞、准备接车进路和信号开放等作业时间$t_{作业}$和第二列车通过后方站进站距离$L_{进站}$的时间$t_{进站}$。其计算公式如下：

$$\tau_{连}=t_{作业}+t_{进站} \tag{4.8}$$

第二种类型为图4.12(c)、4.12(d)两种形式。其共同点是第二列车均在后方站停站作业,不同点为前者是前方站车站值班员监督列车通过点,后者是前方站车站值班员监督列车到达点。可以看出,这一类型的连发间隔时间根据车站作业时间及信号设备条件查定,是后方站为第二列车办理闭塞、准备发车进路和信号开放等作业时间 $t_{作业}$,其计算公式如下:

$$\tau_{连}=t_{作业} \tag{4.9}$$

2)同方向列车不同时发到间隔时间 $\tau_{发到}$

自列车由车站出发时起,至同方向另一列车到达车站时止的最小间隔时间,称为同方向列车不同时发到间隔时间,如图 4.13 所示。

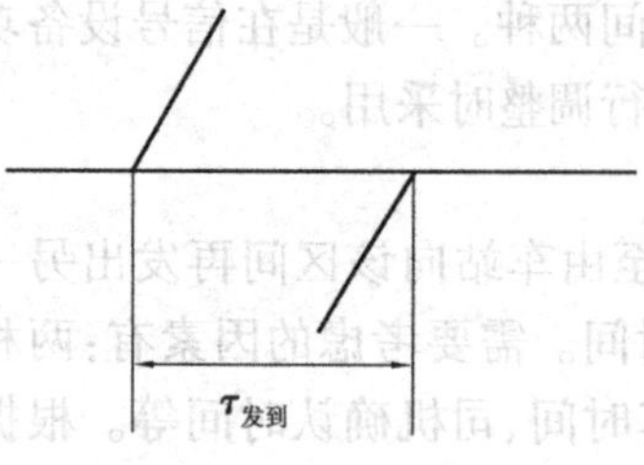

图 4.13　同方向列车不同时发到间隔时间

同方向列车不同时发到间隔时间由以下三部分组成:

①出发列车通过出站距离 $L_{出站}$ 的运行时间 $t_{出站}$(列车驶离并清空站台所需要的时间);

②进路解锁、车站办理闭塞准备进路、开放信号及延迟的时间 $t_{作业}$;

③到达的同方向列车通过进站距离 $L_{进站}$ 的运行时间 $t_{进站}$。

其计算公式如下:

$$\tau_{发到}=t_{出站}+t_{作业}+t_{进站} \tag{4.10}$$

但必须注意的是,城市轨道交通系统中不同信号模式(固定闭塞、移动闭塞)下的同方向列车不同时发到间隔时间的计算要素不同。同时要提醒的是,连发间隔时间是发生在前后两个车站上,而同方向不同时发到间隔时间是发生在同一个车站上。

(7)追踪列车间隔时间 $I_{追}$

城市轨道交通追踪列车间隔时间是同一方向追踪运行的两个列车间的最小允许间隔时间,是从一列车头部到另一列车头部计算确定。

目前,我国绝大多数城市轨道交通企业都采用自动闭塞(也称空间间隔法或距离间隔法),把线路划分为若干区间或分区,在每个分区内同时只准许一列列车运行,使前行列车和追踪列车保持一定距离。这种行车方法具有明显的优点:一是能严格把列车分隔在不同的空间,有效防止列车追尾,确保列车运行安全;二是因在一个分区同一时间内只允许一列列车运行,列车可按规定的较高速度运行,提高效率,加速车辆运转。两列车运行必须保持的间隔至少应满足后车制动距离的需要,还要考虑适当的安全距离和确认信号、触发制动过程中列车的运行距离。

自动闭塞是由信号系统自动实现的闭塞,不需人工介入办理闭塞手续。根据列车控制系统采取的不同控制模式,会产生不同的闭塞方式。从闭塞方式的角度来看,闭塞可分为固定闭塞、准移动闭塞和移动闭塞三类。而追踪列车间隔时间,取决于自动闭塞信号的制式、列车长度、列车运行速度、列车停站时间,以及闭塞分区的长度等因素。

1)固定闭塞追踪列车间隔时间

固定闭塞系统是将线路划分为固定位置、某一长度的闭塞分区,一个闭塞分区只能被一列车占用。固定闭塞的追踪目标点是前行列车所占用闭塞分区的始端,后行列车从最高速开始制动的计算点为要求开始减速的闭塞分区的始端,这两个点都是固定的,空间间隔的长度也是固定的,所以称为固定闭塞。在固定闭塞制式下,前、后列车的运行间隔为多个闭塞分区,列车定位是以固定分区的长度为单位,而与列车在分区内的实际位置无关,因此列车制动的起点和终点总在某一分区的边界。为充分保证安全,必须在两列列车之间增加一个防护区段,这使得列车间的安全间隔较大。所以其系统存在传输信息量较少,对列车运行的控制精度不高,列车安全保护距离较长的缺陷,不利于缩短列车运行间隔,不适合运量较大的城市轨道交通线路的信号系统,如图 4.14 所示。

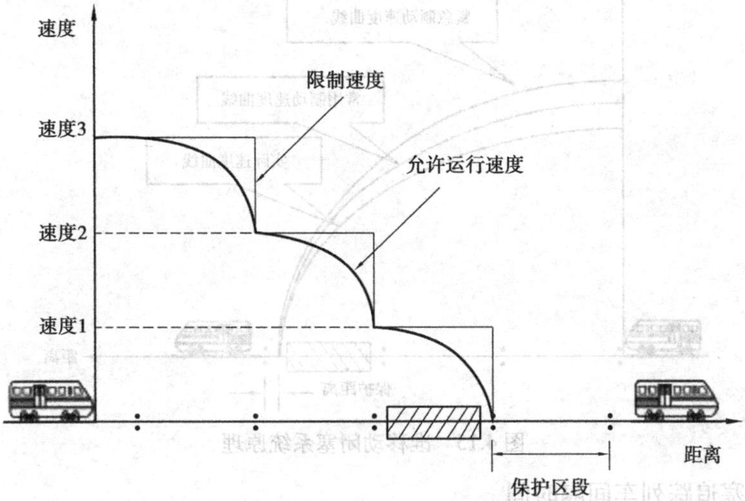

图 4.14 固定闭塞系统原理

由于城市轨道交通追踪列车经过车站时的间隔时间远大于列车在区间运行时的间隔时间,所以追踪列车间隔时间是按前后两列追踪列车先后经过车站必须保持的最小列车间隔距离计算得到的间隔时间。从图 4.14 看出,固定闭塞追踪列车间隔时间计算公式如下:

$$I_{追} = t_{运行} + t_{制动} + t_{停站} + t_{出站} \tag{4.11}$$

式中 $I_{追}$——追踪列车间隔时间,s;

$t_{运行}$——后行列车从初始位置时起运行至开始制动时止的运行时间,s;

$t_{制动}$——后行列车从开始制动时起至到达站内停车时止的制动时间,s;

$t_{停站}$——后行列车在车站停车作业时间,s;

$t_{出站}$——后行列车从车站起动加速时起至出清站台并驶出安全防护距离止的运行时间,s。

2)准移动闭塞追踪列车间隔时间

准移动闭塞仍需对线路进行闭塞分区的划分,其系统根据列车前方目标距离、目标速度、线路状况(曲线半径、坡道数据)、列车性能等信息,确定速度控制曲线,实现对列车的控制。准移动闭塞仍以闭塞分区为列车最小安全行车间隔,但可根据目标速度和目标距离随时调整列车间隔。将前行列车所占用闭塞分区的始端作为后续列车的追踪目标点,是介于固定闭塞与移动闭塞之间的一种闭塞方法。

准移动闭塞在控制列车的安全间隔上比固定闭塞更进了一步。它通过采用报文式轨道电路或环线来判断分区占用并传输信息,信息量大;可以告知后续列车继续前行的距离,后续列车可根据这一距离合理地采取减速或制动,列车制动的起点可延伸至保证其安全制动的地点,从而可改善列车速度控制,缩小列车安全间隔,提高线路利用效率。但准移动闭塞中后续列车的最大目标点仍必须在前行列车占用分区的外方,因此它并没有完全突破轨道电路的限制。

从图 4.15 可以看出，前后两追踪列车最小间隔距离为后行列车在当前速度下所需的制动距离和前行列车的尾端保护距离，则其追踪列车间隔时间即为后行列车以当前速度从初始位置运行至制动停车、停站作业和起动出站所消耗的时间。

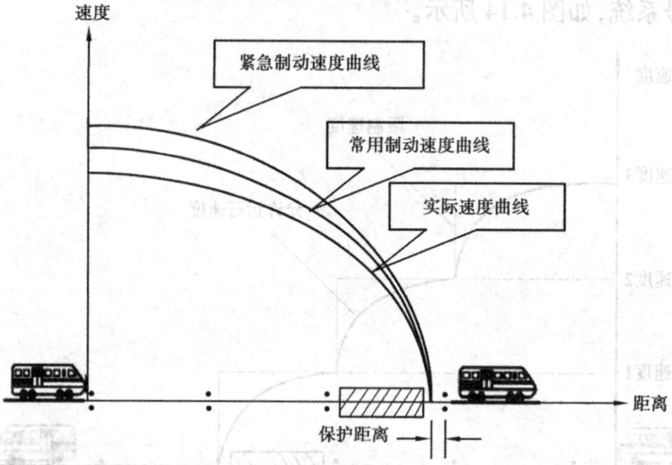

图 4.15　准移动闭塞系统原理

3）移动闭塞追踪列车间隔时间

移动闭塞系统没有固定的闭塞分区，而是将线路分成了若干个通过数据库预先定义的线路单元，每个单元长度从几米到十几米，移动闭塞分区即由一定数量的单元组成，单元的数目可随着列车的速度和位置而变化，分区的长度也是动态变化的。

移动闭塞系统是利用通信技术，通过车载设备、现场通信设备与车站或列车控制中心实现信息交换完成速度控制。列车间的最小运行间隔距离由列车在线路上的实际运行位置和运行状态确定。控制中心通过车载设备和轨旁设备不间断地双向通信，根据列车实时的速度和位置动态计算出列车的最大制动距离。列车的长度加上这一最大的制动距离，并在列车后方加上一定的防护距离，便组成了一个与列车同步移动的虚拟分区。由于保证了列车前后的安全距离，两个相邻的移动闭塞分区就能以很小的列车追踪间隔同时前进，使列车能以较高的速度和较小的间隔运行，从而提高了运输能力，其原理如图 4.16 所示。

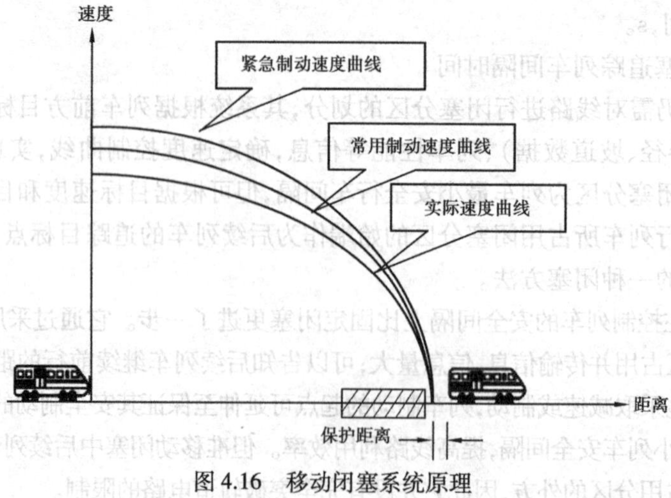

图 4.16　移动闭塞系统原理

从图4.16可得知，在前行列车出清车站与安全防护距离时，后行列车以规定速度恰好运行至进站位置，所以其追踪列车间隔时间即为后行列车制动停车、停站作业和起动出站所消耗的时间。

(8) 运营服务时间

运营服务时间，也称营业时间，是指乘客可乘坐列车的时间段，即首末班车的时间跨度点。一般依城市而异，其时间的安排主要考虑两方面因素：一是城市居民出行活动特点，要方便乘客，满足城市生活需要；二是要满足系统中各项技术设备及车辆停运进行整备、检修、施工的需要。

另外，随着运营服务水平的不断提高，也要考虑线路首末班车时间与地面公交、相邻铁路或高铁站衔接问题，尽量保证乘客换乘足够的时间裕量。同时，若不受线路车辆段或车场位置限制，可尽量保证线路首末班车同时对向发车；若形成轨道线网，还要考虑各条线路首末班车与各换乘站之间的衔接问题，最重要的是既要满足客流需求，也要满足夜间施工时间。

2 数量要素

(1) 全线分时段客流分布

全线分时段客流分布可根据客流的时间分布进行预测、调查分析，确定不同峰期时段的客流量。根据不同时段的客流分布特征，技术人员可对列车运行图峰期时段进行划分设置，并合理安排列车编组数、列车运行列数，作为开行不同形式运行方案（开行区间列车、连发列车）的主要依据。

在线路运营分析或运行图编制的实际运用中，为充分做到车流、客流相吻合，除掌握全天各小时内的客流分布外，还要掌握半小时乃至10 min的变化量。上述客流数据一般通过AFC系统得到。

(2) 全日分时最大断面客流量

全日分时最大断面客流量通常是在高峰小时断面客流量的基础上，根据全日客流分布图来计算确定。若条件允许，采用分时断面客流量分布计算所得的全日分时最大断面客流量数据更为准确可靠。此数据主要是了解全日各小时最大断面出现的区间、时段及流量，在编制运行图方面做到运力与运量相匹配。

(3) 满载率

1）列车满载率

指列车实际载客量与列车定员数之比。编制列车运行图时，既要保证一定的列车满载率，又要留有一定余地。兼顾某些不可预测因素带来的客流量波动，并兼顾乘客的舒适水平。计算公式如下：

$$\text{列车满载率} = \frac{\text{乘客密度}}{\text{车辆定员}} \times 100\% \tag{4.12}$$

或

$$\text{列车满载率} = \frac{\text{客运量} \times \text{平均运距}}{\text{客运列车数} \times \text{列车编组辆数} \times \text{列车运行距离} \times \text{车辆定员}} \times 100\% \tag{4.13}$$

2）线路断面满载率

指在单位时间内特定断面上的车辆载客能力利用率。在实际工作中，线路断面满载率通常是指在早高峰小时，单向最大客流断面的车辆载客能力利用率，计算公式如下：

$$线路断面满载率=\frac{单向最大断面客流量}{客运列车数\times列车编组辆数\times车辆定员}\times100\% \tag{4.14}$$

线路断面满载率既反映了高峰小时开行列车对最大客流断面的满载程度，也反映了乘客乘坐列车的舒适程度。为了提高车辆运用效率、降低运输成本和提高经济效益，在编制列车运行图时，轨道交通系统多采用列车在高峰小时适当超载的做法。

(4) 列车最大载客量

列车最大载客量是指列车根据定员载客量和线路断面满载率计算的允许运送的最大乘客数。计算公式如下：

$$列车最大载客量=列车定员\times线路断面满载率 \tag{4.15}$$

(5) 平均运距

平均运距是指乘客平均乘坐距离，一般通过 AFC 系统得到。

(6) 运用车数

运用车辆数是指为完成日常运输任务而配备的技术状态良好的车辆数。运用车的需要数与高峰小时开行列车数、列车周转时间及列车编组辆数等因素有关，计算公式如下：

$$运用车辆数=\frac{高峰小时开行列数\times列车周转时间\times列车编组辆数}{60} \tag{4.16}$$

或者在列车的编组辆数固定不变的情况下，也可直接通过某时段的行车间隔和列车运行周期确定此时段所需的运用车组数，计算公式如下：

$$运用车组数=\text{int}\left(\frac{列车运行周期}{行车间隔}\right)+1 \tag{4.17}$$

当列车在折返站的出发间隔时间大于高峰小时的平均行车间隔时，可在折返线上预留列车进行周转，此时运用车数需要相应增加。但在一条线路开通运营初期，往往按“以车定运”的原则确定运用车数，并非单一根据公式 4.16 计算出的理论数据确定运用车数。

(7) 备用车

为了适应客流变化，确保完成紧急运输任务以及预防运用车发生故障，必须保有若干技术状态良好的备用车辆。备用车的数量一般控制在运用车数的 10%左右。备用车原则上停放在车辆段或车场内，但根据线路的客流特征、车辆段位置、运行方案安排，可适当安排少数备用车停放于线路两端终端站或具备存车和折返能力的中间站，方便首末班车的发车，减少空驶里程，提高运营效率；另外，可对行车调度员在运用车故障或发生突发事件时进行运行调整时带来一定的灵活性和便利性，一定程度上缩短故障恢复时间，减小事故影响范围。

(8) 出入段能力

单位时段通过出入段线进入正线的最大列车数，即出入段能力。由于车辆段与正线车站之间的出入段线有限，加之出入段列车进入正线时还会受到正线通过能力的影响。因此出入段能力是编制列车运行图时的重要考虑因素。

3 相关要素

相关要素是指除了时间、数量要素以外，对编制列车运行图有一定影响的因素，也需要进行一一考虑。

(1) 与地面其他交通方式的衔接

包括与其他交通设施的衔接，如铁路车站、公路汽车站、机场、港口等；不同城市交通方式线路之间的布置与匹配，如公交线路与城市轨道交通线路；静态交通设施的设计，如自行车、小汽车等其他车辆停放等。

(2)与其他城市设施的衔接

需要考虑的重点设施包括大型体育场馆、娱乐、商业中心等的衔接考虑,这些场所会有突发性的客流对城市轨道交通系统的正常运营带来冲击,造成运力和人力安排的困难。

(3)列车检修作业

为保证列车状态完好,需均衡安排各列车的运行时间与检修时间,既保证每列车都有日常维护保养时间,又使各列车日行里程数较为接近。

(4)车站存车能力

在城市轨道交通系统中,在终点站、少数车站设有停车线,因此在线路上可存放一定数量列车,在日常运行时可用来停放备用车,在夜间可存放列车以减少空驶里程,均衡早上运营发车秩序。

(5)乘务司机作息时间

根据乘务司机作息制度、交接班地点与方式、途中用餐等因素,均衡安排列车的运行时间和列车交路。

(6)列车调试(试车)作业

检修作业完毕的列车应在车辆段的试车线上进行试车作业,测试合格后才能上线投入运营。某些车辆段未设置试车线,或者试车线不能满足试车要求时,可安排在正线上进行试车。但在实际运营中,一般不允许在载客运营列车间安排调试列车的开行。

【任务实施】

以西安地铁二号线开通后试运营初期的列车运行图为例,进行剖析在编制前需要考虑的因素及相关运营工作安排。

(1)工作日运行图技术说明,见表4.2。

表4.2　工作日运行图技术说明

<table>
<tr><td colspan="2">信号级别</td><td colspan="3">点式 ATP</td></tr>
<tr><td colspan="2">运营服务时间</td><td colspan="3">6:15—22:30,共计 16 h</td></tr>
<tr><td colspan="2">运行周期</td><td colspan="3">98 min</td></tr>
<tr><td rowspan="5">周一至周五</td><td>峰期划分</td><td>高峰</td><td>平峰</td><td>低峰</td></tr>
<tr><td>时段划分</td><td>7:30— 9:30(早高峰)
17:30—20:30(晚高峰)</td><td>9:30—17:30</td><td>6:15—7:30
20:30—22:30</td></tr>
<tr><td>上线列数</td><td>13</td><td>12</td><td>11</td></tr>
<tr><td>行车间隔</td><td>7′32″</td><td>8′10″</td><td>8′54″</td></tr>
<tr><td>单向小时运能
(万人次/h)</td><td>1.17</td><td>1.08</td><td>0.99</td></tr>
<tr><td colspan="2"></td><td colspan="2">首班车</td><td>末班车</td></tr>
<tr><td colspan="2">北客站</td><td colspan="2">6:15</td><td>22:15</td></tr>
<tr><td colspan="2">会展中心站</td><td colspan="2">6:30</td><td>22:30</td></tr>
<tr><td colspan="2">运营开始/结束时间</td><td colspan="3">5:33—23:59</td></tr>
<tr><td colspan="2">备用车</td><td colspan="3">车辆段、会展中心各热备 1 列,共 2 列。</td></tr>
</table>

(2)在编制上述工作日运行图时,考虑了如下因素。

①运营服务时间:在一条新线开通初期,各类设施设备、车辆需要大量的时间去进行调试、检修、保养,所以设置为:6:15—22:30,以此编图得到运营开始、结束时间为:5:33—23:59,则安排的施工检修作业时间为:次日 0:00— 4:35、运营前准备工作时间为:5:02—5:32。

②运行周期:因线路开通初期,信号系统仅具备点式 ATP 级别功能,则编制运行图的时间参数均按点式 ATP 下的列车驾驶模式运行所测得的数据。同时,考虑到运营初期,行车设备的磨合、行车及乘务人员业务经验欠缺等问题,给所测数据赋予一定冗余度,最终确定运行周期为 98 min。

③峰期设置:综合对西安市民生活习惯、本条线路周边情况及工作日客流特征等因素的考虑、分析,工作日全天客流存在三个不同趋势特征,所以划分为高峰、平峰、低峰三个时段,以实现各时段运能和运量的平衡。

④行车间隔:综合运营初期车辆的供给量、列车定员、不同峰期时段最大断面客流及满载率的要求,计算出各峰期的开行列车数,进而得出相应的行车间隔。

⑤备用车:运营初期运用车供给量为 18 列,但最大上线数需 13 列,考虑到车辆段在线路一端的位置对非正常情况下列车运行调整的影响,则安排 2 列备用车分别存放于车辆段和正线会展中心站存车线。

【小贴士】

运营开始时间:指运营开始第一列电客车(不载客)从车辆段或车场转换轨发车时间;
运营结束时间:指运营结束最后一列电客车(不载客)到达车辆段或车场转换轨的时间。

【效果评价】

评 价 表

项目名称	列车运行图	学生姓名	
任务名称	任务3　列车运行图要素	分　数	

项　　目	分　值	考核得分
1.对运行图各项时间要素的掌握情况	30	
2.对运行图各项数量要素的掌握情况	30	
3.对运行图其他要素的掌握情况	20	
4.编制学习汇报报告情况	10	
5.基本素养考核情况	10	
总体得分		
教师简要评语: 教师签名:		

任务4 列车运行图编制

【活动场景】利用多媒体在教室或在编图模拟实验室进行讲解教学。

【任务要求】理解列车运行图的编制思路，掌握编制列车运行图的基本方法。

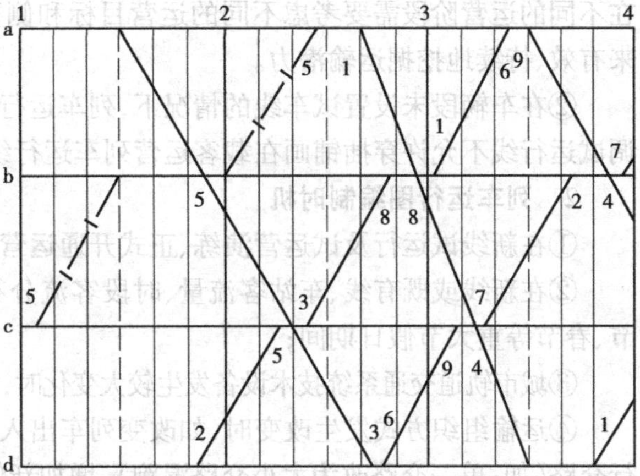

【知识准备】

随着城市轨道交通客运量的增长和客流特征的变化，轨道交通系统技术设备和运输组织工作的不断改进，以及列车运行速度和运营服务水平的逐步提高；同时，在现代化都市中，在一年内的不同季节、一周内的不同日子、一天中的不同时段，城市轨道交通的客流都有着各自不同的变化规律。所以，当上述因素更改或变化时，就有必要重新编制列车运行图。

1 列车运行图编制原则

(1)安全性原则

保证列车运行及乘客的安全，这是编制列车运行图时必须始终坚持的方针。因此，各项编制工作都要遵守有关规章制度，严格遵守各项作业程序和列车运行图要素的时间标准及技术要求。

(2)便利性原则

尽量方便乘客，快捷、便利是提高城市轨道交通竞争力的重要途径。为此应根据不同阶段客流变化规律，考虑在满足运行技术要求的前提下，尽量最大限度地在不同峰期时段选择不同发车间隔，尤其是高峰客流时段内应增加列车密度，以减少乘客候车时间；而在低谷时段安排列车运行间隔时，最大的运行图发车间隔不易过大；同时要兼顾首末班车时间与其他交通工具的衔接，保证运量的波动程度，使运行图具有一定的弹性，以适应日常运输生产和列车运行秩序变化的需要。

(3)经济性原则

①在保证安全可靠的条件下，提高列车的旅行速度，缩短列车运行时间。列车旅行速度高是城市轨道交通系统的主要优势，标志着城市轨道交通的整体运营效率和服务水平。

②充分、有效地利用车站及线路的通过能力。始发站和终点站的折返能力通常是全线能力的限制因素，所以必须对折返线的折返作业时间标准进行精确计算，合理安排作业程序，尽可能进行平行作业。此外，列车出入段能力也是限制区间通过能力的重要因素，所以要做好出段信号机至正线站台间的作业时间计算。

③在保证运量需求的条件下，尽量降低列车运用车数。通过综合考虑不同峰期时段列车运行速度、停站时间、折返作业时间、列车开行方式等因素，均衡上线运用车数，使其数量达到最少，提高列车及线路满载率，降低系统的车辆保有量与运营成本，也要兼顾乘务司机的休息与车辆检修安排。

(4)均衡性原则

①城市轨道交通系统列车运行图的编制是一项需要考虑线路路网结构、客流特征、乘客服务、列车运用和运营调整等多因素优化的复杂工作。所以列车运行线的铺画做到绝对均衡几乎是不可能的,但应该尽量要求保持相对均衡,如运营经济性与服务水平高低的相对平衡,在不同的运营阶段需要考虑不同的运营目标和侧重点,建立一套整体的运营策划工作体系,来有效、持续地挖掘运输潜力。

②在车辆段未设置试车线的情况下,列车运行图编制中需预留调试列车运行线。原则上调试运行线不允许穿插铺画在载客运营列车运行线之间。

2 列车运行图编制时机

①在新线试运行及试运营演练、正式开通运营时;

②在新线或既有线、车站客流量、时段客流分布规律等发生较大变化时,如遇五一、国庆节、春节等重大节假日期间;

③城市轨道交通系统技术设备发生较大变化时,如改变线路的运行速度,信号系统升级等;

④运输组织方式发生改变时,如改变列车出入车辆段方式、改变折返站折返方式、改变运行交路(如:单一交路改为大小交路混跑)、增加新停车场投入使用、延长运营服务时间等;

⑤重新调整各项行车技术作业时间标准时,如调整停站时间、压缩行车间隔,增加上线列车数等;

⑥需要重新编制运行图的其他情况时。

3 列车运行图编制资料

①现行列车运行图执行情况的分析及改善意见。

②现有信号系统等级下,行车设备的追踪列车间隔时间、车站间隔时间、信号进路排列逻辑关系与运行线安排的制约关系。

③现行运行图执行期间各站OD、全日分时段客流分布、全日分时最大断面客流量、满载率等客流数据。

④不同性质列车在各站的停站时间标准、各区间运行时间。

⑤现阶段乘务司机在正线交接班制度(包括交接班地点、交接时间标准)、折返站折返作业时间标准。

⑥线路各区间允许速度、过岔速度、需限速区段及限速数据。

⑦若为节假日或特殊活动的举办编制列车运行图时,需掌握节假日或举办活动(如重要赛事、演唱会,商业展览会等)的规模、持续时间、地点等资料。

4 列车运行图编制步骤

列车运行图的编制一般由运营管理部门负责牵头组织,大致分为研究讨论、确定编制方案、基础数据计算、铺画详图、编制时刻表、模拟运行冲突检测和技术指标计算7个步骤,具体工作步骤如下:

①按编制要求和编制目标提出编制或调整运行图的注意事项;

②收集编图资料,对有关技术问题或运营专题组织调查研究和试验;

③总结分析现行列车运行图的执行情况和存在问题,提出改进意见;

④确定新图执行的列车运行方案;

⑤确定新图基础运行参数;

⑥征求调度、客运、乘务、车辆部门对列车运行方案和基础运行参数的意见，并根据会签意见进行有根据的调整；

⑦根据列车运行方案铺画详细的列车运行图，编制列车运营时刻表；

⑧在 ATS 信号系统模拟机上，对列车运行图进行模拟运行冲突检测，并进行必要的调整修改；

⑨对列车运行图的编制质量和关键点进行全面的检查，并计算列车运行图技术指标；

⑩将编制完毕的列车运行图、运营时刻表及执行说明等报有关部门审核批准；

⑪根据上级领导指示，以总公司行政发文形式将新图执行日期、运作要求进行下发执行。

5 手工铺画列车运行图

长期以来，传统的铁路运行图都是由编图人员依靠铅笔和二分格图纸手工完成。但城市轨道交通系统作为新型行业，在新线运营前期或计算机编图系统未投入使用的情况下，列车运行图则是由编图人员利用 CAD、EXCEL 等办公软件手工绘制。

当采用手工方式铺画列车运行图时，铺画工作一般分两步进行。第一步是确定车站中心线位置，即确定列车运行图的整体布局界面；第二步是铺画列车运行详图，即编图技术人员根据列车运行方案，将全天列车运行图分解为不同时段的列车运行线铺画子问题，然后在 1 分格列车运行图上依次精确铺画不同时段内每条列车运行线在各站的到达、出发和通过时刻，在折返站的停留时间等。重复上述操作，即可完成整张列车运行图的铺画工作。

由于编图工作涉及面广、制约因素复杂、编制工作量大，手工编制运行图存在以下主要问题：

①手工铺画运行图周期长，不能作多方案比选和评价，运行图质量缺乏科学的保证，编图机动性差；

②手工铺图从资料收集、准备、铺图和调整工作的完成以及冲突检测、时刻表的转变和运行图的打印全过程中，重复劳动量大，精确度低，效率低下且出错率高；

③手工方式调整运行图工作只能在小范围内进行，灵活性差，难以从全局出发保证整张运行图综合效益；

④由于铺图人员技术水平不一，所编出的运行图版式不统一、质量差别较大，尤其在临时调整运行图时，大大影响调整速度和精确度。

因此，列车运行图的编制必须摆脱依赖手工编制的落后状态，采用先进的计算机信息处理技术和网络技术，提高编图质量，加快编图速度，把编图人员从复杂、繁琐的手工劳动中解脱出来，实现运行图编制的现代化，实现计算机自动编制运行图。

6 计算机编制列车运行图

(1)计算机编制列车运行图的优点

与传统手工编制运行图相比，采用计算机编制运行图优点有：

①提供了高效的数据处理手段，减轻了列车运行图编制和数据资料处理中的劳动强度，提高了处理的速度和精确度，降低了出错率；

②保障了列车运行图编制的科学性，提供了多方案辅助决策信息，有利于方案的评价和选择，保证了列车运行图的编制质量；

③实现了系统资源共享，保证了编图信息的存储、传输及处理，改善了数据信息的管理和交流，实现了编图业务的整体化，提高了编图效率；

④缩短了列车运行图编制全过程的时间,提高了城市轨道交通适应客流特征和特殊需求的应变能力,改善了城市轨道交通运营服务水平,提高了城市轨道交通运营经济效益;

⑤促进了全线技术设施合理配置和设备能力的协调,有利于设备应用效率的综合发挥,有利于促进员工素质及服务水平的提高,形成人员、设备及应用间的良性循环,提高了城市轨道交通企业与公共交通企业的市场竞争力。

(2)计算机编制列车运行图的原理

计算机编制列车运行图系统提供了用户编制、调整运行图的平台和相关功能。从编图基础数据的录入,列车运行图的编制、调整、分析和检测,到时刻表及各种报表的自动生成、图形打印等,实现了全过程的信息化管理,所以要求用户能熟练地运用这些功能。

与手工编制列车运行图相对比,计算机编制列车运行图的原理主要在于:将手工编制列车运行图人工需掌握的技能知识、所有与编图有关的基础数据都赋予计算机,编图人员只需根据编图要求等信息,采用人机对话方式,将列车运行图的编制、调整问题分解成若干列车运行线铺画的子问题进行反复操作,得到用户所需的列车运行图。

【任务实施】

以西安地铁二号线为例,介绍计算机编制列车运行图的方法。

1　计算机编制运行图操作流程

先进入运行图编制系统,然后进入数据管理菜单输入各项编图基础参数,再根据所编运行图要求在操作框里设置运行图框架要素,包括运行交路、运营时间、上线列数及行车间隔等,然后系统根据用户设定条件自动生成基本运行图。在基本运行图的基础上,用户根据运行方案要求利用调整功能对运行图进行局部调整、修改,直到符合用户要求。然后进入运行图冲突检测菜单,设置合理的冲突检测值,对运行图进行检测处理。若有冲突问题,则需再进行修改调整,直到零错误,如图 4.17 所示。

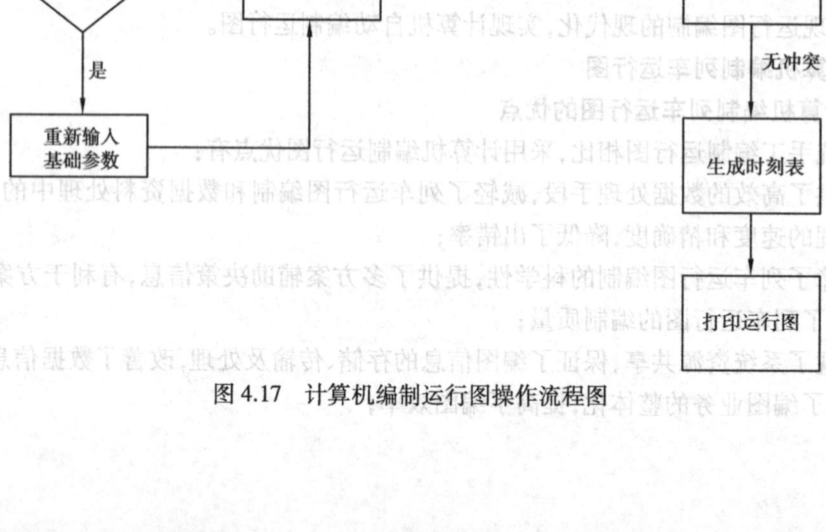

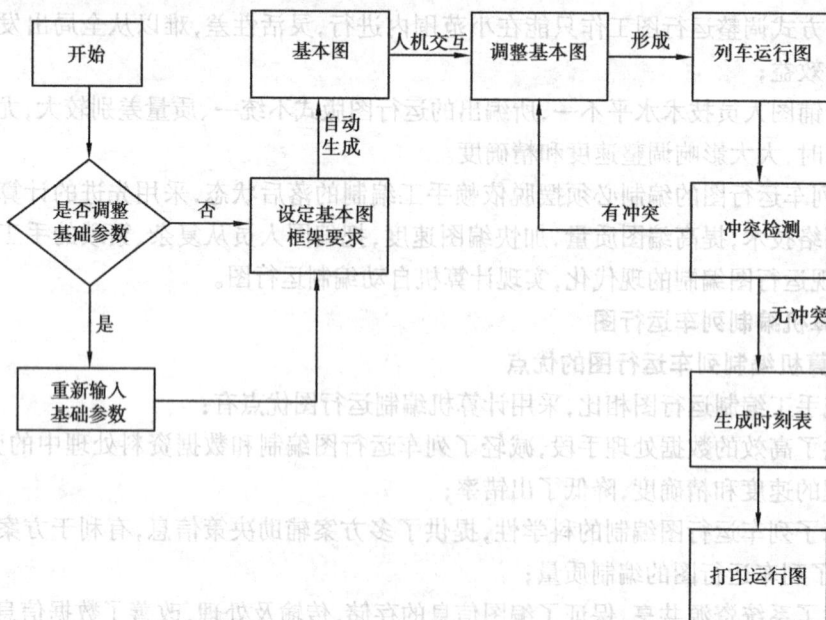

图 4.17　计算机编制运行图操作流程图

(1)运行图编制主视图界面

在编图系统中,运行图编制主视图界面由菜单、工具栏、操作区、编图区、时间轴、站名轴各部分组成。菜单中包含了编制运行图的所有功能,工具栏放置了一些常用的功能键,操作区显示了运行图基本框架要素的选项栏,编图区提供了编制运行线的坐标图,时间轴和站名轴显示了运行图编制的时间范围和线路区段范围。如图 4.18 所示,视图中横线为车站信息,按线路中的顺序显示;视图中的竖线表示时间,较粗实线表示为 10 分格,虚线表示为 5 分格,每分钟以细竖线表示;蓝色线表示列车的运行轨迹。

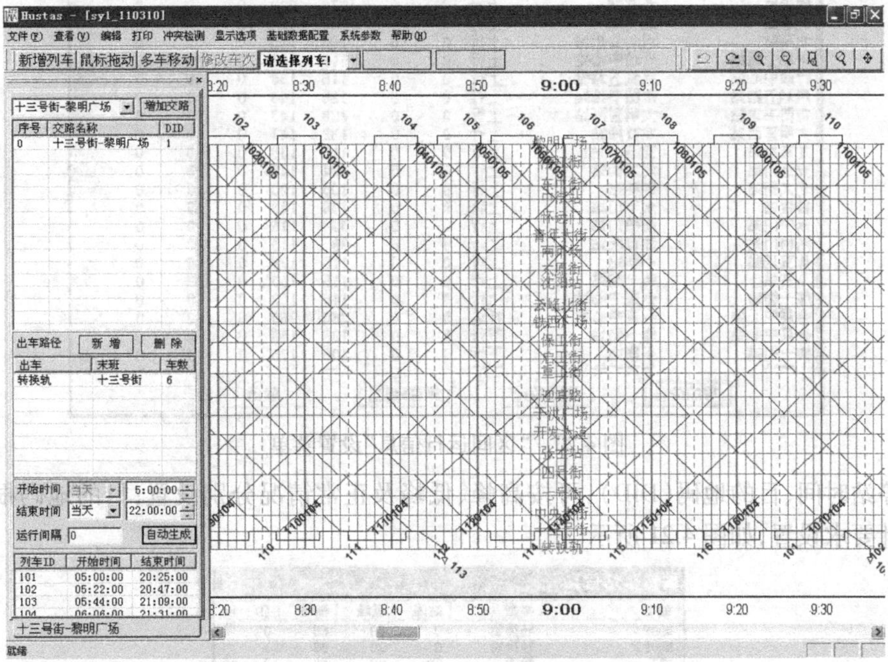

图 4.18 运行图编制主视图界面

单击“文件”菜单中的打开项,系统将弹出一打开文件对话框,如图 4.19 所示。用户根据自己需要,选取一个运行图文件,即可将数据文件读入系统,在主视图界面就打开了一张已经编制好的列车运行图,如图 4.18 所示。

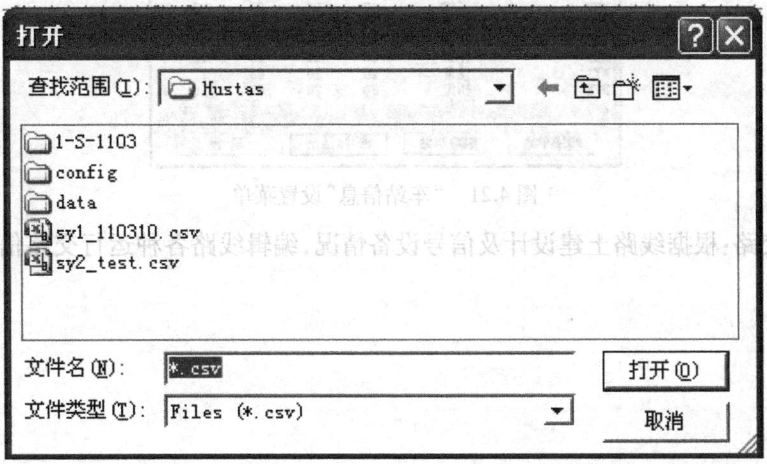

图 4.19 “打开”对话框

(2)运行图相关参数设置

在主视图界面“基础数据配置”、“系统参数”和“冲突检测”菜单中提供了主要参数设置功能。

①区间运行时间、折返时间及列车出入段时间:用户可根据具体需要按不同运行等级设置,如图 4.20 所示。

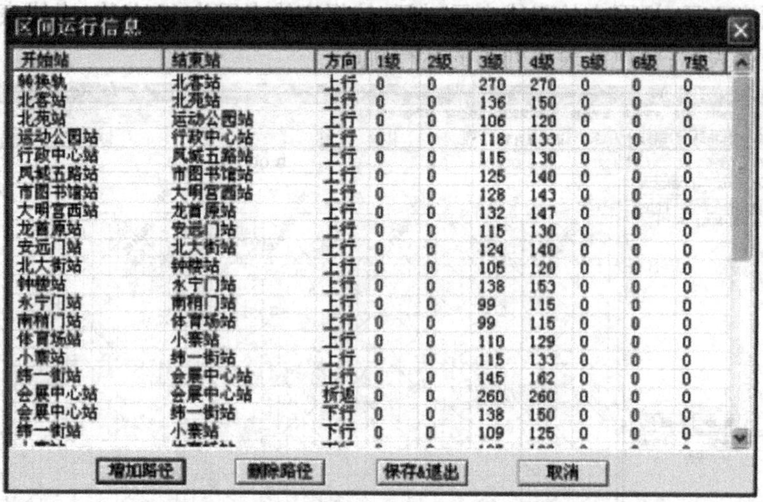

开始站	结束站	方向	1级	2级	3级	4级	5级	6级	7级
转换轨	北客站	上行	0	0	270	270	0	0	0
北客站	北苑站	上行	0	0	136	150	0	0	0
北苑站	运动公园站	上行	0	0	106	120	0	0	0
运动公园站	行政中心站	上行	0	0	118	133	0	0	0
行政中心站	凤城五路站	上行	0	0	115	130	0	0	0
凤城五路站	市图书馆站	上行	0	0	125	140	0	0	0
市图书馆站	大明宫西站	上行	0	0	128	143	0	0	0
大明宫西站	龙首原站	上行	0	0	132	147	0	0	0
龙首原站	安远门站	上行	0	0	115	130	0	0	0
安远门站	北大街站	上行	0	0	124	140	0	0	0
北大街站	钟楼站	上行	0	0	105	120	0	0	0
钟楼站	永宁门站	上行	0	0	138	153	0	0	0
永宁门站	南稍门站	上行	0	0	99	115	0	0	0
南稍门站	体育场站	上行	0	0	99	115	0	0	0
体育场站	小寨站	上行	0	0	110	129	0	0	0
小寨站	纬一街站	上行	0	0	115	133	0	0	0
纬一街站	会展中心站	上行	0	0	145	162	0	0	0
会展中心站	会展中心站	折返	0	0	260	260	0	0	0
会展中心站	纬一街站	下行	0	0	138	150	0	0	0
纬一街站	小寨站	下行	0	0	109	125	0	0	0

图 4.20 “区间运行信息”设置菜单

②停站时间、目的地码(DID):可按高峰、低峰及正常情况分别设置;目的地码根据信号系统设计要求设置,如图 4.21 所示。

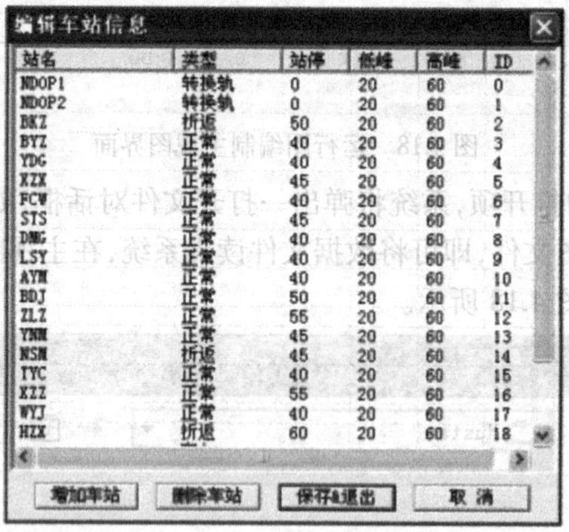

站名	类型	站停	低峰	高峰	ID
NDOP1	转换轨	0	20	60	0
NDOP2	转换轨	0	20	60	1
BKZ	折返	50	20	60	2
BYZ	正常	40	20	60	3
YDG	正常	40	20	60	4
XZX	正常	45	20	60	5
FCW	正常	40	20	60	6
STS	正常	45	20	60	7
DMG	正常	40	20	60	8
LSY	正常	40	20	60	9
AYM	正常	40	20	60	10
BDJ	正常	50	20	60	11
ZLZ	正常	55	20	60	12
YNM	正常	45	20	60	13
NSM	折返	45	20	60	14
TYC	正常	40	20	60	15
XZZ	正常	55	20	60	16
WYJ	正常	40	20	60	17
HZX	折返	60	20	60	18

图 4.21 “车站信息”设置菜单

③运行交路:根据线路土建设计及信号设备情况,编辑线路各种运行交路信息,如图 4.22 所示。

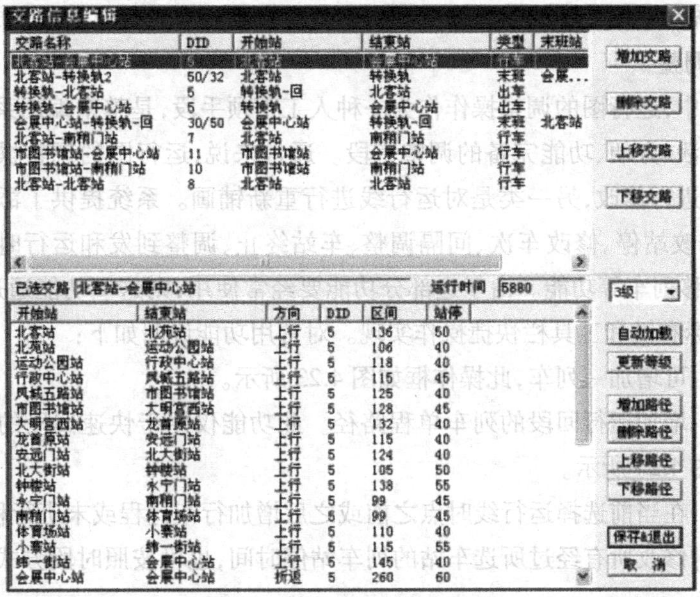

图 4.22 “交路信息”设置菜单

(3)基本图生成

为缩短运行编制周期,在编图系统中提供了运行图基本图的生成功能。通过工具栏的“添加列车”或主菜单“编辑”中的“添加列车”进行编辑,操作框如图 4.23 所示。

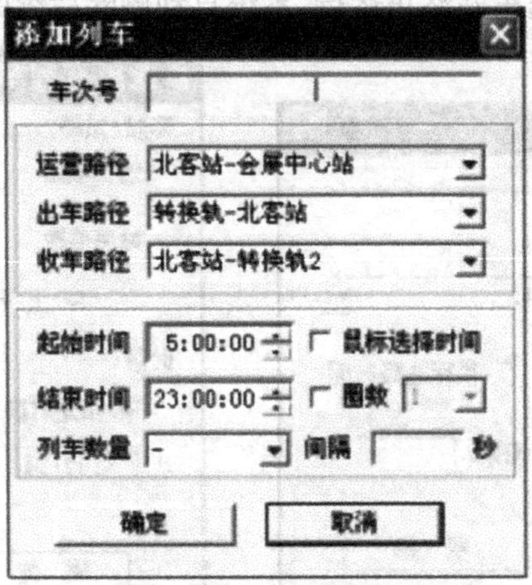

图 4.23 “添加列车”操作框

①运营路径:通过下拉框选择所要求的列车运行交路。

②出车和收车路径:通过下拉框选择已设置运行交路的出车和收车路径,同时选择需要增加的列车数量,点击“确定”后,增加的出车和收车信息将以列表的形式显示。

③起始/结束时间:设定开始运营和结束运营的时间。结束时间也可通过列车运行圈数设定;若结束时间小于起始时间时,系统默认为次日时间。

④列车数量:通过下拉框选择或者直接输入所需的列车数。若列车数量大于1,系统自动将从输入的车次号依次类推显示。

⑤运行间隔:用户设定列车运行间隔,系统按照输入的运行间隔自动生成列车计划;若未

设运行间隔，系统则根据交路的运行周期和列车数量自动计算出行车间隔生成列车计划。

(4)运行图调整

在编图过程中，运行图的调整操作作为一种人工干预手段，是整个编图系统的核心，所以要求系统提供灵活、方便、功能完备的调整手段。通常来说，运行图的调整操作可分为两类：一类是对运行线进行修改，另一类是对运行线进行重新铺画。系统提供了添加列车、新增单程、添加行程、修改站停、修改车次、间隔调整、车站终止、调整到发和运行时间、调整运行等级、调整 DID、平移列车等功能。由于这部分功能要经常使用，则这些功能通过主视图界面的“编辑”菜单、鼠标右键和工具栏快捷操作实现。对常用功能说明如下：

①添加列车：可增加一列车，此操作框如图 4.23 所示。

②新增单程：增加运行回段的列车单程路径。此功能仅用于快速回段的列车，通常不会使用，操作框如图 4.24 所示。

③添加行程：在当前选择运行线时点之前或之后增加行车行程或末班行程。

④修改站停：修改所有经过所选车站的列车站停时间，也可按照时段方式进行修改，操作框如图 4.25 所示。

⑤修改车次：将选中的列车车次号更改为新的车次号。

⑥间隔调整：根据列车前后车的间隔进行调整，用户输入前后车的间隔时间进行调整列车，一般系统主要通过调整列车在折返站站停时间的方式实现前后车间隔时间的调整功能。

⑦车站终止：列车在所选车站终止运行，系统自动删除后续的车站信息。

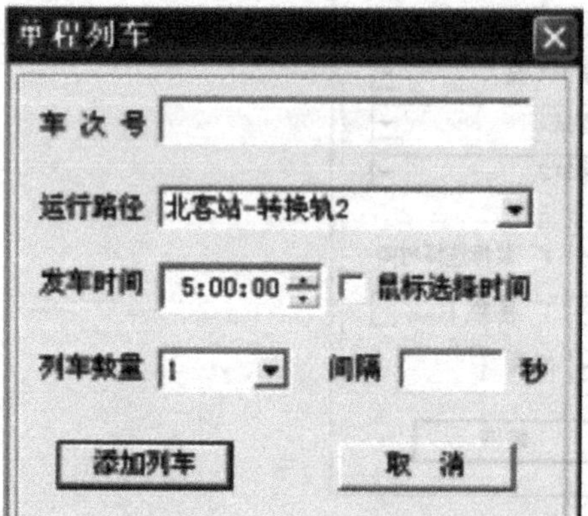

图 4.24 “新增单程”操作框

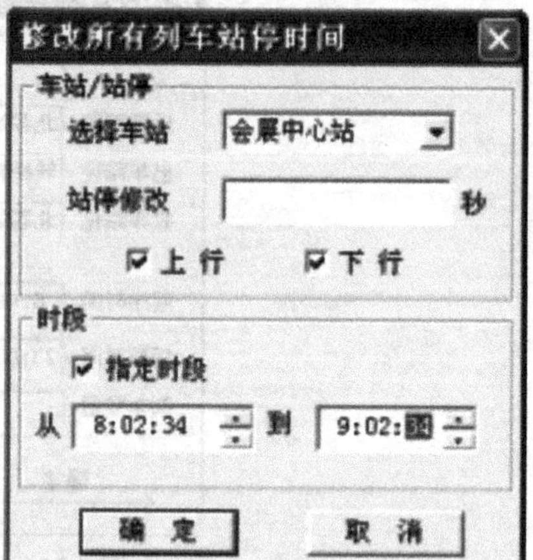

图 4.25 “修改站停时间”操作框

⑧调整运行等级：可将选中列车在当前行程内所有站间的运行时间调整为所选择的运行等级的运行时间。

⑨调整 DID：修改所选列车当前行程内所有车站的 DID，也可以单独修改某一个车站的 DID。

⑩平移列车：平移分前程平移和后程平移。在编辑框中输入列车需要平移的时间，然后选择前程或后程平移，列车从当前站向前或向后所有的车站整体向前或向后平移输入的数值。

(5)冲突检测

编图系统提供了冲突检测功能，可以对当前运行图进行冲突检查，并提示相应的冲突信息，用户可以通过提示的冲突信息来调整运行图。

1）系统可以检测的冲突类型

①区间冲突：两列车在区间运行冲突，即区间交叉；

②接车冲突：两列车到达同一车站的时间冲突；

③发车冲突：两列车在同一车站的发车时间冲突；

④接发冲突：两列车在同一车站的接车和发车冲突；

⑤站停冲突：列车在某一车站的站停时间小于最小站停时间，或者大于最大站停时间；

⑥运行冲突：列车在某一区间的运行时间过短或者过长，可通过参数设置范围；

⑦折返冲突：列车在折返站折返进路冲突，此冲突仅为提示，编图人员要以实际为准，进行查看、调整。

2）冲突参数设置

目前系统能检测的冲突有追踪冲突、站停冲突和运行冲突，根据每张运行图执行时的实际情况设置相应的冲突参数，其设置菜单如图 4.26 所示。

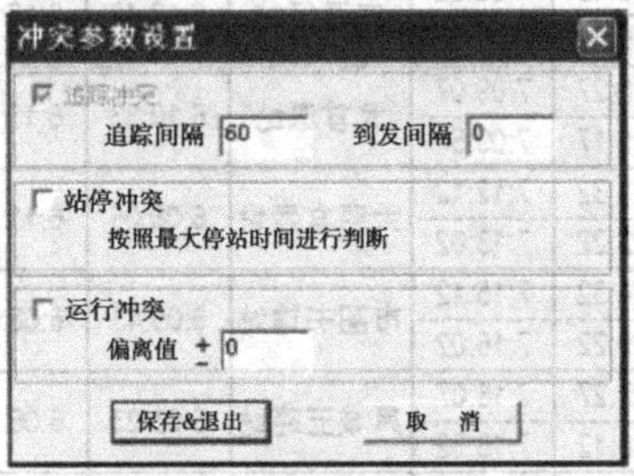

图 4.26 “冲突参数设置”对话框

3）冲突检测

选择“冲突检测”菜单，系统将根据设定的冲突参数来检查当前运行图，如果存在冲突，系统则弹出提示对话框，并且在冲突的位置作以显示。

4）取消冲突检测

选择“取消冲突检测”菜单，可以取消视图中列车运行线的冲突显示。

(6) 时刻表及不同报表生成

时刻表是面向社会公众、司机及车站人员使用的运行图表现形式，所以在编制完运行图后要求形成正确、美观的时刻表文件。一般计算机编图系统均提供自动生成时刻表、司机计划、列车计划、车站计划、列车车底图等报表功能。

1）输出时刻表

输出一个各列车在各车站到、发时间的文件，如图 4.27 所示。

				线别				
10503	10403	10303	10203	服务号	10102	10202	10302	10402
				备注				
7:11:22	7:02:22	6:53:20	6:38:10	会展中心站	▲	6:33:30	6:48:40	6:57:42
7:13:00	7:03:40	6:54:20	6:45:00		6:30:30		6:47:30	6:56:32
7:15:18	7:05:58	6:56:38	6:47:18	纬一街站	6:27:48	6:30:48	6:45:07	6:54:07
7:16:03	7:06:43	6:57:23	6:48:03				6:44:22	6:53:22
7:17:52	7:08:32	6:59:12	6:49:52	小寨站	6:25:35	6:28:35	6:42:27	6:51:27
7:18:52	7:09:32	7:00:12	6:50:52				6:41:27	6:50:27
7:20:39	7:11:19	7:01:59	6:52:39	体育场站	6:23:26	6:26:26	6:39:37	6:48:37
7:21:29	7:12:09	7:02:49	6:53:29				6:38:47	6:47:47
7:23:05	7:13:45	7:04:25	6:55:05	南稍门站	6:21:31	6:24:31	6:37:08	6:46:08
7:23:55	7:14:35	7:05:15	6:55:55				6:36:18	6:45:18
7:25:30	7:16:10	7:06:50	6:57:30	永宁门站	6:19:36	6:22:36	6:34:39	6:43:39
7:26:20	7:17:00	7:07:40	6:58:20				6:33:49	6:42:49
7:28:37	7:19:17	7:09:57	7:00:37	钟楼站	6:17:03	6:20:03	6:31:31	6:40:31
7:29:37	7:20:17	7:10:57	7:01:37				6:30:31	6:39:31
7:31:17	7:21:57	7:12:37	7:03:17	北大街站	6:15:03	6:18:03	6:28:46	6:37:46
7:32:17	7:22:57	7:13:37	7:04:17				6:27:46	6:36:46
7:34:22	7:25:02	7:15:42	7:06:22	安远门站	6:12:43	6:15:43	6:25:42	6:34:42
7:35:12	7:25:52	7:16:32	7:07:12				6:24:52	6:33:52
7:37:07	7:27:47	7:18:27	7:09:07	龙首原站	6:10:33	6:13:33	6:22:57	6:31:57
7:37:57	7:28:37	7:19:17	7:09:57				6:22:07	6:31:07
7:40:12	7:30:52	7:21:32	7:12:12	大明宫西站	6:08:06	6:11:06	6:19:55	6:28:55
7:41:02	7:31:42	7:22:22	7:13:02				6:19:05	6:28:05
7:43:12	7:33:52	7:24:32	7:15:12	市图书馆站	6:05:43	6:08:43	6:16:57	6:25:57
7:44:02	7:34:42	7:25:22	7:16:02				6:16:07	6:25:07
7:46:07	7:36:47	7:27:27	7:18:07	凤城五路站	6:03:23	6:06:23	6:14:02	6:23:02
7:46:52	7:37:32	7:28:12	7:18:52				6:13:17	6:22:17
7:48:51	7:39:31	7:30:11	7:20:51	行政中心站	6:01:13	6:04:13	6:11:22	6:20:22
7:49:41	7:40:21	7:31:01	7:21:41				6:10:32	6:19:32
7:51:38	7:42:18	7:32:58	7:23:38	运动公园站	5:59:00	6:02:00	6:08:34	6:17:34
7:52:23	7:43:03	7:33:43	7:24:23				6:07:49	6:16:49
7:54:18	7:44:58	7:35:38	7:26:18	北苑站	5:57:00	6:00:00	6:06:03	6:15:03
7:55:03	7:45:43	7:36:23	7:27:03				6:05:18	6:14:18
7:57:28	7:48:08	7:38:48	7:29:28	北客站	5:54:30	5:57:30	6:03:00	6:12:00
7:58:38	7:49:18	7:39:58	7:30:38				6:02:00	6:11:00
				转换轨		5:53:00	5:57:30	6:06:30
						▲	▲	▲
				转换轨-回	5:50:00			
					▲			
				备注				
10503	10403	10303	10203	服务号	10102	10202	10302	10402
0:09:20	0:09:20	0:09:20	0:00:00	行车间隔	0:00:00	0:03:00	0:05:30	0:09:00

图 4.27　系统自动输出“时刻表”

2)输出司机计划

输出一个关于各列车发车时间的 Excel 文件,如图 4.28 所示。

出段		车 次	转换轨	北客站			
		1020501	5:53:00	5:57:30			
车 次		会展中心站	纬一街站	小寨站	体育场站	南稍门站	永宁门站
1020502	←	6:33:30	6:30:48	6:28:35	6:26:26	6:24:31	6:22:36
1020503	→	**6:45:00**	**6:48:03**	**6:50:52**	**6:53:29**	**6:55:55**	**6:58:20**
1020504	←	8:20:50	8:18:25	8:15:45	8:12:55	8:10:26	8:07:57
1020505	→	**8:27:40**	**8:30:43**	**8:33:32**	**8:36:09**	**8:38:35**	**8:41:00**
1020506	←	10:03:30	10:01:05	9:58:25	9:55:35	9:53:06	9:50:37
1020507	→	**10:10:20**	**10:13:23**	**10:16:12**	**10:18:49**	**10:21:15**	**10:23:40**
1020508	←	11:46:10	11:43:45	11:41:05	11:38:15	11:35:46	11:33:17
1020509	→	**11:53:00**	**11:56:03**	**11:58:52**	**12:01:29**	**12:03:55**	**12:06:20**

图 4.28 系统自动输出的“司机计划”

3)输出列车计划

输出一个各列车在各站到达、发车时间信息的 Excel 文件,如图 4.29 所示。

101				
车站名	标记	时间	DID	行程
转换轨-回	到点	5:50:00	96	1
转换轨-回	发点	5:50:00	96	1
北客站	到点	5:54:30	96	2
北客站	发点	5:54:30	96	2
北苑站	到点	5:57:00	96	2
北苑站	发点	5:57:00	96	2
运动公园站	到点	5:59:00	96	2
运动公园站	发点	5:59:00	96	2
行政中心站	到点	6:01:13	96	2
行政中心站	发点	6:01:13	96	2
凤城五路站	到点	6:03:23	96	2
凤城五路站	发点	6:03:23	96	2
市图书馆站	到点	6:05:43	96	2
市图书馆站	发点	6:05:43	96	2
大明宫西站	到点	6:08:06	96	2
大明宫西站	发点	6:08:06	96	2
龙首原站	到点	6:10:33	96	2
龙首原站	发点	6:10:33	96	2
安远门站	到点	6:12:43	96	2
安远门站	发点	6:12:43	96	2
北大街站	到点	6:15:03	96	2
北大街站	发点	6:15:03	96	2
钟楼站	到点	6:17:03	96	2
钟楼站	发点	6:17:03	96	2
永宁门站	到点	6:19:36	96	2
永宁门站	发点	6:19:36	96	2
南稍门站	到点	6:21:31	96	2
南稍门站	发点	6:21:31	96	2
体育场站	到点	6:23:26	96	2
体育场站	发点	6:23:26	96	2
小寨站	到点	6:25:35	96	2
小寨站	发点	6:25:35	96	2
纬一街站	到点	6:27:48	96	2
纬一街站	发点	6:27:48	96	2
会展中心站	到点	6:30:30	96	2
会展中心站	发点	6:30:30	96	2

图 4.29 系统自动输出“列车计划”

4)输出车站计划

输出一个在各站经过的所有列车到达、发车时间信息的 Excel 文件,如图 4.30 所示。

下行						
车站名	下行车次	到点	发点	站停	DID	行程
北客站	102	7:29:28	7:30:38	0:01:10	5	3
北客站	103	7:38:48	7:39:58	0:01:10	5	3
北客站	104	7:48:08	7:49:18	0:01:10	5	3
北客站	105	7:57:28	7:58:38	0:01:10	5	3
北客站	106	8:06:48	8:07:58	0:01:10	5	3
北客站	107	8:16:08	8:17:18	0:01:10	5	3
北客站	108	8:25:28	8:26:38	0:01:10	5	3
北客站	109	8:34:48	8:35:58	0:01:10	5	3
北客站	110	8:44:08	8:45:18	0:01:10	5	3
北客站	111	8:53:28	8:54:38	0:01:10	5	3
北客站	112	9:02:48	9:03:58	0:01:10	5	3
北客站	102	9:12:08	9:13:18	0:01:10	5	5
北客站	103	9:21:28	9:22:38	0:01:10	5	5
北客站	104	9:30:48	9:31:58	0:01:10	5	5
北客站	105	9:40:08	9:41:18	0:01:10	5	5

图 4.30　系统自动输出“车站计划”

5)输出列车车底图

输出一个描述每列车运行交路信息的 Excel 格式列车车底图,如图 4.31 所示。

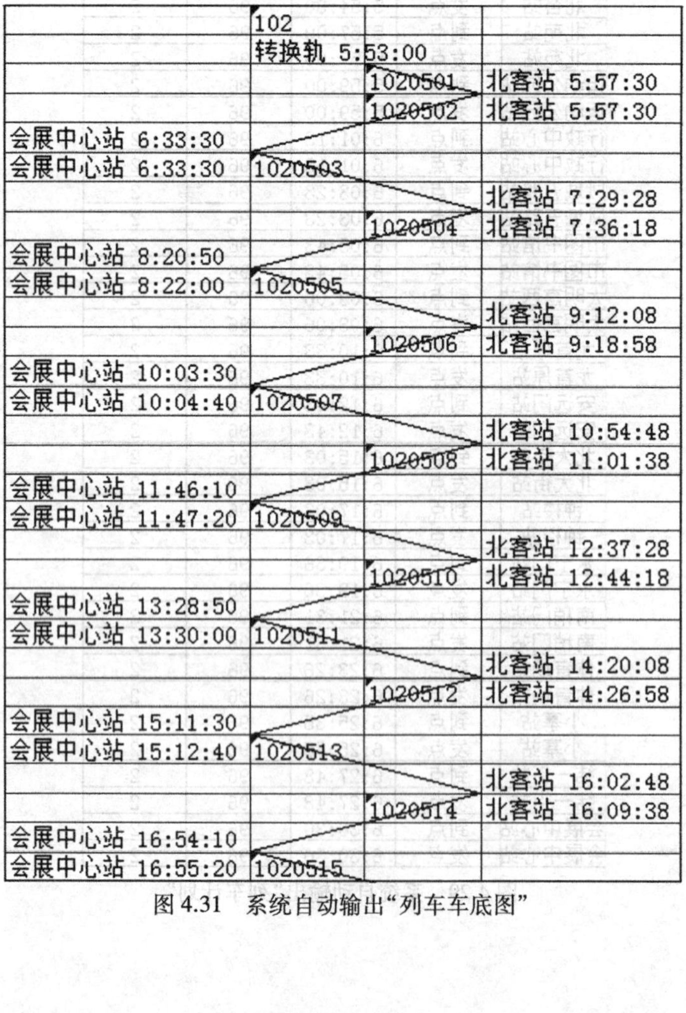
102
转换轨 5:53:00
1020501
北客站 5:57:30
1020502
北客站 5:57:30
会展中心站 6:33:30
会展中心站 6:33:30
1020503
北客站 7:29:28
1020504
北客站 7:36:18
会展中心站 8:20:50
会展中心站 8:22:00
1020505
北客站 9:12:08
1020506
北客站 9:18:58
会展中心站 10:03:30
会展中心站 10:04:40
1020507
北客站 10:54:48
1020508
北客站 11:01:38
会展中心站 11:46:10
会展中心站 11:47:20
1020509
北客站 12:37:28
1020510
北客站 12:44:18
会展中心站 13:28:50
会展中心站 13:30:00
1020511
北客站 14:20:08
1020512
北客站 14:26:58
会展中心站 15:11:30
会展中心站 15:12:40
1020513
北客站 16:02:48
1020514
北客站 16:09:38
会展中心站 16:54:10
会展中心站 16:55:20
1020515

图 4.31　系统自动输出“列车车底图”

(7)运行图打印

在运行图执行前,需打印编制好的运行图文件。点击"图形打印"菜单,系统将弹出如下对话框,如图4.32所示。

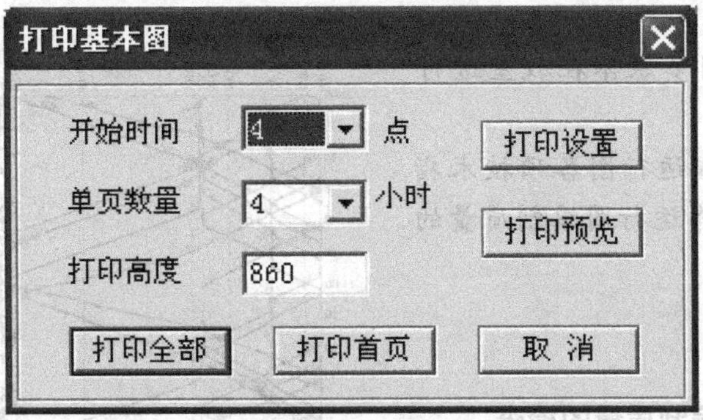

图4.32 "图形打印"菜单

开始时间:系统默认为视图显示的开始时间,用户可以根据需要进行选择。

单页数量:默认为4 h,即单张纸上打印的时间数。

打印高度:选择不同的纸型或者打印机设备,需要对打印高度进行调整,调整后可以通过打印预览进行查看效果。

2 运行图模拟测试

为确保运行图执行时的安全、无误,在编制完毕后需要在ATS信号模拟机上进行测试运行。目前西安地铁二号线进行时刻表加载是否成功及模拟机上运行测试两方面的验证。但在模拟前,须保证ATS信号模拟机运行环境的稳定性、安全性、功能性与现阶段正线信号系统保持一致。

【效果评价】

评 价 表

项目名称	列车运行图	学生姓名	
任务名称	任务4 列车运行图编制	分 数	
项 目		分 值	考核得分
1.列车运行图编制原则的认知情况		20	
2.列车运行图编制步骤的认知情况		20	
3.计算机编制列车运行图的掌握情况		40	
4.编制学习汇报报告情况		10	
5.基本素养考核情况		10	
总体得分			
教师简要评语: 教师签名:			

任务5　列车运行图核查与指标计算

【活动场景】利用多媒体在教室进行讲解教学。

【任务要求】掌握运行图各项技术指标的计算，并熟悉列车运行图编制质量的检查方法。

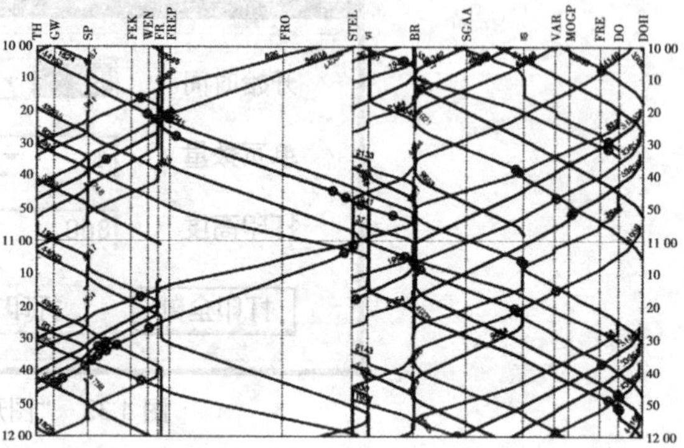

【知识准备】

1　列车运行图编制质量的检查

列车运行图编制完后，必须对运行图的编制质量进行全面的检查。检查的主要内容有：

①上下行首末班车在两端站的开车时间是否符合对外公开宣传运营时间的要求；

②列车运行图上铺画的列车数和折返列车数是否符合要求；

③各时段的列车运行间隔是否符合不同峰期时段（高峰、平峰或低谷）客流的运能要求；

④列车运行线的铺画是否符合规定的各项作业时间标准；

⑤同一时刻停在车站折返线的列车数是否超过该站现有的折返线数；

⑥列车乘务司机的工作和休息时间是否符合规定的时间标准；

⑦换乘站的列车到发密度是否均衡。

2　列车运行图的指标

在检查并确认列车运行图完全满足规定的要求后，接着就可计算列车运行图的各项指标：

①首、末班车在始发站的发车时刻；

②行车间隔：按高峰时段与非高峰时段分别统计，分最大间隔、最小间隔；

③运用车组数：按高峰时段与非高峰时段分别计算；

④列车周转时间

$$列车周转时间=\frac{\sum 分时运用车组数-\sum 回库时间}{全日开行列车对数} \tag{4.18}$$

⑤开行列数：指凡列车在运营线路上行驶一个单程，无论是全程行驶还是短交路折返，均按一列计算，开行列数按列车种类和上下行分别计算；

⑥运输能力

$$运输能力=载客列车数\times列车定员 \tag{4.19}$$

⑦运营里程

$$运营里程=全日总开行列数\times运营线路长度 \tag{4.20}$$

⑧列车技术速度

$$列车技术速度=\frac{\sum 列车单程运行距离}{\sum(列车单程旅行时间-\sum 列车停站时间)} \tag{4.21}$$

⑨旅行速度

$$\text{列车旅行速度} = \frac{\sum \text{列车单程运行距离}}{\sum \text{列车单程旅行时间}} \tag{4.22}$$

⑩车辆总走行公里:包括图定的车辆空驶里程。

$$\text{车辆总走行公里} = \sum(\text{列车数} \times \text{列车编组辆数} \times \text{列车运行距离}) \tag{4.23}$$

⑪车辆日均走行公里(日车公里)

$$\text{车辆日均走行公里} = \frac{\text{车辆总走行公里}}{\sum \text{分时运用车数}} \tag{4.24}$$

⑫运能利用率

$$\text{运能利用率} = \frac{\text{日客运量} \times \text{平均运距}}{\sum(\text{客运列车数} \times \text{列车定员} \times \text{列车运行距离})} \tag{4.25}$$

为了进一步评价新列车运行图的编制质量,除了计算新列车运行图的各项指标外,并应与现行列车运行图进行比较,分析各项指标提高或降低的主要原因。

3 实行新运行图前的准备工作

列车运行图经最后审核、发布后,为了保证新运行图能够正确和顺利地实行,必须在实行新图之前做好下列准备工作:

①规定实行新图的日期,并发布执行命令及相关要求;

②印刷并分发列车运营时刻表;

③组织有关人员学习新图,使每个有关职工了解、熟悉并掌握新图特点和规定的要求;

④做好列车和司机的调配工作;

⑤拟定保证执行新图的技术组织保障措施和新旧运行图交替执行的交接工作安排;

⑥根据新图的规定,组织各站、车辆段修订现有工作流程。

【任务实施】

以西安地铁二号线开通初期试运营期间执行过的一张列车运行图为例,计算列车运行图相关指标。

(1)已知运行图技术参数,见表4.3。

表4.3 运行图技术参数

运营线路长度/km		19.869	
全日开行列数/列		252(含空驶5列)	
区间运行时间	上行	31 min 50 s	
	下行	31 min 50 s	
停站时间(除两端站)	上行	11 min	
	下行	11 min	
全折返时间	北客站	6 min	
	会展中心站	6 min 20 s	
峰期	高峰	平峰	低峰
上线列数(列)	13	12	11

(2)计算结果如下：

运行周期：98 min

行车间隔：高峰 7 min 32 s，平峰 8 min 10 s，低峰 8 min 54 s。

技术速度：37.42 km/h

旅行速度：27.84 km/h

运输能力：36.3 万人/日

运营里程：5 007 km

【效果评价】

评　价　表

<table>
<tr><td>项目名称</td><td>列车运行图</td><td>学生姓名</td><td></td></tr>
<tr><td>任务名称</td><td>任务 5　列车运行图核查与指标计算</td><td>分　数</td><td></td></tr>
<tr><td colspan="2">项　　目</td><td>分　值</td><td>考核得分</td></tr>
<tr><td colspan="2">1.对列车运行图编制质量的认知情况</td><td>20</td><td></td></tr>
<tr><td colspan="2">2.掌握各项指标含义的情况</td><td>20</td><td></td></tr>
<tr><td colspan="2">3.根据已知运行图计算相关指标的情况</td><td>40</td><td></td></tr>
<tr><td colspan="2">4.编制学习汇报报告情况</td><td>10</td><td></td></tr>
<tr><td colspan="2">5.基本素养考核情况</td><td>10</td><td></td></tr>
<tr><td colspan="2">总体得分</td><td></td><td></td></tr>
<tr><td colspan="4">教师简要评语：

教师签名：</td></tr>
</table>

项目小结

本项目分 5 个任务分别讲述了列车运行图在城市轨道交通实际运营生产中的作用及意义、列车运行图的格式及分类、列车运行图组成要素、列车运行图的编制及运行图技术指标的计算等知识点。掌握以上知识点后，重点在于编制列车运行图，在城市轨道交通线路实际运营当中，考虑各项要素、关键点的安排，以列车运行图来实现轨道线路运营生产工作的统一性，确保城市轨道交通运营企业面向社会提供运输能力和服务水平，体现轨道交通运营企业经济效益和社会效益。

思考与练习

1.什么是列车运行图？

2.列车运行图的作用和意义是什么？
3.阐述列车运行图的表示方法。
4.列车运行图分为哪几类？分别适用于哪些情况？
5.列车运行图由哪些要素组成？
6.阐述列车运行图的编制原则。
7.阐述列车运行图的编制步骤。
8.检查列车运行图编制质量的内容包括哪些？
9.列车旅行速度和技术速度有什么区别？分别如何计算？
10.根据以下数据信息，编制一张列车运行图。

某城市一条新地铁线路开通前，通过牵引计算，其线路部分区段及列车运行参数如下：

(1)站间距、区间运行时间及停站时间，见图 4.33。

下行线				上行线	
停站时间	区间运行时间	站名	站间距/m	区间运行时间	停站时间
0:00:50		A站			0:00:50
	0:02:21		1610.7	0:02:16	
0:00:35		B站			0:00:35
	0:01:49		1136.5	0:01:50	
0:00:45		C站			0:00:45
	0:01:44		1061.7	0:01:47	
0:00:35		D站			0:00:35
	0:01:45		869.9	0:01:40	
0:00:30		E站			0:00:30
	0:01:38		907	0:01:35	
0:00:35		F站			0:00:35
	0:02:20		1415.9	0:02:12	
0:00:40		G站			0:00:40
	0:01:39		989.3	0:01:40	
0:00:45		H站			0:00:45
	0:01:54		1255.8	0:01:56	
0:00:35		L站			0:00:35

图 4.33　站间距、区间运行时间及停站时间

(2)两端站折返时间：3 min 30 s。

(3)出入段时间：4 min。

(4)运行周期、各峰期行车间隔及上线列数，如图 4.34 所示。

运营服务时间		6:00—22:30，共计16.5 h		
最小运行周期		75 min		
工作日	峰期划分	高峰	平峰	低峰
	时段划分	7:30—9:30（早高峰） 17:30—20:30（晚高峰）	9:30—17:30	6:00—7:30 20:30—22:30
	上线列数	14	13	12
	行车间隔	5′ 24″	5′ 48″	6′ 15″

图 4.34　站间距、区间运行时间及停站时间

(5)两端站首末班车发车时间,如图 4.35 所示。

车站	首班站	末班站
A站	6:00	22:00
L站	6:30	22:30

图 4.35　两端站首末班车发车时间

项目 5 行车调度指挥

【项目描述】

行车调度指挥工作是行车组织工作的主体，在地铁运营企业，行车调度直接代表运营分公司经理指挥运营工作。本项目分为行车指挥原则、行车指挥体系、正常情况下的行车指挥、非正常情况下的行车指挥和行车调度日常工作5个任务。通过本项目的学习，大家能够深入了解和掌握行车调度指挥方面的基本知识。

【学习目标】

通过本模块的学习掌握以下基本知识：

1.掌握行车时间、统计晚点、车次、行车指挥基本原则等基础知识；

2.了解行车指挥体系的建立及控制中心的地位、工种划分；

3.掌握行车调度员的主要岗位职责；

4.了解行车调度日常工作中主要工作流程；

5.掌握行车调度命令的发布规定和格式；

6.掌握正常情况下的行车指挥工作，了解行车指挥的基本条件、要求和内容，重点掌握行车指挥的基本控制方式；

7.熟悉移动闭塞、固定闭塞下的行车组织方法和电话闭塞法时的行车组织方法，掌握特殊应急情况的行车组织和行车调整方法。

【能力目标】

1.能够判断列车晚点情况;能够通过车次判断列车类别,并根据基本信息写出列车车次;
2.能够发布限速、开通线路等几种主要的书面调度命令;
3.能够根据地铁行车调度员主要工作职责,模拟出其日常工作的主要工作流程;
4.能够对特殊应急情况的行车组织方法做出初步的判断和进行简单的行车调整。

任务1　行车指挥原则

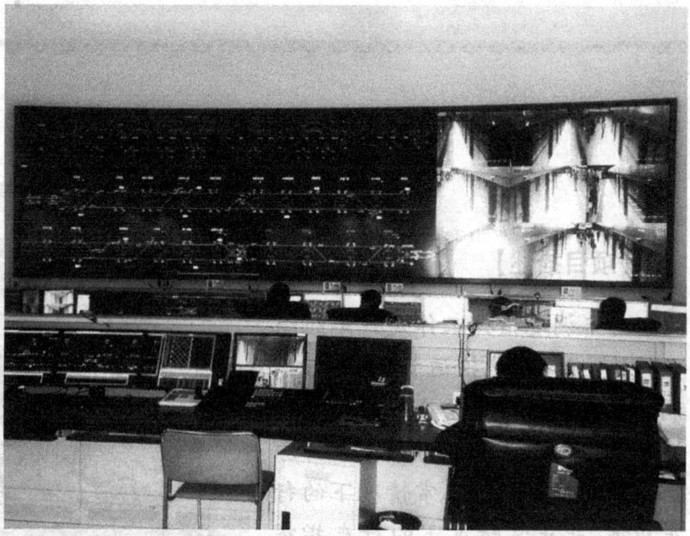

【活动场景】在地铁运营控制中心现场教学,或利用多媒体设备进行学习。

【任务要求】掌握行车时间、统计晚点、车次、行车指挥基本原则等基础知识。

【知识准备】

1　行车指挥基本原则

城市轨道交通行车组织指挥工作,必须坚持安全生产的方针,贯彻高度集中、统一指挥逐级负责的原则。行车有关人员必须服从行车调度员指挥,执行行车调度员命令;同时行车调度员应严格按运营时刻表(或列车运行图)指挥行车。

正线、辅助线(包括出入段线、折返线、存车线、渡线、联络线、安全线等)及转换轨一般属行车调度员管理,车辆段线属车辆段调度员管理。指挥列车在正线运行的命令只能由行车调度员发布。以某地铁为例,XR(XC)信号机为出入段线与车辆段线的分界点,内方为车辆段线,外方为出入段线,如图5.1所示。

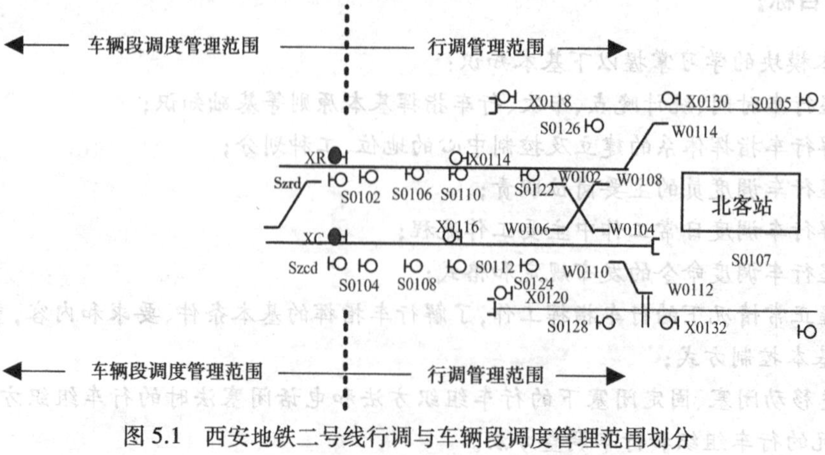

图5.1　西安地铁二号线行调与车辆段调度管理范围划分

2 行车时间的规定

轨道交通企业规定的行车时间以北京时间为准,从零时起计算,实行24小时制。行车日期划分以零时为界,零时以前办妥的行车手续,零时以后仍视为有效。

3 关于上下行方向的规定

每条线路在划分上下行时都有自己的原则和因素,以西安地铁二号线为例,二号线正线为双线,列车运行采用双线单向右侧行车。北客站往会展中心站方向为上行,反之为下行。

4 统计晚点的规定

轨道交通企业统计电客车晚点,是根据列车运行到达终点站时,比照《运营时刻表》单程每列晚点时间,判定是否属于晚点列车。一般晚点时间是根据具体线路的开通运营情况、行车间隔等各种因素设定的。各轨道交通企业有所不同。

5 列车车次规定

列车车次一般由服务号、目的地码和序列号几个要素组成,同时个位是偶数则为上行,奇数为下行,顺序编号。但是目前车次的具体排列次序及位数没有统一的标准,如广州地铁一、二号线的电客车车次为6位数,左边两位为目的地码,中间两位为服务号,右边两位为序列号;沈阳地铁一号线电客车车次由5位代码组成,前3位为服务号,后两位为目的地码。

6 行车工作中数字的标准发音

调度电话、无线电话用于行车各工种间的工作联系,须使用标准用语,如表5.1所示。

表5.1 数字标准发音

1	2	3	4	5	6	7	8	9	0
yao	liang	san	si	wu	liu	guai	ba	jiu	dong
幺	两	三	四	五	六	拐	八	九	洞

【任务实施】

以西安地铁为例,分别介绍统计晚点规定和列车车次规定。通过对以下内容的学习,能够判断列车晚点情况,并根据基本信息写出列车车次和列车类别。

(1)晚点规定

西安地铁由于其投入运营不久,目前晚点列车的判断是比照运营时刻表单程每列终到晚点4 min以下为正点,4 min及以上为晚点。行车调度员要负责监控列车运行情况,并根据电客车晚点情况及时采取措施,调整电客车运行。

(2)车次规定

1)根据信号系统特点,目前列车车次由7位数组成,前三位为服务号,中间两位为目的地码,后两位为序列号。如表5.2所示。

表5.2 电客车、专列的服务号

列车类别	服务号	备　注
电客车	101~199	
空电客车	801~849	
专列	901~949	

①目的地码即交路号，由信号系统设定，如某地铁企业自北客站至会展中心站的正常运营环路的目的地码为05。

②序列号个位是偶数则为上行，奇数为下行，列车在正线运行完一个单程则序列号顺序加1，根据序列号行车调度员可以判断列车运行的圈数。

③在呼叫列车时，行车调度员一般呼叫列车服务号加序列号，目的地码省略，如"××站—××站上行10802次列车"。

2）工程车、调试车、救援列车车次由3位数组成，如表5.3所示。

表5.3　工程车、调试车、救援列车的车次规定

列车类别	车次编号	备　注
工程车	501~549	工程车指由机车和车辆编组而成，用于轨道上施工、运输货物的列车（含内燃机车、接触网检修车等单机编组）；工程车列车的车次以每天6:00时为界，循环使用，在6:00—次日5:59期间，原则上不能出现重复车次
调试车	551~599	调试列车的车次以每天6:00时为界，循环使用，在6:00—次日5:59期间，原则上不能出现重复车次
救援列车	601~649	含电客车、工程列车

【效果评价】

评　价　表

项目名称	行车调度指挥	学生姓名	
任务名称	任务1　行车指挥原则	分　数	
项　目		分　值	考核得分
1.行车指挥原则的相关知识的搜集、整理		10	
2.是否有小组计划		5	
3.行车指挥中各项原则（包括行车时间、上下行方向、晚点、车次）的认知情况		20	
4.对列车晚点的判别、车次规定的掌握情况		50	
5.编制学习汇报报告情况		10	
6.基本素养考核情况		5	
总体得分			
教师简要评语： 教师签名：			

任务2　行车指挥体系

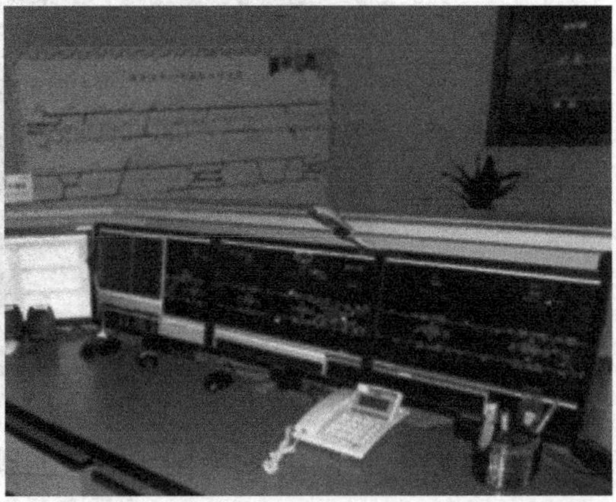

【活动场景】利用多媒体设备进行展示教学或在地铁运营控制中心进行现场教学。

【任务要求】了解行车指挥体系的建立及控制中心的地位、工种划分；掌握行车调度员的主要岗位职责。

【知识准备】

1　行车指挥执行层次

轨道交通企业运营指挥一般分为两个指挥层级；二级服从一级指挥，如图5.2所示。

一级指挥为：行车调度、电力调度、环控调度和维修调度。有些轨道交通企业不设置维修调度，还有一些轨道交通企业设置客运调度。二级指挥为：车站值班站长、车辆段调度、检修调度。各级指挥要根据各自职责任务独立开展工作，并服从OCC值班主任总体协调和指挥。

2　运营控制中心

(1)控制中心的地位

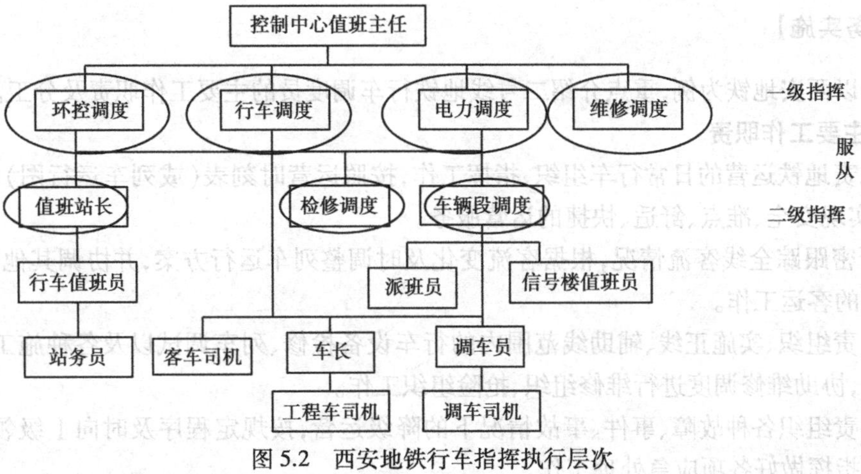

图5.2　西安地铁行车指挥执行层次

运营控制中心又名OCC，是轨道交通系统的日常运营、设备维护、行车组织的指挥中心和运营信息收发中心，所有与行车有关的信息必须通过OCC集散。控制中心一般代表轨道交通运营公司总经理指挥运营工作，应急情况下代表轨道交通运营公司与外界协调联系运营支援工作。

(2)运营控制中心调度工种的划分

根据业务分工及性质的不同，设置不同的调度工种，分别为行车调度员、电力调度员、环控调度员、维修调度员四大调度，OCC各调度员由值班主任协调统一指挥，如图5.3所示。在处理突发事件、事故时，各调度员有责任向值班主任提供本岗位的协助处理方案，并及时报告相关信息。

图 5.3　某地铁控制中心调度员工种分布图

在正常情况下，行车工作由行车调度员统一指挥，供电设备运作由电力调度员统一指挥，环控和防灾报警设备由环控调度员统一指挥，非车辆专业设备的维修组织由维修调度员统一指挥。

(3) 行车调度员的岗位职责

行车调度员的岗位职责主要包括监控组织列车运行、跟踪监控客流、相应区域的施工组织实施、各种应急情况下的故障处理等几方面内容。

【任务实施】

下面以西安地铁为例，重点介绍二号线地铁行车调度员的主要工作职责及分工。

(1) 主要工作职责

1) 负责地铁运营的日常行车组织、指挥工作，按照运营时刻表(或列车运行图)的要求组织行车，实现安全、准点、舒适、快捷的运营服务。

2) 严密跟踪全线客流情况，根据客流变化及时调整列车运行方案，并协调其他部门组织好本线路的客运工作。

3) 负责组织、实施正线、辅助线范围内的行车设备检修、列车调试以及各种施工、工程车运输作业，协助维修调度进行维修组织、抢险组织工作。

4) 负责组织各种故障、事件、事故情况下的降级运营，按规定程序及时向上级领导汇报，协助现场指挥做好各项应急处理工作。

(2) 行车调度员工作分工与协作

目前大多数轨道交通企业一般选择在一个班组中设置两名行车调度员对一条线路进行行车指挥，因此行车调度员之间的协助配合，任务分工尤为重要，如图 5.4 所示。下面以西安地铁二号线为例，具体说明两名行车调度员在日常和故障情况下的工作分工和协助要求。

1) 正常情况下行车调度员分工

①行调 1：主要负责监控列车运行，接听列车司机等的行车无线电台，并向列车司机发布相关行车指令。

②行调 2：主要负责接听车站、车辆段等的有线调度电话，并向车站、车辆段等发布相关行

车指令。向车站、车辆段、OCC各调度、检调等通报相关行车信息，并负责日常施工组织。

2）故障情况下的行车调度员分工

①行调1主要负责列车故障的处理，并向行调2、值班主任、OCC相关调度、检调通报。

②行调2主要负责车站设备故障/线路上行车设备抢修等的处理，并向行调1、值班主任、OCC相关调度、相关车站/车辆段通报。

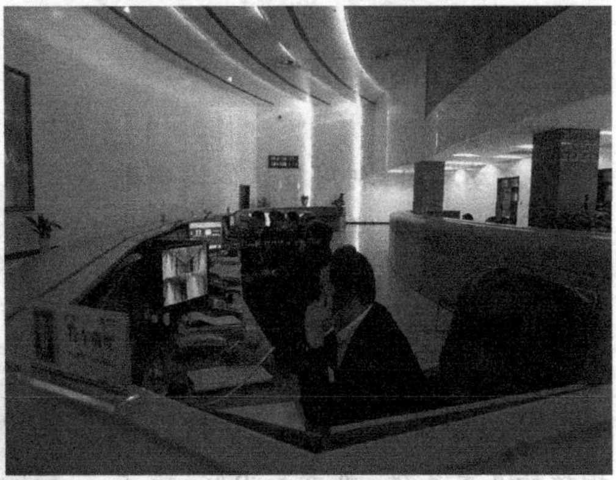

图5.4　行车调度员

③在行调1处理列车故障时，行调2接到故障信息后，视情况需要扣停后续列车、协助向值班主任、OCC相关调度、检调通报，调整其他列车运行，并向车站、车辆段、检调等通报相关行车信息。

④在行调2处理车站等故障时，行调1接到故障信息后，视情况需要扣停相关列车、协助向值班主任、OCC相关调度通报，调整列车运行。

⑤两名行调之间互相配合，做好沟通，原则上一名行调负责故障点的处理，另一名行调配合，并负责故障点以外的工作，工作中避免出现遗漏或重复作业，共同完成行车指挥工作任务。

⑥在故障时，两名行调可根据具体情况进行分工，或由值班主任根据具体情况进行分工。

关于行调分工的学习，要求以处理列车故障为例，由两名学生分别担任行调1、行调2，分别说出各自的工作内容和配合要点。

【效果评价】

评　价　表

项目名称	行车调度指挥	学生姓名	
任务名称	任务2　行车指挥体系	分　数	
项　　目		分　值	考核得分
1.行车指挥层级、架构等相关知识的搜集、整理		10	
2.是否有小组计划		5	
3.关于控制中心的地位、控制中心的架构组成、工种划分的认知情况		20	
4.对行车调度员的主要工作职责和分工协作的掌握情况		50	
5.编制学习汇报报告情况		10	
6.基本素养考核情况		5	
总体得分			
教师简要评语： 教师签名：			

任务3　正常情况下的行车指挥

【活动场景】利用多媒体设备进行学习或在地铁控制中心结合地铁信号系统，了解正常情况时的行车指挥工作，并进行现场学习。

【任务要求】掌握地铁运营正常情况下的行车指挥工作，了解行车指挥的基本条件、要求和内容，重点掌握行车指挥的基本控制方式。

【知识准备】

正常情况下的行车组织是指地铁信号系统功能正常，控制中心、车站、列车能按照信号系统所提供的功能、运行条件、列车运行模式及运行图中的运行计划开行列车，并组织列车正常运行。

1　正常情况下的行车组织基本条件

(1)信号系统功能

信号系统功能正常时：列车自动监控系统（ATS）能够监控列车的运行情况，对全线列车进行自动管理；列车自动防护系统（ATP）能够监督及控制列车在安全状态下运行，并满足故障—安全的原则；列车自动运行系统（ATO）能够自动控制列车运行，实现自动驾驶功能，并能够自动根据运行条件和要求完成列车启动、牵引、加减速、制动及开关门等的控制；计算机联锁（CBI）能够实现道岔、信号机、计轴设备或轨道电路之间正确的联锁逻辑关系。

在以上四个子系统部分功能暂不能实现时，会导致地铁信号系统处于不同的控制模式。以某地铁信号系统为例，有三种基本列车控制等级，如图5.5所示。

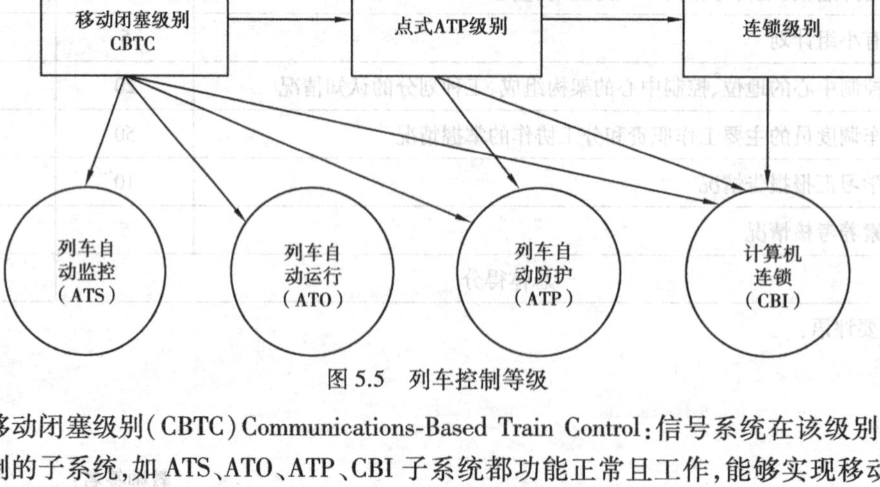

图5.5　列车控制等级

①移动闭塞级别（CBTC）Communications-Based Train Control：信号系统在该级别时，所有列车控制的子系统，如ATS、ATO、ATP、CBI子系统都功能正常且工作，能够实现移动闭塞功能及列车自动驾驶等。

②点式 ATP 级别(ITAP) Intermittent ATP:信号系统在该级别时,仅要求 ATP 及 CBI 子系统功能正常且工作;该级别下,信号系统能够提供超速防护、信号灯冒进防护和 240 s 的运行间隔,列车需要司机人工驾驶操作。

③联锁级别 CBI Modes:最低等级的信号系统,仅需要 CBI 子系统功能正常且工作,能够提供固定闭塞列车间隔、联锁防护和 25 km/h 限速,无 ATC 系统的其他功能,此级别一般为 CBTC 及 IATP 级别故障后的应急级别。

(2)运行条件

运行条件是根据正线线路的条件、车辆自身限制、线路客流量大小、列车全运转时间等各因素综合而成,运行条件不同会影响正线列车的数量、列车的运行速度、交路运行情况等,因此不同线路或区段的运行条件不同会导致不同的行车组织方案。

(3)列车驾驶模式

列车是指在正线上拥有车次号且正常运行、按规定辆数编组、有明显列车标志的车组,不同用途的列车用不同的车次来进行标识。列车运行的基本模式有 6 种,其功能及特性如下:

1)列车全自动驾驶模式(AM) Full Automatic Train Operation

列车在该模式下由 ATS 及列车 ATO 控制,并受到 ATP 系统的监督和限制。列车能够自动进行驾驶,车门和屏蔽门的开关则由列车司机或 ATO 系统进行控制。当列车准备发车时,列车司机仅按发车按钮即可启动列车的自动驾驶。

2)有 ATP 防护的人工驾驶模式(ATPM) Manual with Automatic Train Protection Mode

该模式为 AM 模式下列车 ATO 系统故障时的降级驾驶模式。在该模式下列车由司机人工驾驶列车,列车的最高速度受到 ATP 系统的限制,当列车超过限制速度时,会报警提示,同时会导致列车紧急制动。

3)点式列车驾驶模式(iATP) Intermittent Automatic Train Protection Mode

列车在该模式下,通过获取信号机处的动态应答器的信息,得到移动授权及相关速度信息。此时列车受到 ATP 系统的强制超速防护限制,在 ATP 系统的监督下,司机人工驾驶列车安全运行。

4)限制人工驾驶模式(RM) Restricted Manual

该模式是正线列车降级的驾驶模式,列车运行具有最高限速 25 km/h。在这种模式下,列车司机进行人工驾驶,按照信号机的显示运行,同时不能超过最高限速;但该模式在车辆段和转换轨内是正常驾驶模式。

5)非限制人工驾驶模式(NRM) Non-Restricted Manual(NRM)

列车在该模式下,列车车载信号系统的相关信息均被旁路,列车驾驶完全由司机负责,没有 ATP 系统的监督和防护,列车的运行速度可以达到 80 km/h 及以上。

6)自动折返模式(ATB) Automatic Turnback

列车在该模式下,终点折返站的折返作业过程,由车载信号负责安全和自动运行,不需要司机任何操作,在列车自动完成折返后,车门打开且保持,直至司机关闭后,即可投入载客运行。

以国内某城市的地铁信号系统为例,以上 6 种驾驶模式的使用特性和适用范围如表 5.4 所示。

表 5.4　6 种驾驶模式的使用特性和适用范围

驾驶模式	使用特性	适用范围
列车全自动驾驶模式 AM	列车自动驾驶，司机负责监控列车、ATO 及 ATP 系统的运行情况，特殊情况下人工进行干预	地铁列车在正线时正常的运行方式，适用于移动闭塞信号（CBTC）系统
有 ATP 防护的人工驾驶模式 ATPM	列车由司机通过车载信号的显示进行人工驾驶，列车的速度受到 ATP 系统的监督，有超速防护功能；当列车超过车载信号所允许的最大速度时，列车会产生紧急制动	地铁列车的 ATO 系统故障时（车载和轨旁 ATP 设备状态正常）的运行方式，适用于移动闭塞信号（CBTC）系统
点式列车驾驶模式 iATP	列车由司机通过车载信号的显示进行人工驾驶，列车的速度受到 ATP 系统的监督，有超速防护功能；当列车超过车载信号所允许的最大速度时，列车会产生紧急制动	列车通过获取信号机处的动态应答器的信息，得到移动授权及相关速度信息，适用于点式 ATP 信号系统，此时无 ATO 系统，但车载和轨旁 ATP 设备状态正常
限制人工驾驶模式 RM	列车由司机驾驶，且列车的最高驾驶速度不得超过 25 km/h，由司机负责列车的安全驾驶；当列车速度超过25 km/h，列车会产生紧急制动	列车在车辆段及转换轨时的正常驾驶模式；列车在正线时车载或轨旁 ATP 故障时的降级驾驶模式
非限制人工驾驶模式 NRM	切除列车的 ATP 防护后的驾驶模式，列车没有限制速度，车载信号系统不能监督列车运行，完全由司机负责列车的安全驾驶和运行	列车在正线时车载或轨旁 ATP、联锁系统故障时的应急驾驶模式
自动折返模式 ATB	列车的折返功能由列车的车载信号系统自动完成，司机不需要进行人工操作	地铁列车在正线时正常的折返作业运行方式，适用于移动闭塞信号系统

2　行车组织的基本要求

（1）CBTC 级别下的行车组织基本要求

①电客车采用 AM、ATPM 模式自动或人工驾驶，司机需在电客车出库时或交接班时输入司机代号。在 ATS 有计划运行图时，电客车出车辆段到转换轨时自动接收行车信息；但在没有 ATS 计划运行图时，电客车在出车辆段及正线运行车次变更时，需行车调度员输入或通知司机人工输入服务号和目的地号。

②正线上司机凭车载信号显示或行车调度员命令行车，按运营时刻表和 PDI 显示时分掌握运行及停站时间。

③电客车在运行中司机应在前端驾驶，对于自动驾驶的列车应做好监控工作，遇紧急或特殊情况时人工介入列车驾驶。

④对于采用 AM 驾驶模式的列车，信号系统可根据列车的运行情况，自动对早、晚点的列

车进行调整,确保全线列车运行有序正点;对于采用 ATPM 模式驾驶的列车,行车调度员应根据列车的运行情况,及时对早、晚点的列车进行调整。

(2)点式 ATP 级别下的行车组织基本要求

①电客车采用 iATP 模式人工驾驶,司机需在电客车出库时或交接班时输入司机代号。在 ATS 有计划运行图时,电客车出车辆段到转换轨时自动接收行车信息;但在没有 ATS 计划运行图时,电客车在出车辆段及正线运行车次变更时,需行车调度员输入或通知司机人工输入服务号和目的地号。

②正线上司机凭车载及地面信号或行车调度员命令行车,按运营时刻表掌握运行及停站时间。

③司机应严格掌握进出站、过岔、线路限制等特殊运行速度;运行中司机应在前端驾驶,如推进运行,应有副司机或引导员在前端驾驶室引导和监控电客车运行。

④当列车发生早、晚点时,行车调度员应根据列车早、晚点情况及时采取措施,调整列车运行。

(3)联锁级别下的行车组织基本要求

当信号系统级别为联锁级别时,信号系统仅具备基本的联锁逻辑,可提供固定闭塞列车间隔和联锁防护,但不提供其他的 ATC 功能。

①电客车采用 NRM 或 RM 模式人工驾驶,司机需在电客车出库时或交接班时输入司机代号;电客车在出车辆段及正线运行车次变更时,需司机人工输入列车服务号。

②正线上司机凭地面信号或行车调度员命令行车,按运营时刻表掌握运行及停站时间。

③正线运营秩序紊乱时,只能靠行车调度员人工进行行车组织调整,根据列车早、晚点情况逐步调整列车按运行图运行。

3 行车指挥的基本控制方式

地铁的基本行车控制方式主要有行车指挥自动化、设备人工控制、电话闭塞控制等几种,其中行车指挥自动化无需调度员进行太多操作,仅需进行监控即可,其余两种均需调度人工介入进行行车指挥工作。现代地铁的行车组织控制方式多以行车指挥自动化为主,本书将重点介绍行车指挥自动化的行车组织控制方式。

(1)行车指挥自动化

行车指挥自动化是利用现代信息化的电子计算机设备进行集中调度控制、指挥列车自动运行的一种远程自动化指挥的行车组织控制方式,以移动闭塞为基本闭塞法。行车指挥自动化控制方式主要的系统功能有:根据计划运行图和列车的运行情况自动绘制实际的运行图并进行比较,对早晚点列车进行重点标识;自动控制全线的道岔、信号机、轨道电路(计轴设备)及相关的联锁设备,并可以自动排列列车进路;自动追踪正线列车的运行,在 ATS 上正确显示正线线路占用情况、列车运行情况(列车车次、驾驶模式、运行状态)等;自动进行列车的运行调整;自动生成运营统计报告等。

行车指挥自动化的行车组织控制方式的主要内容有:

1)控制中心 ATS

ATS 系统是行车指挥自动化设备的重要集成系统,实现中央、车站均可视的行车指挥自动化,能够全面的监控正线列车运行,并进行自动调整。ATS 系统通常包括中央 ATS 子系统、车站 ATS 子系统及车载 ATS 子系统三部分,相关设备均通过 ATS 服务器实时的接受相关数据信息。

中央 ATS 子系统由设备、电缆、计算机、计算机外设、网络、计算机软件等构成，通过数据网络与其他 ATC 子系统交换数据和命令。主要设备包括：ATS 主机服务器，运行 ATS 集中运行控制应用软件；ATS 数据库服务器，运行数据库报表生成应用软件；ATS 通信服务器，运行和非 ATS 子系统通信的通信应用软件，通过 ATS 接口服务器和外部系统通信；ATS 接口服务器，处理 ATS 通讯服务器和外部系统之间的通信。

车站 ATS 子系统由列车与地面间数据传输设备及电气集中联锁或微机联锁等设备构成，通过中央 ATS 子系统及 ATS 服务器实时映射相关数据信息，提供列车运行的本地显示，在取得中央 ATS 的授权后，可实现对本地联锁区域的控制功能，同时为中央 ATS 服务器提供第三级备份服务。

车载 ATS 子系统能够实现列车与地面间的不间断信息传输，实时接受中央 ATS 子系统的相关信息，实现列车的定位、移动授权、推荐速度、驾驶模式等信息，并将列车的相关信息反馈至中央 ATS，使中央 ATS 能够全面准确掌握正线各列车的位置、速度、驾驶模式、运行时间、运行等级等信息。

2）列车在正线的运行及驾驶模式

列车在行车指挥自动化控制模式下，可采用自动或者人工驾驶模式。

①列车自动驾驶 ATO 模式（AM 模式）

在 ATP 和联锁系统的安全保护下，根据 ATS 系统的指令，AM 模式实现列车的自动驾驶运行和列车在区间运行的自动调整功能，确保达到要求的设计间隔及旅行速度，并实现列车的节能运行控制等；同时列车在车站、区间正方向、折返线、出入段线、存车线等能够自动运行，控制列车按运行图规定的区间走行时分行车，自动完成对列车的启动、加速、巡航、惰行、减速和停车的合理控制，其站台停车精度为±0.3m，正确率为99.995%。AM 模式是一种高效、经济、合理地控制列车牵引和制动的模式，达到节能要求，同时它具有自诊断功能，记录和分析自检测、故障报警信息，并能将报警信息传至中央 ATS 和信号维护监测子系统设备。在 AM 模式下，列车根据接收到的速度码，自动控制列车加速、巡航、惰性、制动等，控制列车按要求停车，并自动控制车门、屏蔽门的开启。列车司机主要是监督车载 ATS 设备的相关信息状态，并在必要时进行人工干预，以确保列车的行车安全。

②列车人工驾驶模式（ATPM 模式）

列车人工驾驶模式是列车的 ATO 故障，但车载和轨旁的 ATP 设备良好，司机根据车载设备接受到的 ATS 数据和指令，在 ATP 系统监督下的人工驾驶模式，当列车接近 ATP 限制速度时，车载 ATS 子系统会对司机发出文字、声、光等报警信息，提醒司机注意，一旦列车速度超过限制速度，司机未采取紧急措施，ATP 系统会自动根据“紧急制动曲线”对列车实施紧急制动。

AM 模式与人工驾驶模式（ATP 模式）的功能区别见表 5.5。

表 5.5　AM 模式与人工驾驶模式（ATPM 模式）的功能区别

功　能	列车自动驾驶 ATO 模式 （AM 模式）	列车人工驾驶模式 （ATPM 模式）
自动启动	√	×
自动速度调节	√	×

续表

功　能	列车自动驾驶 ATO 模式（AM 模式）	列车人工驾驶模式（ATPM 模式）
按停车点停车	√	√
自动开关车门/屏蔽门	√	√
运行等级调节	√	×
自动折返	√	×
跳停	√	√
扣车	√	√
发车测试	√	√
未达站台自动调整	√	×
越站功能	√	√

3）列车运行组织

在行车指挥自动化的控制方式下，由中央计算机通过 ATC 设备实现当日的列车运行图加载、列车进路自动排列及列车运行自动调整的功能，指挥列车安全运行，中央 ATS 可以集中反映正线列车的运行情况。行车调度员通过监控设备，能够准确掌握线路上的列车运行情况和分布情况、区间和站内线路的占用情况、联锁设备（信号机、计轴/轨道电路、道岔）的工作情况等。同时，行车调度员也可以通过人工介入，干预自动控制功能，人工调整列车运行，排列列车进路等。

在该控制方式下，列车占用区间的行车凭证为列车收到的速度码或移动授权，凭车载信号的指示动车或凭行车调度员的指令动车，列车运行的安全间隔由中央 ATS 负责。

4）列车运行自动调整

列车运行自动调整是行车指挥自动化的重要功能。启用该功能时，ATS 系统能够根据列车运行图中的运行计划，实时对早、晚点时间在一定范围内的图内列车自动进行列车运行调整。一般有两种：按时刻表调整及按运行间隔调整。按时刻表调整能够自动控制列车运行，将列车与时刻表（预先设定）之间的偏差降至最低，如果列车运行时分落后于时刻表，列车就会发出报警，系统进行自动调整，这是通常的正线列车运行模式；按运行间隔调整能自动管理列车运行，平衡正线上列车到达各个车站的时间间隔，这是线路故障或应急时的后备运行模式。列车运行自动调整最主要是通过控制列车的停站时间和列车运行等级来实现。一般列车等级分为 7 级，如表 5.6 所示。列车运行等级的自动升高或降低可实现列车运行速度的自动控制。列车运行等级是列车车载信号系统从 ATS 接收到运行等级，进而调整车辆速度、加速度和预定减速度等。

表 5.6 列车运行等级

运行等级	定 义	目 的	惰行模式
1	最大速度、最大加速度、最大减速度	用于时刻表调整及运行间隔调整	可惰行
2	95%ATO 速度、最大加速度、最大减速度		
3	90% ATO 速度、最大加速度、最大减速度		
4	85% ATO 速度、最大加速度、最大减速度		
5	80% ATO 速度、最大加速度、最大减速度		
6	75% ATO 速度、最大加速度、最大减速度		
7	70% ATO 速度、最大加速度、最大减速度		

(2)设备人工控制

设备人工控制是在行车调度员的统一指挥下,由车站行车值班员人工操做微机联锁设备,排列进路,控制列车运行,基本闭塞法为固定闭塞,列车占用区间的行车凭证为出站信号机的绿灯显示。

设备人工控制的主要功能有:利用车站信号控制系统具有的联锁功能,车站行车值班员可以进行进路排列、道岔转换及信号放开的人工操作;车站可根据中央指令对列车运行进行调整;控制中心可以监控或部分监控正线进路占用、信号及道岔的工作状态等,对正线列车进行监护。

(3)电话闭塞控制

电话闭塞控制是行车调度员将行车控制权下发给车站,由车站值班员人工操做微机联锁设备或组织人员下线路准备进路,控制列车运行,基本闭塞法为固定闭塞,列车占用区间的行车凭证为路票。

电话闭塞控制的主要功能有:利用车站信号控制系统具有的联锁功能,车站行车值班员可以单独转动道岔,如果无法在信号系统单独转动道岔组织人员下线路人工办理进路,按照电话闭塞法组织列车运行;正常情况下,控制中心不再指挥列车运行,但在应急情况下,车站可根据中央指令对列车运行进行调整。

【任务实施】

收集、了解广州、北京、西安等地铁线路的信号系统行车控制级别、正常情况下的行车组织方式,并进行对比。

【效果评价】

评　价　表

项目名称	行车调度指挥	学生姓名	
任务名称	任务3　　正常情况下的行车指挥	分　数	
项　　目		分　值	考核得分
1.广州、北京、西安等地铁线路的信号系统、正常情况下的行车组织的资料搜集和整理		10	
2.是否有小组计划		5	
3.信号系统行车控制功能的认知情况		20	
4.行车指挥的基本控制方式的认知情况		50	
5.编制学习汇报报告情况		10	
6.基本素养考核情况		5	
总体得分			
教师简要评语： 教师签名：			

任务4　非正常情况下的行车组织

【活动场景】利用信号系统模拟设备模拟各种故障或利用多媒体设备展示故障时的行车组织。

【任务要求】学习移动闭塞、固定闭塞下的行车组织方法和电话闭塞法时的行车组织方法，掌握特殊应急情况的行车组织和行车调整方法。

【知识准备】

非正常情况一般是指列车运行的信号控制系统出现故障后，采用代用闭塞法的应急情况，通常情况下行车组织工作由车站控制和办理。地铁的常用代用闭塞法主要是电话闭塞法。无论是行车指挥自动化、调度集中控制、调度监督下的自动运行控制或半自动运行控制，均会出现信号控制系统故障导致行车控制权下放的情形，从而转为非正常情况下的行车组织。所以非正常情况下的行车组织分为：移动闭塞信号故障时的行车、固定闭塞信号故障时的行车、电话闭塞法时的行车及特殊应急情况时的行车等。

1 移动闭塞时信号设备故障下的行车组织

(1)控制中心级 ATS 设备故障

控制中心级 ATS 设备故障时，控制中心无法通过 ATS 设备监控到全线列车的运行情况，无法掌握列车的运行状态、线路占用情况等，存在较大的安全隐患。此时，控制中心会将正线的行车控制权下发至各车站（或信号设备集中站），由车站负责监控列车的运行情况。控制中心 ATS 虽然故障，但车站的 ATS 设备仍可通过 ATS 服务器获取运行时刻表等基本信息，从而进行自动排列进路、信号开放等工作，也可根据列车的目的地号及列车位置信息等自动触发相应的进路。如果仅为控制中心 ATS 无法监控，其他功能正常时，信号系统还可以执行列车自动运行调整功能等。

(2)车站级 ATS 设备故障

车站级 ATS 设备故障，如果中央级 ATS 正常，则仍由控制中心进行正常的行车组织工作，由设备部门对车站 ATS 设备进行抢修；此时若控制中心级 ATS 设备也故障，则控制中心将行车控制权下放至各车站（或信号设备集中站），由车站将信号系统转至联锁级别，通过联锁工作站进行人工排列进路。在联锁设备人工控制下，列车的进路、信号机的开放、道岔的位置等均由车站人员人工操作，也可在联锁工作站上将相关的信号机开放为自动排列进路模式或追踪列车模式状态，当列车接近该信号机或进路的某一位置时，自动触发联锁设备为列车排列一条进路。该故障情况下，信号系统无列车自动运行调整功能，但列车仍在 ATP 的防护下监督运行。

(3)ATP 设备故障

ATP 设备包括车载 ATP 设备和轨旁 ATP 设备。

①车载 ATP 设备故障时：司机应第一时间将该故障信息报告行调，同时该列车应以人工驾驶的模式、按照地面信号的显示运行，直至退出运行服务，此时该列车已不属于移动闭塞列车，属于固定闭塞的列车。移动闭塞时，信号系统会自动为该固定闭塞的列车前后方预留出足够的安全运行距离，如安全运行距离不足，行调应采取有效措施，确保前后方列车的行车安全。

②轨旁 ATP 设备故障时：移动闭塞时，若轨旁 ATP 设备发生故障，则该故障区域内由移动闭塞降级为固定闭塞，故障区域内的列车按照地面信号显示行车，列车由司机人工驾驶，列车的进路由列车目的地号触发或者由车站人员人工排列。

(4)列车 ATO 设备故障

列车 ATO 设备故障时，列车仍可按移动闭塞时的车载信号行车，具备 ATP 的安全防护，但只能够人工驾驶，对于 ATO 故障的列车，行调应及时组织下线，安排功能正常的列车上线替开。

2 固定闭塞时信号设备故障下的行车组织

(1)控制中心级 ATS 设备故障

控制中心级 ATS 设备故障包括 ATS 自动功能故障及监控功能故障。当 ATS 自动功能故障时，行调人工排列进路及进行行车组织运营调整工作，此时需重点关注全线的列车运行情况，防止进路漏排、错排。当ATS监控功能故障时，行调应及时将行车控制权下放至车站，由车站对正线（或该车站行车管辖范围内）的列车进行监控，特殊情况下还需要车站人工排列列车运行进路。

(2)车站级联锁设备故障

车站联锁设备故障包括：全线或某个联锁区车站的联锁工作站全灰；全线或部分联锁区计轴设备故障；全线或部分联锁区的道岔失去表示；全线或部分联锁区的信号机失去表示；全线或部分联锁区车站的联锁工作站请求进路失败等。

此时，值班主任决定采用电话闭塞法组织行车后，行调应及时向故障区域内及受影响的各车站发布按电话闭塞法组织行车的命令，将行车控制权下放至车站，列车占用区间的凭证是路票。

(3)ATP设备故障

1)车载ATP设备故障时

列车车载ATP故障，司机应及时向行调汇报，得到行调允许后，切除车载ATP防护，转换列车驾驶模式为非限制式人工模式驾驶，特殊情况时需限速运行。行调应积极组织该故障车运行至就近存车线或折返线，待清客完毕后安排故障车下线，退出运营服务。

2)轨旁ATP设备故障时

轨旁ATP故障范围较小（如某一区段红光带或某信号机不能开放等）时，行调可安排各次列车不切除车载ATP但需转至RM驾驶模式，限速通过故障区段，同时该故障区段同一时间只能有一列车占用。

轨旁ATP故障范围较大时，行调应及时向故障区域内及受影响的各车站发布按电话闭塞法组织行车的命令，将行车控制权下放至车站，列车由司机人工驾驶，占用闭塞区间的凭证是路票。

(4)列车ATO设备故障

列车ATO设备故障时，列车仍可按固定闭塞时的车载信号行车，具备ATP的安全防护，但列车由司机人工驾驶，行调应及时组织该ATO设备故障的列车下线，让ATO功能正常的备用车上线替开故障列车。

3 电话闭塞法的行车组织

电话闭塞法是正线信号系统联锁功能故障时的行车组织应急方法，是靠人工控制行车间隔的代用闭塞法。电话闭塞法的启用及停用由值班主任决定，但由行调向车站、司机等发布相关的调度命令，在以下几种情况时可以启用电话闭塞法：一个或多个联锁区联锁设备故障时；中央及车站联锁工作站上一个或多个联锁区均无法对线路运行车辆进行监控时；正线与车辆段信号设备故障联锁失效时，或正线与车辆段信号接口故障时；其他特殊情况需采用电话闭塞法组织行车时。

电话闭塞的闭塞区间为相同运行方向两架或多架相邻出站信号机间的区域，列车以路票作为占用闭塞区间的凭证，一个闭塞区间只允许一列车占用，闭塞区间内列车采用NRM模式驾驶。全线信号联锁系统故障时，所有车站均为闭塞车站；单个或多个联锁区信号联锁系统故障时，故障车站、相邻车站及其他受影响车站均为闭塞车站。

地铁常用的电话闭塞法为“一站一区间”或“两站两区间”。“一站一区间”的闭塞区间为:相同运行方向两架相邻出站信号机间的区域;“两站两区间”的闭塞区间为:相同运行方向三架相邻出站信号机间的区域,如图5.6和图5.7所示:

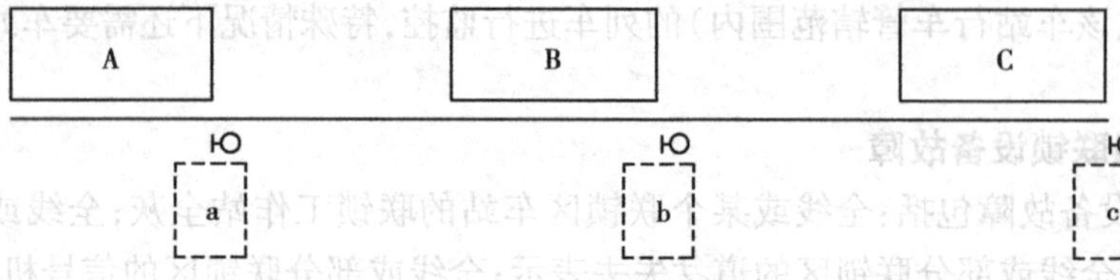

图5.6 一站一区间示意图

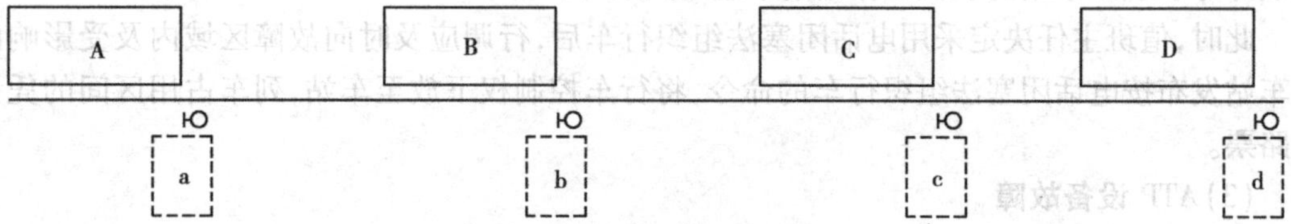

图5.7 两站两区间示意图

①一站一区间:A站a信号机至B站b信号机、B站b信号机至C站c信号机各为一个闭塞分区。

②两站两区间:A站a信号机至C站c信号机、B站b信号机至D站d信号机各为一个闭塞分区。

(1)办理作业的主要程序和要求

①发生联锁故障且无法判断列车位置时,行调第一时间要求故障区域内各次列车停车待令;

②由值班主任决定是否启用电话闭塞法;通知非故障区域列车在车站停站时间延长,两端始发站晚发;

③值班主任决定受故障影响的区段启用电话闭塞法后,行调向准备启用电话闭塞法的相关车站发布做好电话闭塞法准备的通知;

④行调逐一与各次司机共同确认故障区域内的列车位置;

⑤核对无误后,行调与准备启用电话闭塞法的各车站核对故障区域内各次列车的位置,须逐车与相关车站核对;遇区间有车时还须与两端站核对,并要求列车运行前方站复诵;

⑥若列车因联锁故障停在区间及辅助线时:列车运行前方进路无道岔且前方站台无车占用时,列车凭行调命令运行至车站;列车运行前方进路有道岔或者列车压在道岔上时,车站人员需现场确认道岔位置正确后加锁道岔,人员出清后向行调汇报“××站上/下行至××站上/下行进路准备好了”,由行调指挥列车运行到前方站。

⑦行调向准备启用电话闭塞法的车站、各次列车司机发布执行电话闭塞法的命令,同时需通知各次列车进入电话闭塞法区域采用NRM模式驾驶,驶出电话闭塞法区域恢复正常信号行车;

⑧若车站申请下线路人工准备进路(或钩锁道岔)时,行调应认真核对该区间无人车冲突后,方可同意;

⑨执行电话闭塞法;(当行调发布××站—××站上/下行正线采用电话闭塞法组织行车的命令后,视为该区域内的行车指挥权交由车站负责。)

a.接车站接车线路空闲、进路准备妥当,收到发车站闭塞请求后,方可同意闭塞;

b.发车站须查明闭塞区间空闲、取得接车站同意接车的电话记录号码后，发车进路准备妥当方可填发路票；

c.车站确认路票填写无误后加盖行车专用章，与司机核对交接并向司机显示发车手信号；

d.司机接到路票核对无误后方可关门，凭车站的发车手信号动车。接车站值班站长（或指定胜任人员）在列车到达后及时收回路票，在路票正面对角划“×”以示注销，按规定保管。司机不能将路票带进折返区域。

⑩取消电话闭塞组织行车；

a.值班主任及行调在收到维调信号设备恢复的通知后，行调应结合设备的现象确认故障已恢复；

b.发布取消电话闭塞法命令时，行调应先向车站发布，再向司机发布。

（2）接车站同意闭塞的条件

①非折返站同意闭塞的条件为接车进路准备完毕、接车线路空闲；

②折返站同意闭塞的条件为上次列车驶入折返线停稳、本次列车驶入站台的接车进路准备完毕。

（3）电话记录号码使用规定

电话记录号码自每日0时起至24时止，按日循环编号。电话记录号由5位数字组成，前2位为车辆段或车站编号，后3位为序列号。上行/出车辆段使用双数序列号，下行/入车辆段使用单数序列号。

例如：某地铁的电话记录号码编制及要求如下：

①电话记录号码由5位数组成，其中前2位为车辆段或车站编号，后3位为序列号，渭河车辆段编号为00，北客站—会展中心站编号为01—17，后三位序列号均为001—999（见表5.7）。

表5.7 电话记录号码

车　站	车站编号	电话记录号	车　站	车站编号	电话记录号
渭河车辆段	00	00001—00999	安远门站	09	09001—09999
北客站	01	01001—01999	北大街站	10	10001—10999
北苑站	02	02001—02999	钟楼站	11	11001—11999
运动公园站	03	03001—03999	永宁门站	12	12001—12999
行政中心站	04	04001—04999	南稍门站	13	13001—13999
凤城五路站	05	05001—05999	体育场站	14	14001—14999
市图书馆站	06	06001—06999	小寨站	15	15001—15999
大明宫西站	07	07001—07999	纬一街站	16	16001—16999
龙首原站	08	08001—08999	会展中心站	17	17001—17999

②上行/出车辆段使用双数序列号，下行/入车辆段使用单数序列号。

③各车站在向邻站同意、取消闭塞时，必须使用本站的电话记录号码。

④同一天内（每日0时起至24时止）电话记录号码一经发出，无论生效与否均不得重复使用。

⑤车站/信号楼自行编制并打印各自电话记录号码本。编制原则为：编写上、下行使用的2组号码，每组至少200个号码，号码顺序应交错，每页内不得有重号。行车值班员/信号楼值班员应按已编制号码表格中的顺序使用，用后画"×"以示注销。

⑥电话记录号码编制：以北苑站下行为例，北苑站下行（02001—02999）之间奇数的电话记录号码如表5.8所示。

表5.8　北苑站下行电话记录号

02003	02051	02019	02067	02049	02149	02147
02037	02023	02015	02035	02047	02117	02125
02053	02043	02069	02045	02089	02137	02171
02021	02025	02017	02033	02009	02151	02101
02041	02059	02071	02093	02061	02121	02185
依次类推……						

（4）其他特殊要求

①执行电话闭塞法区段，进路上的道岔必须锁定，优先使用联锁工作站锁定，当联锁工作站电子锁定无法使用时，由车站人员现场确认进路正确后使用钩锁器锁定（折返道岔钩锁器只挂不锁）。

②列车进出折返线或存车线时，比照调车方式办理。进折返线时，车站准备好进路后，由值班站长亲自或指定人员显示道岔开通手信号通知司机。出折返线时，车站准备好进路后，先无线电话联系司机（无线电话故障时，由现场人员口头通知），然后在指定地点显示道岔开通手信号。

③已办妥闭塞因故不能接车或发车，需要取消闭塞时，如果列车尚未动车时立即发出停车手信号进行防护，通知该列车司机取消闭塞，列车原地待令，确认无误后，提出的一方发出的电话记录号作为取消闭塞的依据，并须及时报行调；发车手信号一旦发出或列车已经启动，原则上不能取消闭塞。

4　特殊应急情况的行车组织

（1）特殊应急情况的行车组织方法

1）救援故障列车

列车在正线发生故障需救援时，司机应及时向行调汇报，行调应积极组织救援工作，电客车担任救援列车时，原则上应先清客后执行救援任务，原则上在被救援列车后方站清客，空车前往救援。在达到必须救援的时间时，行调应及时下发救援命令，命令应简洁、清晰、明确，已申请救援的列车严禁动车，但可以继续排除故障。行调应适时组织正线其余正常线路的列车运行，调整运行间隔，最大程度的维持运营。

故障列车在区间时，原则上不封锁区间线路，凭调度命令进入故障区间执行救援，但使用工程车救援时须封锁区间线路。向封锁线路发出救援列车时，不办理行车闭塞手续，以行调的救援列车开行命令作为进入该封锁线路的许可。在未接到开通封锁线路的调度命令前，救援列车以外的其他列车不得进入该线路。

救援列车推进故障列车运行时，司机需在救援列车前端驾驶室（运行方向）驾驶，故障列车前端驾驶室需有司机或列车引导员进行引导，运行限速25 km/h；救援列车牵引故障列车运行时，司机需在救援列车前端驾驶室驾驶，运行限速40 km/h。

2）列车退行

列车因故在站间停车需要退行回车站时，司机必须报告行调，在得到行调的命令并换端后方可退行（牵引退行），行调应及时通知有关车站。行调在确认后方相邻区间没有列车占用，并将后续列车扣停在后方站，方可同意列车退行。

列车退行进入车站时，车站接车人员应于进站站台端墙处显示引导信号，列车在进站站台端墙外必须一度停车，确认引导信号正确方可进站。退行列车到达车站后，司机应及时向行调报告，同时根据行调的命令处理。

当ATS设备可以正常使用时，由行调确认列车后方区间（相对原运行方向）无其他列车占用，并关闭相关联锁站所影响进路的起始信号机的自排或追踪功能，通知车站和司机列车退行的安排。当ATS设备不能正常使用时，由行调确认列车后方区间（相对原运行方向）无其他列车占用，并指令相关联锁站关闭所影响进路的起始信号机的自排或追踪功能，通知车站和司机列车退行的安排。

3）列车反方向运行

列车运行进路分为上、下行方向运行，如违反常规运行方向的称反方向运行。正常情况下，运行线路上的列车均按正方向运行，但在应急特殊情况下，可适当组织列车反方向运行。列车反方向运行的行车组织因设备不同有以下两种情况：

①在具有反向ATP的计轴区段：列车反向运行前必须得到行调的命令，列车以ATP防护模式下的驾驶模式运行，行车凭证为列车收到的推荐速度；如遇ATP轨旁设备故障时，行调通知司机以RM模式运行。

②在不具有反向ATP的计轴区段，除降级运营时组织单线双方向运行或开行救援列车外，载客列车原则上不能反方向运行。特殊情况下，可将行车控制权下放，改用电话闭塞法行车，车站办理相关的行车业务，列车占用区间的凭证为允许反方向运行的路票。

4）计划停站列车不停站通过

在日常行车组织运营工作中，因车辆、设备故障，事故及客流突变等原因造成运行晚点或特殊原因需要时，可以准许电客车在站不按计划停站而直接通过，但末班车或乘客无返乘条件的列车，不得直接通过。不准三列及其以上电客车在同一车站连续通过。电客车在站通过时，行调应及时通知司机和相关车站。

(2)特殊应急情况的行车调整方法

客流的增减、列车的晚点、运营秩序的紊乱、突发事件及设备故障等影响，都要求行车调度在日常的运营组织工作中根据情况的变化，统一协调，及时合理地采取运营组织调整措施，使列车尽可能按运行图行车。

1)行车调整的基本原则

①导向安全。在任何情况下，运营调整都必须把安全工作放在首位，要确保行车安全、设备安全及乘客生命财产的安全。行调在对运营组织进行调整时，必须关注运营线路上人、车、物的安全问题，清楚掌握线路是否出清、进路是否有冲突、故障点恢复情况等，坚持安全第一的原则，杜绝各种危险事件苗头的发生。

②先通后复。“先通车，后恢复”是为了最大程度地降低应急突发事件对运营组织的影响，保证一定限度内的地铁运营能力。在运营线路保证安全的情况下第一时间通车，然后再处理应急事件带来的影响，保证线路的正常运营，提高运营服务水平。

③快速全面。在行调进行运营组织调整时，要做到反应快、报告快、处置快，把握事故发初期的关键时间，将影响控制在最小范围。同时，行车调度员要有全局观，不能只关注突发事件及设备故障，而忽略了其他因素和影响。

④保证服务。运营调整必须要考虑对服务及乘客的影响，并将相关信息通过各种渠道告知乘客，最大限度地减少损失、降低影响，这要求行调在传递信息的途径上要迅速流畅。

2)行车调整的基本方法

①将列车在车站扣车或组织列车区间临时停车。当前方列车或车站突发应急事件时，行调要对后续列车进行扣车或区间临时停车。在车站扣车的基本原则是“谁扣谁放”，将列车扣停在后方车站。而在区间临时停车是通知司机将列车临时停在区间，司机必须做好乘客安抚工作，及时播放广播通知乘客。扣车及临时停车是行车调度员调整的重要手段之一，目的是保证前方列车或车站有充分的时间处理故障。

②组织列车减速运行并适当增加停站时间。为了保证故障列车或车站有充分的处理时间，减少故障点的行车压力，使行车间隔均匀，应该对相关列车进行限速并增加停站时间，控制运营节奏。

③调整运营线路上运用车数量，组织列车停运、下线。对有故障并影响服务的列车，行调要组织停运或下线，使该列车退出服务。该方式主要在始发站、终点站使用，对中途运行的客车也可组织列车清客，进中间站存车线或回车厂等。尽量保证一个站间区间只有一列载客列车占用，将载客列车到站扣停，减少列车区间停车和等待。

④组织列车小交路运行。当某一线路造成拥堵时，由于列车无法及时在终点站折返，势必会引起另一线路的运用列车数量减少，甚至在相当长时间内某些车站及区段无列车通过，造成乘客滞留车站人数增加。为了减少这种影响，最有效的一种方法就是组织列车小交路运行，即组织拥堵线路的列车在中间站清客后，经渡线折返到另一线路运行。

⑤组织列车反向运行。当一个方向列车密度较大，而另一方向列车密度较小时，为恢复

地铁运营服务,可利用有岔站的渡线,将列车转到密度较小的线路上反方向运行;当一方向由于列车故障救援等因素可能造成较大间隔时,也可利用渡线将列车转到另一线路上反方向运行,以缩小列车间隔,均衡运行。

⑥组织列车单线双向运行,即"拉风箱"。在一条固定进路同一时间内只有一列车往返运行。当一条线路上某个区段堵塞时,可以在另一线路上的相同区段采用此种行车方式,但是两端车站必须控制好列车进路,否则会引起列车冲突。另外,如果两端车站距离过长,则该区段内乘客的等待时间会增加。

⑦组织列车站前折返。在突发应急情况下,为了缩短折返时间,可以采用站前折返方式。这种方式有利于缩短列车走行距离,但列车折返会占用区间线路,影响后续列车闭塞,同时导致上、下车客流汇合,需要车站及司机做好乘客引导工作。

【任务实施】

某一地铁部分线路的简易示意图如图5.8所示。

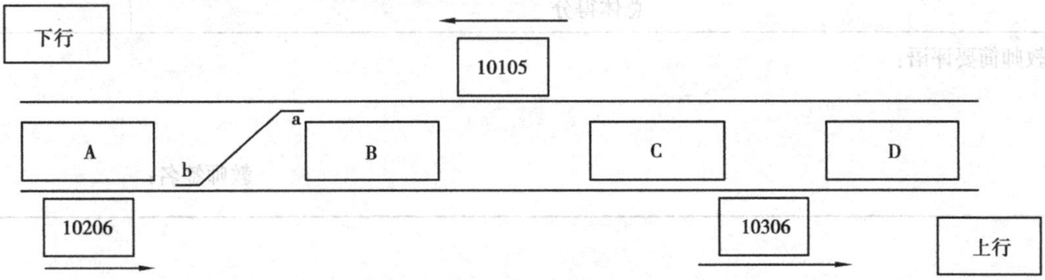

图5.8　车站及列车位置示意图

09:00分,A至D站的联锁设备故障,行调无法在ATS上对列车进行监控。请根据此时的情况,分成小组进行电话闭塞法,组织行车(采用一站一区间形式)的模拟。(小组成员分别扮演行车调度员、车站行车值班员、列车司机)

关键点:

1.行调发现A至D站联锁设备故障,要求10206次、10306次、10105次停车待令;

2.行调与10206次、10306次、10105次核对列车位置;

3.行调告知车站10206次、10306次、10105次列车位置;

4.行调组织10105次、10306次运行至前方站待令;并要求A站对a、b道岔进行加锁在正线位置;

5.待道岔加锁完毕,人员出清线路后,行调对A至D站发布执行电话闭塞法命令;

6.车站开始按电话闭塞法组织行车。

【效果评价】

评 价 表

项目名称	行车调度指挥	学生姓名	
任务名称	任务4 非正常情况下的行车指挥	分 数	
项 目		分 值	考核得分
1.对非正常情况的认知情况		10	
2.对非正常情况下的行车指挥的认知情况		15	
3.对特殊应急情况的行车调整方法的认知情况		20	
4.对电话闭塞法组织行车的认知情况		40	
5.任务实施完成的情况		10	
6.基本素养考核情况		5	
总体得分			
教师简要评语： 教师签名：			

任务5 行车调度日常工作介绍

【活动场景】在教室利用多媒体设备进行教学或在OCC现场进行参观教学。

【任务要求】了解行车调度日常工作中主要工作流程；掌握行车调度命令的发布规定及命令格式。

【知识准备】

1 行车调度员主要工作流程

按照时间顺序，以西安地铁为例介绍行车调度员主要工作流程。

(1)运营前准备工作

①根据地铁×号线施工情况控制表检查当晚的所有维修施工及调试作业完毕，并已销点、线路出清，如图5.9所示。

②与车站及车辆段核对当日运营时刻表以及钟表时间，并与车辆段派班室确认车辆段司机准备情况。

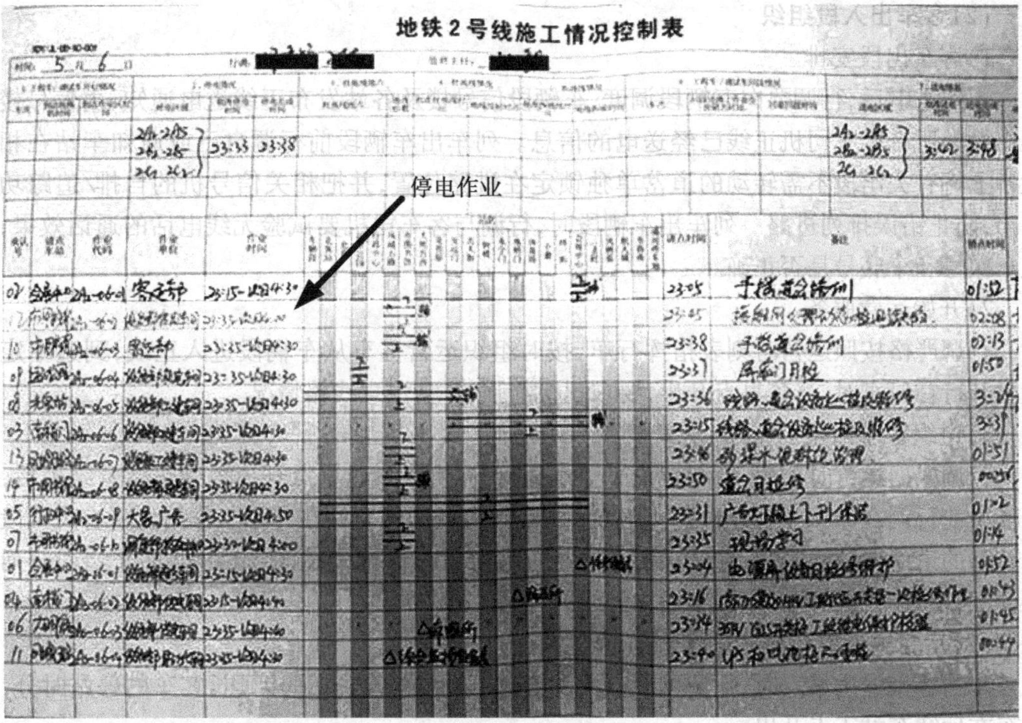

图5.9　在《地铁施工情况控制表》中确认停电作业施工销点、线路出清、地线拆除

③运行开始前30 min,各车站按规定须做完运行前的检查。检查后一切正常时,向行调报告:本站影响行车的施工已结束,线路出清,具备运营条件。如检查发现异常或影响行车的情况时,需及时向行调汇报。

④运行开始前20 min,维调向行调报告:全线线路、轨道、接触网巡检完毕,线路、人员已出清,具备行车条件。如设备影响行车时,需及时告知行调。

⑤检查接触网是否带电。行调确认地铁×号线施工情况控制表有关停电作业施工已销点、线路出清、地线拆除,如图5.10所示。行调、值班主任与电调共同确认接触网送电情况。同时行调需确认“送电通知”已向车站/车辆段发布。

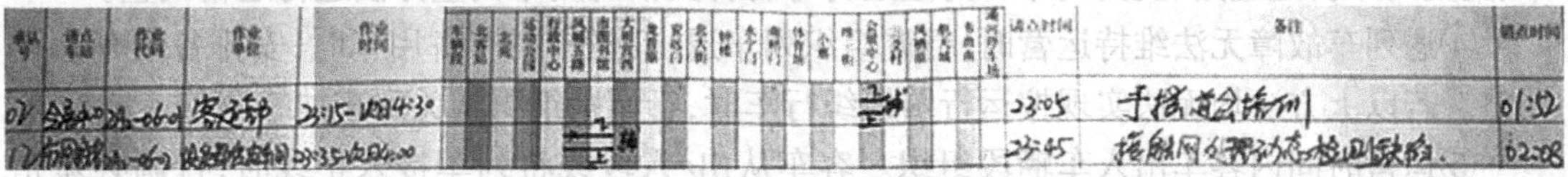

图5.10　停电作业

⑥试验进路和道岔。

a.行调确认施工结束、线路出清后,通知车站进行试验进路、道岔的工作,车站将检查结果报行调。

b.当试验期间发现异常,行调应及时通知维调派人进行抢修;无法修复时,应立即与值班主任协商,采取应急措施,维持运营,降低影响范围。

⑦检查中央调度监控设备。确认中央监控设备的各种元素显示正确无误,确认各种故障报警信息,同时根据运营时刻表执行说明的要求,及时装载和执行相应运营时刻表。

(2)客车出入段组织

1)客车出段安排

正线送电后,行调要向车辆段调度、车辆段信号楼及各站发布正线送电通知,由信号楼通知出勤的所有客车司机正线已经送电的信息。列车出车辆段前行调自己或通知车站在相关设备上将有关出段不需转动的道岔单独锁定在进路位置,并把相关信号机的自排/追踪功能关闭,防止错误排列进路。列车出车辆段时,行调与客车司机要试验无线电话的通话效果,确认车次号和车底号是否正确。

2)开始运营服务

行调严格按照运营时刻表指挥行车,按时组织运营客车从车辆段进入正线,到达指定位置。开行首班车时,严禁早点开出,要求司机加强瞭望,注意线路情况。

3)组织客车回段

行调根据运营时刻表,组织尾班车正点运行,尾班车禁止早点开出。列车运营结束后,回车辆段前行调在 HMI (信号系统 ATS 的人机接口)或通知车站在车站工作站上将有关回段不需转动的道岔单独锁定在进路位置,并把相关信号机的自排/追踪功能关闭,防止错误排列进路,同时检查车辆段内列车回车辆段的线路出清,接触网已送电。

(3)运营中监督调整客车运行

①当客车发生早点时,行调可用口头调度命令进行扣车,或适当延长客车的停站时分,使客车在后续车站正点开出。

②扣车的方式及相关规定。行调需扣车时,可直接通知司机待令或通过车站通知司机扣车,在设备上扣车或通知车站在设备上扣车。行调通知司机扣车待令应使用无线调度电话,若遇到无线调度电话故障时可使用手持台,必要时可以使用紧急呼叫功能。无线调度电话紧急呼叫时,司机必须迅速接听,行调直接通知司机执行扣车时,司机还必须同时通知车站。

③当客车发生晚点时,行调通过相关车站和司机了解晚点原因,要求前方站组织好乘客上、下车,并及时通报晚点信息。对于发生延误的列车,行调在不影响列车运行的情况下应先向司机了解初步原因,并要求司机到达终点站后主动联系行调汇报详细处理情况。在确保安全的前提下,行调可以根据实际情况,采用到达列车替开后续列车、备用车上线替开晚点列车、变更列车折返进路、变更列车目的地运行等各种灵活的列车调整方法进行运营调整。

④遇列车故障无法维持运营时,行调组织列车退出服务,在有备用车时,安排备用车上线调整。若以上方法均无法实现按运行图组织行车时,行调则组织相关列车抽线调整。

⑤运营时间内客车出入车辆段组织。客车从出/入段线将列车接入正线时,行调必须先组织其他有影响客车扣停,确认进路排列成功后,及时通知司机动车。运营时间内需组织客车入车辆段时,原则上从入段线回车辆段。正常情况下,行调在组织客车入段前 40 min 应先通知车辆段调度列车回段进路、车次和车底。

(4)运营结束后的相关工作

①工程车开行组织规定

工程车的开行依据是按照施工行车通告(如图 5.11 所示)或日补充计划(如图 5.12 和图 5.13 所示)、临时补修计划(如图 5.14 和图 5.15 所示)的规定和要求执行,发布工程车开行的调度命令。临时的特殊情况按行调命令执行。

施工行车通告

2012年5月施工计划（总第36期）

编制：　　　　审核：　　　　签发：

图 5.11　西安地铁施工行车通告封面样式

日补充计划　　　　　　　　12月15日　星期四

作业代码	作业部门	作业时间	作业内容	作业区域	供电安排	申报人	防护措施	备　注
2A2-15-15	客运部	23:30—次日4:00	ATS/LCW 培训	南稍门—体育场上下行线及其辅助线	无		现场防护	1.设施部负责授课并在作业结束后恢复设备；2.作业期间在道岔处设专人防护，防止夹伤
2A2-15-16	客运部	23:30—次日4:00	ATS/LCW 培训	会展中心站上下行线及其辅助线	无		现场防护	1.设施部负责授课并在作业结束后恢复设备；2.作业期间在道岔处设专人防护，防止夹伤。3.与2A2-15-04、2A2-15-14 作业加强沟通，如有冲突以月计划优先
2A2-15-17	设施部自动化车间	23:10—次日4:30	消防插孔电话故障处理	凤城五路站—运动公园站上下行线（不含运动公园站、凤城五路站）	无		现场防护	行政中心站请销点
2A2-15-18	中铁隧15标	23:10—次日4:00	地裂处理及坪面处理	体育场—小寨站上下行线及其辅助线	无		现场防护	人员、机具与接触网保持2 m以上距离
2A2-15-19	设施部通号车间	23:45—次日4:00	信号机缺点克服	出入段线—行政中心站上下行线及其辅助线	无		现场防护	人员、机具与接触网保持2 m以上距离
2A2-15-20	设施部供电车间	23:10—次日4:00	开关设备操作及验电接地视频采集	安远门牵混所	无		现场防护	1.安远门牵混所牵引直流系统推出运行；2.大明宫西溪永宁门站 2A5-2A6、2B5-2B6 接触网单边供电

图 5.12　西安地铁日补充计划

作业代码	作业部门	作业时间	作业内容	作业区域	备 注
2A2-15-15	客运部	23:30—次日4:00	ATS/LCW培训	南稍门—体育场上下行线及其辅助线	1.设施部负责授课并在作业结束后恢复设备；2.作业期间在道岔处设专人防护，防止夹伤

图 5.13　日补充计划汇中部分内容

临时补修计划　　　　12 月 14 日　星期三

作业代码	作业部门	作业时间	作业内容	作业区域	供电安排	申报人	防护措施	备 注
2A2-14-15	设施部通号车间	次日0:00—4:00	处理AP掉线故障	钟楼—永宁门上下行线	无		现场防护	1.作业完毕恢复设备正常状态；2.人员、机具距接触网2 m以上距离
2A2-14-16	设施部通号车间	23:40—次日4:00	X0101信号机处信标故障测试	北客站—北苑站下行线及北客站辅助线	无		现场防护	1.作业完毕恢复设备正常状态；2.人员、机具距接触网2 m以上距离
2A2-14-17	设施部供电车间	次日00:00—4:30	车辆段牵混所DC1500V直流开关检修	车辆段牵混所OCC	无		现场防护	1.作业开始后倒切供电方式，由2A2、2B2、按区间2D1—2D4支援供电；期间2B2、2A2、2C1、2D1、2D2、2D3、2D4供电分区接触网短时失电（约20 min）；2.检修作业结束前，撤除由2A2、2B2的区间2D1—2D4接触网的支援供电，恢复车辆段接触网的正常供电模式；期间2B2、2A2、2C1、2D1、2D2、2D3、2D4分区接触网短时失电（约20 min）；3.设施部负责人在车辆段接触网停电和送电前通知DCC人员确认

图 5.14　西安地铁临时补修计划

作业代码	作业部门	作业时间	作业内容	作业区域	备 注
2A2-14-15	设施部通号车间	次日0:00—4:00	处理AP掉线故障	钟楼—永宁门上下行线	1.作业完毕恢复设备正常状态；2.人员、机具距接触网2 m以上距离

图 5.15　临时补修计划中部分内容

非运营时间，行调负责工程车进路监控，与工程车司机、车长的联系及与各站（含车辆段信号楼）布置、落实工程车开行的有关事宜；负责与相关车站办理施工请点登记、审批和销点工作。工程车开车前发布好相关的书面调度命令。

行调在同意工程车开车前，必须在地铁二号线施工情况控制表上确认工程车运行的前方进路无施工作业，并确认工程车运行的前方进路已准备好。在工程车出车辆段前，工程车司机要与行调试验无线电话的性能；工程车在运行中行调要加强与司机和车长的联系，掌握工程车运行计划，确认进路。行调组织工程车正线运行时，应尽量避免分段行车；当前方施工作业未按时结束或因特殊情况须组织工程车分段运行时，行调通知（或经车站通知）工程车司机允许运行的起、止站，司机必须复诵。行调需向司机发布书面调度命令，当使用无线电话联系不到司机时，需提前通知车站接发工程车并传达调度命令。

②调试列车开行组织规定

开行调试列车的前提条件是在列车结束服务后的时间进行或在不开行列车的线路上进行,开行调试列车的线路已出清。

行调根据施工行车通告安排或运营时刻表执行说明组织调试列车上正线运行。调试列车临时变更调试计划时,需值班主任批准。行调根据行车设备施工检修管理的相关要求,设置相应的防护,及时向相关岗位发布列车上正线调试的调度命令,并负责排列调试列车的运行进路。

2　行车调度命令

(1)行车调度命令的发布规定

①指挥列车运行的命令和口头指示,只能由行调发布。车辆段内不影响正线运行及接发列车的命令可由车辆段调度发布。

②行调发布命令时,在车辆段由派班员、车辆段调度员(信号楼值班员)负责传达,在正线(辅助线)由车站值班站长(行车值班员)负责传达,传达给司机或其他有关人员的书面命令须加盖行车专用章。书面调度命令如表5.9所示。

表5.9　调度命令

________年____月____日____时____分

受令处所		行调姓名	复诵人	命令号码
命令内容				

③同时向几个车站或单位发布调度命令时,行调应指定其中一人复诵,其他人核对,确保无误。书面调度命令必须书写在《调度命令登记簿》内,调度命令登记簿如表5.10所示。

表5.10　调度命令登记簿

________年____月____日____时____分

日　期	命令号码	发令时间	命令内容	拟写人	审核人	批准人	备　注

④调度命令用语要求

行调发布命令前应详细了解现场情况,听取有关人员意见。在发令时使用普通话,严禁使用其他方言。同时要求吐字清晰,语速不宜过快,下令完毕要说“完毕”,再给出行调代码。

(2)调度命令发布格式

调度命令包括口头命令和书面命令。一般情况下行车调度员发布调度命令时是以口头形式下达,在录音设备故障及其他特定情况下以书面形式下达。

【任务实施】

以西安地铁企业为例对行车调度命令具体发布格式进行介绍,通过对以下内容的学习,能够区分口头命令和书面命令，并会布发书面命令。

(1)行车调度员发布的调度命令编号为201—299，值班主任发布的调度命令编号为101—199，调度命令号码依次循环使用。下列情况下发布的口头命令：

①临时加开或停开列车(包括客车、工程车及救援列车)；

②客车推进运行、退行，工程车退行；

③停站客车临时变通过；

④采用RM/URM(非限制式人工驾驶模式/限速25 km/h的人工驾驶模式)列车驾驶模式时；

⑤列车救援时；

⑥列车中途清客；

⑦变更列车进路。

(2)下列情况发布书面命令(特殊情况下可先用口头命令，事后补发书面)：

①发布线路限速或取消限速，如表5.11所示。

表5.11 限速命令

受令处所	车辆段调度、派班室、××站—××站、派班室/××站交各次列车司机	行调姓名	复诵人	命令号码
命令内容	根据×××的要求，自发令时起至另有通知时止，××站—××站上/下行线(××km+××m—××km+××m)限速××km/h			

②封锁、开通线路，如表5.12所示。

表5.12 开通线路的命令

____年____月____日____时____分

受令处所	车辆段调度、××站—××站	行调姓名	复诵人	命令号码
命令内容	自发令时起，前发×××号令取消，××站(出/入段线)—××站上/下行正线(及其辅助线)线路开通			

③其他行调认为有必要记录的命令，例如：开行调试列车时(如表5.13所示)

表5.13 加开调试列车时的书面命令

____年____月____日____时____分

受令处所	车辆段调度、派班室、××—××各站、派班室交×××次(×××车)司机及施工负责人	行调姓名	复诵人	命令号码
命令内容	1.因××作业(作业代码)需要，准车辆段—出段线—××站上行正线—××站渡线/折返线/××站上/下行站台加开×××次；××站渡线/折返线××站上/下行站台—××站上/下行正线—入段线—车辆段加开×××次 2.×××/×××次凭地面信号显示及行调指令行车 3.×××次运行至××站上/下行站台待令			

【效果评价】

评　价　表

项目名称	行车调度指挥	学生姓名	
任务名称	任务5　行车调度日常工作介绍	分　数	

项　　目	分　值	考核得分
1.行车调度日常工作内容的搜集、整理	10	
2.是否有小组计划	5	
3.关于行车调度员主要工作流程的认知情况	20	
4.对行车调度员口头命令和书面命令的格式和内容的掌握情况	50	
5.编制学习汇报报告情况	10	
6.基本素养考核情况	5	
总体得分		
教师简要评语： 教师签名：		

项目小结

本项目首先从行车指挥原则入手，对行车时间、统计晚点、车次、行车指挥基本原则等基础知识进行了说明；其次全面阐述了轨道交通行业基本的行车指挥体系，便于学生加深对行车调度指挥工作的认知；再次主要介绍了地铁运营在正常与非正常情况下的行车指挥工作，包括行车指挥的基本条件、内容、基本控制方式等，同时列举了非正常情况下的行车组织方法和行车调整方法；在最后通过对行车调度员日常工作的介绍，使学生对行车调度员的主要工作流程、命令发布等运营行车组织工作有更为全面的了解。

思考与练习

1.列车的驾驶模式有哪几种？各种驾驶模式适用哪些情况？

2.行车指挥的基本控制方式有哪些，他们的区别是什么？

3.电话闭塞法组织行车的主要程序是什么？

4.行车组织调整的基本原则是什么？

5.有哪些行车组织调整的方法？

6.正线列车出现早点或晚点时应如何处理？

7.地铁线路分为哪几种，辅助线包括哪些？

8.西安地铁行车指挥执行层次是如何划分的？

9.行调在哪些情况下发布口头命令，在哪些情况下发布书面命令？

10.从车辆段加开一列调试车到××站上行站台的调度命令如何书写？

项目6 车站行车作业组织

【项目描述】

城市轨道交通车站行车组织主要利用自动售票机、进出站闸机等设备组织乘客完成购票、进出站、乘车等过程，通过屏蔽门、紧急停车按钮等设备保证列车的运行安全和乘客的人身安全，通过列车运行将乘客输送到目的地，完成运输任务。

【学习目标】

通过本项目学习：

1.初步了解车站的分类、车站结构以及车站布局；

2.掌握车站各类行车设备的功能作用，重点掌握车站信号设备的使用及功能；

3.熟练掌握车站各项行车工作内容；

4.熟练掌握地铁施工的分类、车站办理施工的流程以及车站工作人员在施工组织中的职责。

【技能目标】

1.能对车站进行分类；

2.能进行正常情况下车站行车组织；

3.能进行特殊情况下车站行车组织；

4.能进行车站施工过程管理。

任务1　车站概况及分类

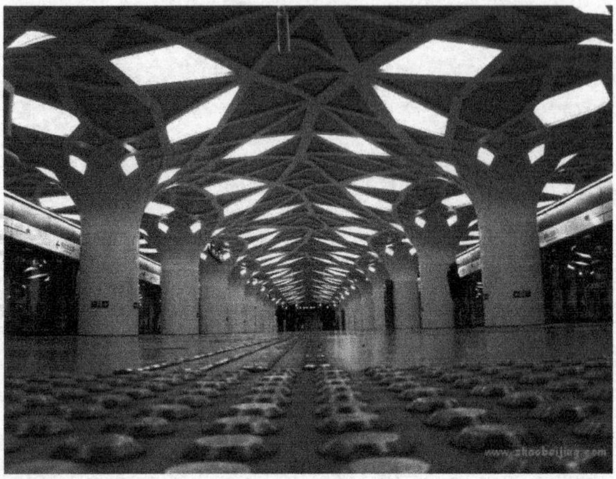

【活动场景】在城轨交通车站现场教学，或在教室用多媒体展示车站的概况。

【任务要求】了解车站的类别及划分；掌握车站的结构及各组成部分功能；理解车站布局原理及车站客流设计。

【知识准备】

1　车站概况

车站是城市轨道交通中重要的基础设施，它是客流集散的场所，是乘客出行乘坐列车的始发、终到和换乘地点，也是地铁提供运营与服务的主要平台，应保证旅客使用方便、安全、迅速地进出车站，并有良好的通风、照明、卫生、防火设备等，给旅客提供舒适、清洁的环境。车站还是轨道交通企业各工种联系协作的生产基地。

2　车站分类

从不同角度划分，可对车站进行不同的分类：

(1)车站按运营功能的不同分为终点站、折返站、中间站和换乘站

如图6.1所示，从客流组织方面来讲，终点站是列车完成本趟运输任务的最终站，终点站通常还具有列车折返停留等运营功能，如图A站与D站为线路终点站；换乘站则是乘客在不同线路之间进行换乘的车站，如图C站。从行车组织方面来讲，折返站多数为有辅助线的车站，可供列车进行折返，辅助线的设置根据具体情况而定。

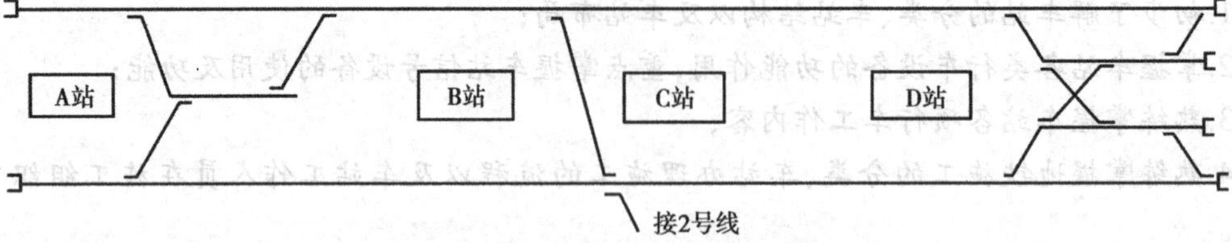

图6.1　终点站、折返站、中间站和换乘站

(2)车站按是否具有站控功能分为集中站和非集中站

集中站为设置站级联锁设备车站，集中站通常设有道岔，具备对信号设备进行站级控制的能力，又称联锁站；非集中站是指不具有车站控制功能的车站，一般不具备对列车监控以及办理列车进路的功能。

(3)车站按设置的位置可分为地下站，地面站和高架站

如图6.2所示，地下站指轨道线路设在地面以下的车站。通常地下站的站厅、站台以及办公设备房均设在地面下。通过出入口与地面相连接。

（a）地下站
（b）地面站
（c）高架站

图6.2 地下站、地面站和高架站

地面站指轨道线路设置在地面上的车站，站厅、站台以及办公设备用房设置在地面上。

高架站是指轨道交通线路架空在地面以上的车站，高架站的站厅，办公用房、设备房设在地面上，通常位于线路的下层。

(4)按站台与轨道线路的空间关系划分，车站可分为侧式站台车站、岛式站台车站和混合式站台车站

侧式站台车站是指站台位于上下行线路两边的车站，如图6.3(a)所示；岛式站台车站是指站台位于上下行线路中间的车站，如图6.3(b)所示；混合式站台车站是指同时具有侧式站台和岛式站台的车站，如图6.3(c)所示。

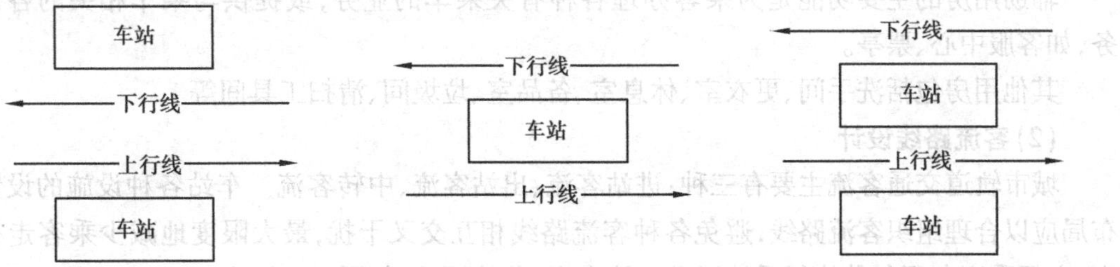

（a）侧式站台　（b）岛式站台　（c）混合式站台

图6.3 侧式站台、岛式站台和混合式站台

3 车站结构

城市轨道交通的车站由出入口、站厅、站台、设备区等组成。

①出入口：供乘客进出车站和紧急疏散。

②站厅：站厅分为付费区和非付费区，以闸机为界。非付费区设置售票、咨询、商业、服务设施，可以为乘客提供售票、问讯、商业等服务；乘客通过闸机后到达付费区，付费区是乘客进

入站台候车前经过的区域,也是乘客检票、聚集、疏散的区域。

③站台:站台是供列车停靠、乘客候车、乘降的地点。

④设备区:设备区是车站管理用房、生活用房及设备安装区域。一般设在站台和站厅两端,不对外开放。

4　**车站布局及客流路线设计**

(1)车站平面布局原则

站厅层主要是为乘客提供售检票等服务和车站人员工作、放置设备的场所,大致可分为公共区和车站用房区域。站厅层应分区明确,依据站内结构及设施配置对客流进行合理的组织,避免和减少进出站客流的交叉干扰,合理布置管理用房、设备用房。

站台主要提供列车停靠、乘客候车及乘降。按照站台和线路的位置关系,站台可分为:岛式站台、侧式站台和混合式站台。站台应根据车站远期高峰客流量计算站台宽度,根据线路走向及换乘要求确定站台形式,根据车站需要布置设备或管理用房。

出入口设置于道路两边,标识明确,必要时可兼顾地下过街通道的作用。

公共区可划分为付费区和非付费区。进站乘客在非付费区完成购票后通过检票设备进入付费区,然后到站台上车;出站乘客通过检票设备进入非付费区后出站。非付费区内除了设置必要的售检票设备外,根据客流量大小还设有商铺、银行、洗手间、自动售货机、公用电话等便民设施设备。自动售检票系统设置在站厅层,按乘客进出站流向合理布置,向乘客提供购票、检票等服务。主要有自动售票机、自动充值机、验票机以及进出站闸机等。

车站用房可分为设备用房、管理用房、辅助用房、其他用房等。

设备用房是安置各类设备的场所,一般有票务维修室、通信机械室、信号机械室、环控配电室、照明配电室、低压配电室、蓄电池室、环控机房、气瓶间、污水泵房、混合风室、风机房、电缆井、屏蔽门控制室、电梯机房、变电所控制室、动力变压器室、变电所储藏室、变电所维修室、变电所蒸馏变压、金属封闭高压开关设备室、整流器柜及直流开关柜室等。

管理用房包括站长室、会议室、警务室、车站控制室、票务室、信号值班室以及站台监视亭等。

辅助用房的主要功能是为乘客办理各种有关乘车的业务,或提供与乘车相关的咨询业务,如客服中心、票亭。

其他用房包括洗手间、更衣室、休息室、备品室、垃圾间、清扫工具间等。

(2)客流路线设计

城市轨道交通客流主要有三种:进站客流、出站客流、中转客流。车站各种设施的设置及布局应以合理组织客流路线,避免各种客流路线相互交叉干扰,最大限度地减少乘客走行距离,方便乘客办理各种旅行手续以及经济合理、节约用地,如图6.4所示。

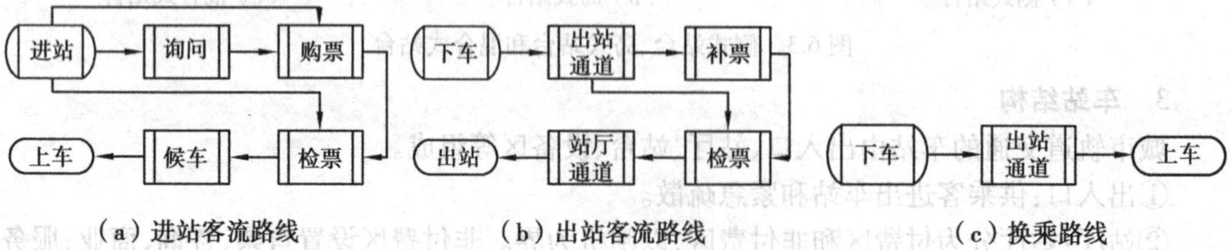

图6.4　客流路线图

【任务实施】

认识下列物品：

1.铁马：客流组织时使用的栏杆；

2.伸缩隔离栏：客流组织时使用的物品；

3.乘客取阅架：摆放宣传册等宣传印刷用品的架子；

4.乘客意见箱：收集乘客意见卡的箱子；

5.医用屏风：客伤等乘客突发事件时使用的遮挡物；

6.接待专用伞：车站接待时使用的伞具；

7.提示扩音器：自动扶梯处提示乘客乘梯注意事项的扩音器；

8.便携扩音器：组织客流、接待、授课时使用的扩音器；

9.手提扩音喇叭：客流组织时使用的扩音器；

10.乘客垃圾桶：保持站内卫生，为乘客提供方便的物品；

11.乘客座椅：为乘客候车提供方便的物品；

12.应急担架：客伤等乘客突发事件时使用的物品；

13.防滑垫：雨、雪天防滑，厕所内地面防滑使用的物品；

14.一次性雨衣：雨、雪天为有需要的乘客提供的用品；

15.一次性雨伞套：雨、雪天供乘客使用的服务用品，以降低站内湿滑程度；

16.乘客监督栏：公示当值员工信息的告示牌，接受乘客监督，提高服务质量；

17.非接触数字快速体温仪：防止传播疾病，测试乘客体温用的仪器；

18."爱心"针线盒：为乘客提供贴心的便捷服务的用品；

19.边门：公共区供残疾人、携带大件行李等乘客使用的通道门；

20.固定式栏杆：出入口客流控制使用的物品；

21.绝缘地板：防止站台跨步电压产生的地面；

22.盲道：供盲人行走的道路；

23.隔离墩：设置于地铁出入口外的墩柱，以防止摩托车、汽车等停靠在地铁站口，影响乘客出入；

24.边门求助按钮：乘客需使用边门时使用的按钮；

25.音频监控设备：设置在票务中心，工作人员使用的对讲设备。

【效果评价】

评 价 表

项目名称	车站行车组织	学生姓名	
任务名称	任务 1　车站概况及分类	分　数	
项　目		分　值	考核得分
1.车站概况及分类的认知情况		10	
2.车站结构的了解情况		5	
3.客流设计的掌握情况		20	
4.城轨车站常见类型及各自特点的认知情况		50	
5.编制学习汇报报告情况		10	
6.基本素养考核情况		5	
总体得分			
教师简要评语： 教师签名：			

任务 2　车站设备

【活动场景】在城轨交通车站现场教学，或在教室用多媒体展示车站设备的概况。

【任务要求】了解车站自动售检票系统、闸机的功能作用；掌握屏蔽门的构造及功能；熟练掌握车站信号设备以及信号灯颜色的意义；了解车站通讯设备。

【知识准备】

1　自动售检票系统(AFC)

城市轨道交通自动售检票系统是通过运用计算机技术、网络技术、通信技术、自动控制技术等来实现城市轨道交通的售票、检票、计费、收费、统计、清分结算等全过程自动化，减少或取代票务工作人员，提高运行效率和效益。轨道交通自动售票系统可通过对客流量、运营收入等综合业务信息的汇总分析，可以使决策者增强客流分析预测的能力,合理调配资源,以提高运营单位的经营管理水平。

2　**闸机**

闸机是一种通道管理设备,用于管理人流并规范行人出入。其最基本最核心的功能是实现一次只通过一人,可用于各种场合的出入口。

根据对机芯的控制方式的不同,闸机可分为机械式、半自动式、全自动式。

机械式是通过人力控制拦阻体(与机芯相连)的运转,机械限位控制机芯的停止;半自动式是通过电磁铁来控制机芯的运转和停止;全自动式是通过电机来控制机芯的运转和停止。通过控制机芯的运转和停止,从而进一步控制拦阻体的开启和关闭。

根据拦阻体和拦阻方式的不同,可以分为三辊闸、摆闸、翼闸、平移闸、转闸、一字闸等。目前城市轨道交通使用的闸机多为摆闸和三辊闸。

(1)三辊闸

三辊闸如图6.5所示,三辊闸的拦阻体(闸杆)由三根金属杆组成空间三角形,一般采用中空封闭的不锈钢管,坚固不易变形,通过旋转实现拦阻和放行。三辊闸是最早出现的闸机类型,也是至今发展最为成熟完善的,但有逐渐被后续的摆闸和翼闸取代的趋势。

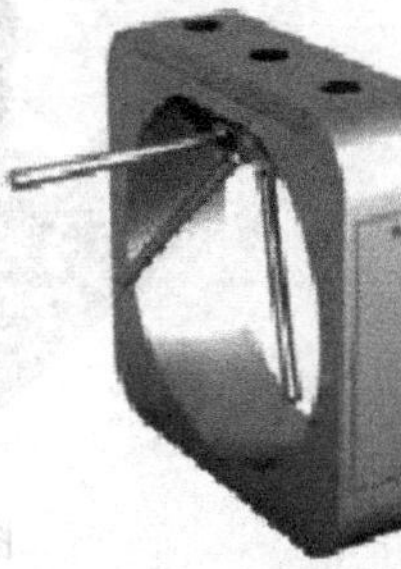

图6.5　三辊闸

1)优点

①能够非常有效的实现单次单人通行,即一次只能通过一人,安全性和可靠性都比较高;

②成本较低;

③防水防尘能力较强,对环境的适应性很强,适用于室外和室内。

2)缺点

①通道宽(指可以允许行人通行的宽度)比较小,一般在500 mm左右;

②通行速度相对较慢;

③受拦阻体形态的限制,不适于携带行李者通行;

④外观的可塑性不强,大部分款式美观性不足;

⑤机械式和半自动式三辊闸的闸杆运转过程中会有机械碰撞,噪音较大,全自动三辊闸则没有这个问题。

3)应用场合

适用于普通行人和人流量不是很大或是行人使用时不太爱护的场合,以及一些环境比较恶劣的户外场合。

(2)摆闸

摆闸如图6.6所示,在轨道交通企业一般称为拍打门,其拦阻体(闸摆)的形态是具有一定面积的平面,垂直于地面,通过旋转摆动实现拦阻和放行。拦阻体的材质常用不锈钢、有机玻璃、钢化玻璃,有的还采用金属板外包特殊的柔性材料(减少撞击行人的伤害)。

从机芯控制方式上分为机械式、全自动式。从形态上分为立式、桥式、圆柱式,立式和圆柱式的体积较小,易于安装,但通道长度较短,行人检测模块功能受到限制;桥式摆闸通道较长,行人检测模块功能较强,安保性更高。

1)优点

①通道宽的范围是所有闸机中最大的,一般为550~1 000 mm,某些高端产品可以做到

1 500 mm,比较适合用于携带行李包裹的行人或自行车通行,也可以用作行动不便者专用通道;

②桥式摆闸相对于三辊闸,增加了行人通行检测模块,可以有效检测通行目标,防尾随能力较强;

③外观形态的可塑性是所有闸机中最强的,拦阻体的材料种类丰富,箱体的形态也多样化,易于设计出非常美观的造型,因此常用于写字楼、智能楼宇、会所等高端场合;

④闸摆运转过程中没有机械碰撞,噪音比较小。

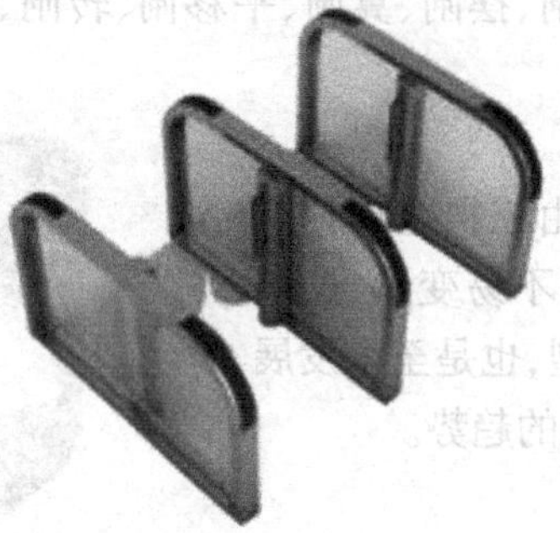

图 6.6 摆闸

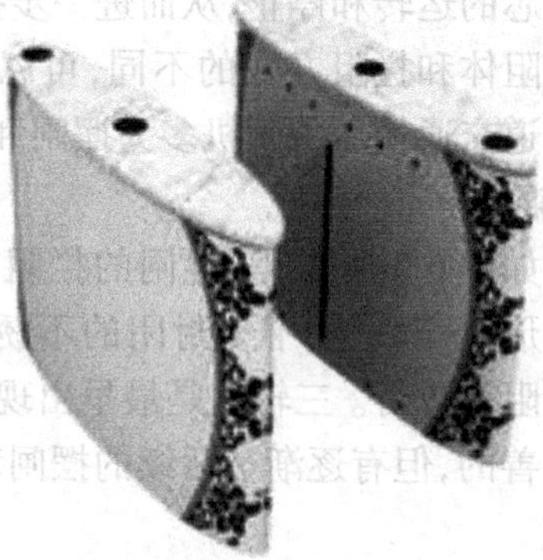

图 6.7 翼闸

2)缺点

①成本较高,尤其针对一些特殊定制的机型,如增大通道宽,采用特殊材料的闸摆,技术难度会相应增加很多;

②部分机型防水防尘能力不足,只适用于室内,环境适应能力没有三辊闸强;

③受拦阻体形态的限制,摆闸的耐冲撞性比三辊闸低,行人非法快速通行易损坏闸摆和机芯;

④对厂商的技术要求比较高,如果设计不好会大大降低产品的可靠性,以及降低避免人身伤害的防夹防撞人能力。

3)应用场合

适用于对通道宽要求比较大的场合,包括携带行李包裹的行人或自行车较多的场合,以及行动不便者专用通道。还适用于对美观度要求较高的场合。

(3)翼闸

翼闸如图 6.7 所示,在轨道交通企业一般称为剪式门,国外很多地方也称为速通门,其拦阻体(闸翼)一般是扇形平面,垂直于地面,通过伸缩实现拦阻和放行。拦阻体的材质常用有机玻璃、钢化玻璃,有的还采用金属板外包特殊的柔性材料(减少撞击行人的伤害)。

1)优点

①通行速度是所有闸机中最快的;

②通道宽介于三辊闸和摆闸之间,一般为 550~900 mm;

③外观形态比较美观,闸翼的材料比较丰富;

④紧急情况下闸翼会快速缩回箱体中,可以很方便的形成无障碍通道,提高通行速度,易于行人疏散。

2)缺点

①控制方式比较复杂,成本较高;

②防水防尘能力不足,一般只适用于室内,如果用在室外必需加雨棚;

③外观形态比较单一,可塑性不强;

④受拦阻体形态的限制,翼闸的耐冲撞性比三辊闸低,行人非法冲关易损坏闸翼和机芯;

⑤对厂商的技术要求比较高,如果设计不好会大大降低产品的可靠性,以及避免人身伤害的防夹能力。

3)应用场合

适用于人流量较大的室内场合,如地铁、火车站检票处。也适用于对美观度要求较高的场合。

3　屏蔽门

屏蔽门是隔离站台区与轨行区的设施。屏蔽门可以防止人员及物品掉落轨行区、防止隧道活塞风对站台乘客的影响,降低站台列车运行噪音,同时,在部分信号系统中,屏蔽门的状态也成为列车运行进路建立的一个必要条件。

(1)安装屏蔽门的目的

防止乘客利用站台坠轨自杀或发生意外;地铁里的屏蔽门节约能源,防止站台空调流失及保持站台温度。地铁站台安装"屏蔽门"有效地减少了空气对流造成的站台冷热气的流失,保障了列车、乘客进出站时的绝对安全,降低了列车运行产生的噪音对车站的影响,提供了舒适的候车环境,具有节能、安全、环保、美观等功能。

(2)屏蔽门的分类

城市轨道交通屏蔽门分为封闭式、开式和半高式,其中开式和半高式通常被叫作"安全门",只起到安全和美观的作用。封闭式的通常才被人们叫做"屏蔽门",也是最常用的一种,如图6.8所示。

(a)半高式屏蔽门

(b)封闭式屏蔽门

图6.8　屏蔽门类型

(3)屏蔽门的构成

屏蔽门由滑动门、固定门、应急门和端门组合而成,具有障碍物检测及防夹功能,具有障碍物故障报警功能,如图6.9所示。

图 6.9　屏蔽门组成

1)滑动门

滑动门是与客车车门对应可滑动开启的门体。滑动门门头处设有指示灯,用于显示滑动门的状态。滑动门处在正在开启或关闭时,指示灯闪烁;滑动门完全开启后,指示灯常亮;滑动门完全关闭后,指示灯灭灯。

2)固定门

固定门是不可开启门体,可拆卸更换。

3)应急门

应急门是乘客紧急疏散通道,正常运营时,保持关闭状态,在停电或火灾情况下,列车无法对准滑动门时,可由乘客在内部按压拉杆,使门体打开。一般整列屏蔽门设置有多对应急门,在列车两端至少设置有一对应急门。

4)端门

端门是在整列屏蔽门两端,可以旋转开启的门,供地铁运营人员进出隧道以及应急情况下乘客隧道疏散使用。

(4)就地控制盘

屏蔽门就地控制盘设置在端门内侧,正常情况下屏蔽门与列车具有联动功能,即列车停稳后车门与屏蔽门基本保持同步打开或关闭。当联动功能不具备或是故障情况下,由司机或车站人员进行人工操作。如果某个或部分屏蔽门故障,导致整列屏蔽门不能关闭锁定,且列车进路无法开放时,需要车站站务人员操作互锁接触开关,解除屏蔽门对信号系统的联锁影响,保证列车正常运行,如图 6.10 所示。

4　信号与通信设备

(1)车站信号设备

正线车站分为集中站和非集中站。集中站一般为有道岔的车站,非集中站一般为无道岔的车站。

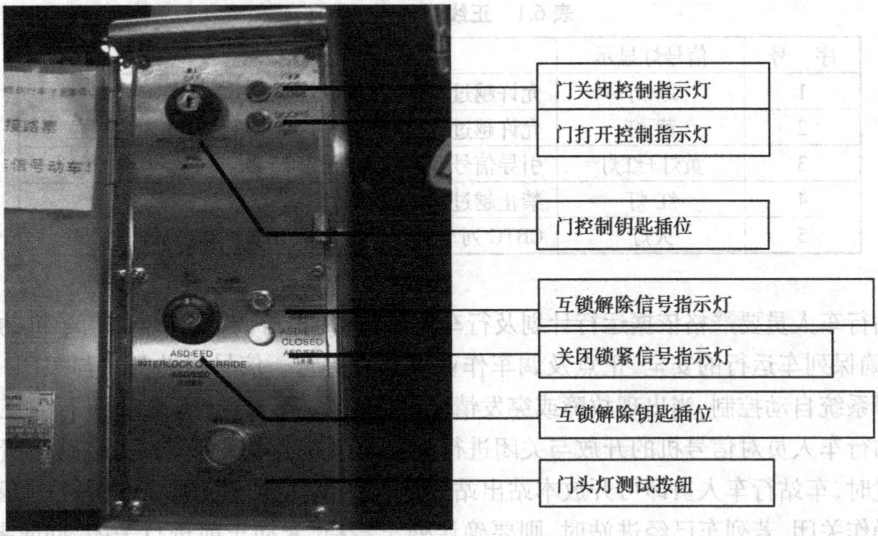

图 6.10 屏蔽门就地控制盘

车站的设备主要有 ATS 工作站、车站联锁设备、ATP/ATO 系统地面设备、电源设备、维修终端、信号机以及发车指示器。

①集成工作站是组织指挥行车的一种专用设备。设备集中站行车人员通过集成工作站上的各种按钮可以办理进路、办理闭塞、操纵道岔、开闭信号,通过各种图形界面的显示可以监视设备及列车运行的情况;非设备集中站只能进行监视,不能控制。

集成工作站的操作人员必须经过专业的培训,考试合格,方可上岗操作。正常情况下,车站行车人员不需要操作集成工作站,信号系统所有的操作由系统自动完成。车站行车人员在得到设备管理人员或维修人员需操作集成工作站的申请时,向行调报告并征得行调同意,在取得控制授权后,设备管理人员或维修人员以相应身份登录系统进行操作。集成工作站是行车组织的重要设备,在日常工作中严禁行车人员进行与行车无关的操作。

②车站联锁设备一般采用计算机联锁,能执行车站行车指挥人员和 ATS 系统发出的命令进行控制,是信号系统的基础层级。

③ATP 系统地面设备包括计轴器或轨道电路、ATP 地面编码发码设备及与 ATS、ATO、联锁设备的接口,用于实现列车占用的检测和发送 ATP 信息,实现列车运行超速防护。

ATO 地面设备包括站台电缆环路,列车与地面通信设备及与 ATP、联锁设备的接口设备,以发送 ATO 命令,进行车站程序定位停车控制,实现列车最佳控制或列车自动驾驶。

④电源设备是车站集中联锁的供电设备。

(2)信号机

正线各车站设置的信号机包括:出站信号机(含出站兼防护)、防护信号机、阻挡信号机。在移动闭塞模式下,信号机为灭灯状态在其他模式下,信号机显示情况如下:出站信号机一般显示为黄、绿、红三种;防护信号机为黄、绿、红三显示;阻挡信号机设置在线路的终端,只有一个红灯位有显示。各颜色显示含义如表 6.1 所示。

表 6.1　正线信号显示意义

序　号	信号灯显示	行车指示
1	绿 灯	允许越过,进路准备好且所有道岔均在定位
2	黄 灯	允许越过,进路准备好且至少有一个道岔在反位
3	黄灯+红灯	引导信号允许越过,限速 25 km/h
4	红 灯	禁止越过
5	灭灯	CBTC 列车可以越过,非 CBTC 列车禁止越过

车站行车人员要严格依据运行计划及行车调度员(简称行调)命令掌握信号机的开放、关闭时机,确保列车运行的安全、正点及调车作业的顺利进行。信号机的开放与关闭一般情况是由信号系统自动控制,当出现故障或突发情况时,需要由行调授权联锁站进行人工控制,此时由车站行车人员对信号机的开放与关闭进行人工干预。当本次列车前方进路出清,道岔在正确位置时,车站行车人员即可开放本站出站信号;当出站信号机需要人工关闭时,要在列车进站前操作关闭,若列车已经进站时,则要确认列车停稳、未动车前进行关闭,同时要向司机说明关闭信号及其相关情况。当相关信号机因故不能开放时,需要开放引导信号。车站行车人员要与行调共同确认具备开放引导信号条件(即引导信号所防护的区段及线路空闲,且该信号所防护的相关道岔位置正确,状态良好)后,车站行车人员在工作站上开放引导信号,确认列车越过引导信号显示位置后,即可关闭引导信号。

(3)IBP 盘及紧急停车按钮

车站控制室设置有综合应急后备盘(简称 IBP 盘),是主控系统的后备设备。IBP 盘设置在车站控制室,当中央级设备发生通信故障或在车站级设备发生人机界面故障时,作为在紧急情况下使用的设备。一般可控制消防水泵、环控系统、自动扶梯、信号系统、屏蔽门等设备。

非设备集中站的 IBP 盘的典型盘面布置如图 6.11 所示(以北苑站为例)。

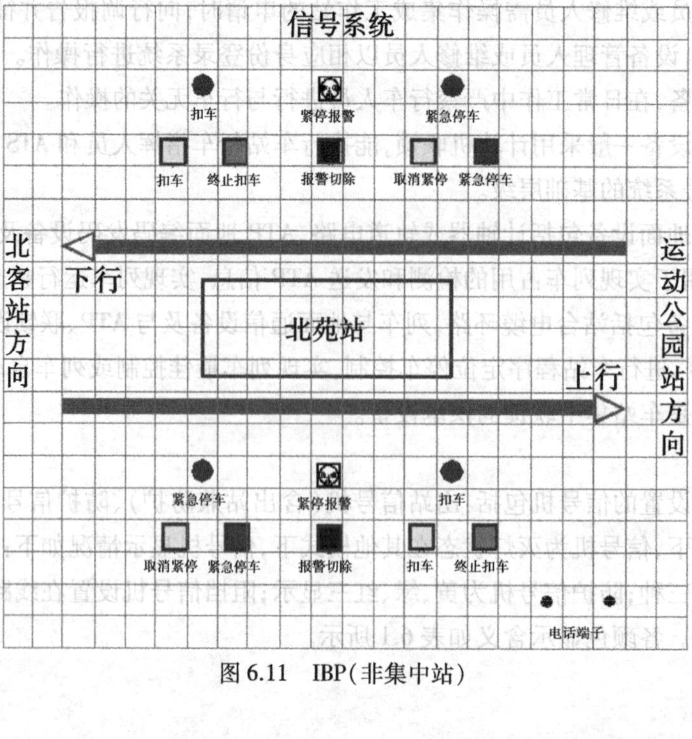

图 6.11　IBP(非集中站)

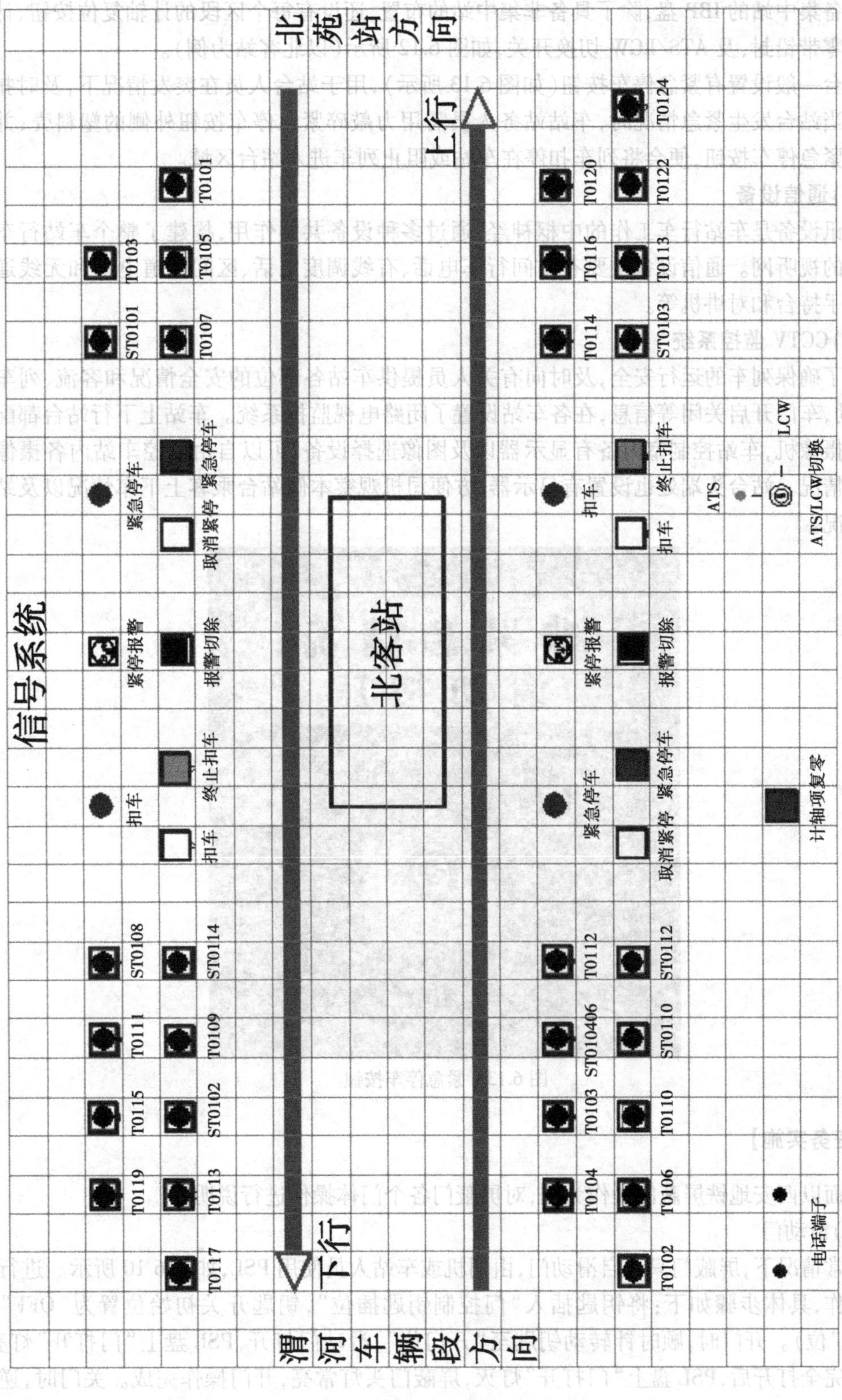
信号系统
北苑站方向
渭河车辆段方向
上行
下行
北客站
T0117
T0119
T0113
T0115
ST0102
T0111
T0109
ST0108
ST0114
扣车
终止扣车
紧停报警
报警切除
紧急停车
取消紧停
ST0101
T0107
T0103
T0105
T0101
T0102
T0104
T0106
T0103
T0110
ST010406
ST0110
T0112
ST0112
T0114
ST0103
T0116
T0113
T0120
T0122
T0124
ATS
LCW
ATS/LCW切换
计轴预复零
电话端子

图6.12　IBP（集中站）

设备集中站的 IBP 盘,除了具备非集中站的布置,还设有每个区段的计轴复位按钮、计轴总预复零带铅封,及 ATS/LCW 切换开关,如图 6.12 所示(以北客站为例)。

站台一般设置有紧急停车按钮(如图 6.13 所示),用于站台人员在突发情况下,及时扣停列车。当站台发生紧急情况时,车站站务人员需用力敲碎紧急停车按钮外侧的塑料壳,并按压红色紧急停车按钮,便会将列车扣停在车站或阻止列车进入站台区域。

(4)通信设备

通讯设备是车站行车工作的中枢神经,通过多种设备共同作用,构建了整个车站行车组织工作的视听网。通信设备主要有站间行车电话、有线调度电话、区间隧道电话和无线通讯设备如手持台和对讲机等。

(5)CCTV 监控系统

为了确保列车的运行安全,及时向有关人员提供车站各部位的安全情况和客流、列车停站、启动,车门开启关闭等信息,在各车站设置了闭路电视监控系统。车站上下行站台都配置有固定摄像机,车站控制室内备有显示器以及图像选择设备,可以自由监控车站内各摄像头的显示情况。站台头端处也设置有显示器,方便司机观察本侧站台乘客上下车情况以及站台安全情况。

图 6.13　紧急停车按钮

【任务实施】

下面以西安地铁屏蔽门操作为例,对屏蔽门各个门体操作进行说明。

(1)滑动门

正常情况下,屏蔽门只开启滑动门,由司机或车站人员使用 PSL,如图 6.10 所示。进行开关门操作,具体步骤如下:将钥匙插入“门控制钥匙插位”,钥匙开关初始位置为“OFF”位(“禁止”位)。开门时,顺时针转动钥匙至“开门位”,滑动门打开,PSL 盘上“门打开”灯亮。滑动门完全打开后,PSL 盘上“门打开”灯灭,屏蔽门头灯常亮,开门操作完成。关门时,逆时针转动钥匙至“关闭”并停留,滑动门开始关闭,“门关闭”灯亮,屏蔽门头灯闪亮,滑动门完全关好后，“门关闭”灯灭，“关闭锁紧”指示灯亮，关门操作完成。关门操作完成后，将PSL钥匙旋转至“OFF”位（“禁止”位）。

当需要开启单个滑动门时，操作步骤如下：

①将钥匙插入门体模式开关钥匙孔，如图6.14所示；

图6.14 屏蔽门控制开关

②将钥匙拧到手动开门位，确认门体完全打开；

③将钥匙拧到手动关门位，确认门体完全关闭；

④将钥匙拧到自动位，拔出钥匙。

(2)应急门

当列车无法在规定范围内停车，且偏移量较大，导致乘客无法从滑动门进出时，需对应急门进行手动操作。在站台侧由站台工作人员用钥匙打开应急门，或在轨道侧，由列车司机通过广播通知乘客压推杆锁，打开应急门。

(3)端门

当隧道内发生火灾、列车出轨等情况，需要区间疏散乘客时，可由乘客压推杆锁或由站台工作人员在站台侧用钥匙手动打开端门，将乘客通过端门疏散到站台。另外施工检修人员需要进入轨行区作业时，由车站工作人员从站台侧用钥匙手动打开端门将施工人员送入正确区域。

明确下列设备：

①自动售检票(AFC)：自动售检票系统是采用信息技术、自动控制技术和光机机电一体化等多项高新技术，并进行系统集成，实现轨道交通自动售票、自动计费、收费、自动客流统计和收益清算管理等综合智能化信息管理系统。

②综合监控系统(ISCS)：主要功能包括对机电设备的实时集中监控功能和各系统之间协调联动功能。

③综合后备盘(IBP)：IBP盘又称综合后备盘，放置在地铁车站综合控制室内，IBP盘由IBP面板、PLC（BAS专业提供）、人机界面终端（其他专业提供并安装）、监控工作台构成。当车站出现设备服务器或人机界面故障时，通过IBP盘对本车站进行应急管理；或在紧急情况下直接操作IBP盘上按钮、钥匙开关等，采用人工介入方式进行运行模式操作和某些设备的远程单动操作。

④车站现场设备(SLE)：包括自动检票机、半自动售票机、自动售票机、便携式检票机、自动查询机。

⑤自动检票机(AGM):AGM 设置在付费区与非付费区的交界处,是乘客在付费区与非付费区之间进出时自动验票和放行的自动检票设备。

⑥自动售票机(TVM):自动售票机设置于非付费区,用于乘客购买单程票或对储值票进行充值。

⑦半自动售票机(BOM):操作员通过票房售票机对车票进行发售、分析、无效更新、充值、替换、退款、交易查询。同时,通过票房售票机,可对发售预赋值车票进行记录,处理车站乘客投诉,对票务管理、行政收款进行记录等处理。

⑧自动查询机(TCM):自动查询机安装在地铁车站非付费区,供在轨道交通内使用的地铁专用票及城市“一卡通”的自助查询验票及发布地铁通知信息等服务。

⑨便携式检票机(PCA):便携式检/验票机(PCA)是一种离线式检票设备,由车站站务员或稽查人员手持对乘客使用的电子车票进行扣款、验证和记录;为乘客提供进站检票、出站检票和在不同区域(付费区/非付费区)之间移动提供验票服务。

⑩编码/分拣机(E/S):完成 CC 下发的车票初始化编码、赋值、分拣、重编码和注销等任务,并将任务完成情况通过网络发送到 CC。

⑪紧急按钮(EB):AGM 连接紧急按钮,当紧急按钮启动或解除紧急模式时,AGM 立即响应该指令,进入或退出紧急模式。

【效果评价】

评 价 表

项目名称	车站行车组织	学生姓名	
任务名称	任务 2　车站设备	分　数	
项　　目		分　值	考核得分
1.各类闸机的相关知识、图片的搜集、整理		10	
2.是否有小组计划		5	
3.车站屏蔽门的相关知识		20	
4.车站信号设备的认知情况以及通信设备的了解情况		50	
5.编制学习汇报报告情况		10	
6.基本素养考核情况		5	
总体得分			
教师简要评语: 教师签名:			

任务3　车站行车作业

【活动场景】车站现场教学或在教室用多媒体展示车站有关行车作业。

【任务要求】熟记车站行车作业基本要求；熟练掌握车站各行车作业流程。

【知识准备】

1　行车作业基本要求

车站行车作业应按照列车运行图要求，不间断接发列车，确保行车与乘客安全，提供优质的运营服务。对车站行车作业的基本要求主要有：

(1) 执行命令听从指挥

严格按照高度集中，统一指挥的要求，由车站值班员统一负责车站的行车作业指挥工作。同时，车站值班员还应认真执行行车调度员的命令和上级领导的指示。

(2) 遵章守纪按图行车

认真执行行车规章制度，遵守各项劳动纪律。办理作业正确及时，严防错办和忘办，严谨违章作业。当班必须精神集中，服装整洁，佩戴标志，保证车站安全，不间断地按列车时刻表接发列车。

(3) 作业联系及时准确

联系各种行车事宜时，必须程序正确，用语规范，内容完整，建明清楚，防止误听、错听，误解和臆测行事。

(4) 接发列车目迎目送

接发列车严肃认真，姿势端正，认真做好看，听，闻，确保行车安全运行。

(5) 行车表报填写齐全

车站行车人员应按照各报表填写规定，正确填写各种行车报表，保持报表完整、整洁。

2　车站行车作业

(1) 运营前检查

运营前30min，各站须及时向行车调度员报告运营前准备情况，检查确认运营线路(含辅助线)是否具备行车条件。

①行车值班员通过施工登记表确认所有影响行车施工已经结束，线路出清。施工销点时，车站与施工负责人核实有关作业区线路出清；在最后一项施工作业结束时，车站还需负责撤除红闪灯防护，并确认站内线路出清情况。

②值班站长需在车站向行车调度报告检查情况前，对本站站台区域的运营线路进行检

查,对屏蔽门进行开关门测试,确保屏蔽门开关门功能正常。

③确认接触网、照明及环控系统正常,观察确认站内接触网正常;观察确认车站控制室内用电设备运作和车站照明工作正常;检查确认防灾报警系统、车站机电设备监控系统、防火报警系统运作模式正确,各设备工作正常。

④行车值班员接到行车调度员检查联锁工作站功能的通知后,接收工作站控制权对所辖区域内各信号设备进行检查,确认设备工作正常后,将控制权交还中央,如出现异常或故障情况,需及时进行汇报和处理。

(2)接发车作业

车站站台作业主要是接发列车,组织乘客乘降,保证列车接发、乘客乘降的安全与效率。站务人员在上站台岗前,需对工作钥匙,对讲机,手提广播等备品进行检查,巡视站台,确认客运,行车设备和设施的状态。在列车进站前,站务人员应站于车站客流集中靠近紧急停车按钮附近的位置接车,密切注视站台乘客动态,制止乘客越出安全线、依靠屏蔽门等行为。若发现危及行车的紧急情况时应立即按压紧急停车按钮或显示紧急停车手信号。在列车车门即将关闭时,站务人员应站于站台扶梯口附近阻止乘客在关门时往车上冲,车门屏蔽门关闭后,站务人员要确认车门屏蔽门关好,以及车门与屏蔽门缝隙间无夹人夹物等情况。当列车动车时,站务人员应站在紧急停车按钮附近,遇到突发情况时立即按压紧急停车按钮,并通过对讲机呼叫司机停车,到现场进行妥善处理。

(3)车门、屏蔽门故障处理

地铁的站间距较短,站点多,在运营服务时车门、屏蔽门开关频率很高,因而故障率较大。车门出现故障时,由司机切出故障车门,站务人员协助现场进行乘客疏导、安全防护、故障告示张贴等。

屏蔽门发生故障时,由于其状态纳入了信号系统联锁条件,异常的状态将导致列车无法出站,或后续列车无法正常接车。为减少对运营的影响,站务人员要对故障屏蔽门进行及时处理,保证安全的前提下,做初步处理,先让列车恢复运行,之后再进行维修处理。一般有以下几种情况需要站务人员处理:

单个或少数屏蔽门故障时,需要站务人员使用专用钥匙将故障单元屏蔽门的开关模式打至隔离位,将故障的屏蔽门切除,如图6.14所示。

整列或大多数屏蔽门故障无法及时切除,或屏蔽门检测回路故障影响信号系统正常开放进路时,需要站务人员操作就地控制盘,如图6.10所示,切除屏蔽门与信号系统的互锁关系,具体操作为:操作互锁解除,确认互所解除信号指示灯亮后,向司机显示手信号,指挥列车发车。同时,站务人员要严密监视站台情况,保持站台乘客与开启屏蔽门有一定安全距离,确保行车安全。

(4)人工办理进路

信号设备发生故障改用降级模式组织行车时,列车运行进路需要车站工作人员人工办理。此种情况下,人工办理进路包含两方面内容:一方面,如果车站联锁工作站可以进行操作时,由车站行车人员在设备上进行操作,办理列车进路;另一方面,若车站联锁工作站无法办理进路时,则由车站人员携带工具前往现场人工办理,一般由车站值班站长或值班员带领站务员进入轨行区办理进路。在进入轨行区办理进路时,要穿戴好荧光衣,安全帽等防护用品,同时还要检查办理进路的备品是否准备齐全。办理进路的备品主要有红闪灯、手摇把、道岔钥匙、信号灯、钩锁器、锁头,无线电话等,如图6.15所示。

图6.15　人工办理进路备品

到达现场后,应首先将红闪灯设置在来车方向站台端墙外轨道中央,使用闪烁的红色灯作为防护信号。转换道岔时,单转辙机的道岔一人操作,另一人防护、确认;双转辙机的道岔则双人操作,共同防护确认。依照手摇道岔六部曲进行操作。

①一看:看道岔开通位置是否正确,是否有钩锁器,是否需要改变位置;

②二开:打开并拆下钩锁器,将道岔断电;

③三摇:将道岔摇至所需要的位置;

④四确认:手指尖轨确认道岔开通位置,另一人复诵;

⑤五加锁:将道岔使用钩锁器加锁;

⑥六汇报:向车站控制室值班员报告道岔开通位置及加锁情况。

(5)电话闭塞法组织行车

信号系统发生故障无法对列车及进路进行干预时,为了保持轨道交通运营的持续性,各轨道交通企业通常制定了一些应急的人工组织行车的方法即电话闭塞法,以便在信号设备故障时可以维持运营,保证行车安全。

电话闭塞法行车时,列车进路需要人工办理。为确保行车安全,采用电话闭塞法时需要遵循以下几个原则:

①每个闭塞区段只允许一列列车占用;

②列车占用闭塞区间的凭证为路票,闭塞区段内的信号机显示视为无效;

③人工办理进路时,按照由远及近的顺序办理;

④车站准备好接车进路方可办理闭塞手续。

车站行车人员办理电话闭塞法的内容、程序与办法如下:

①进路准备:故障联锁站正线上的道岔均要开通正线位置,并使用钩锁器加锁,两端终点站的折返道岔在操作至正确位置后,使用钩锁器钩锁,但只加钩锁器,不用锁头加锁。

②办理闭塞:发车站向接车站请求闭塞,接车站确认接车进路已准备好,接车站台空闲后,方可同意闭塞,并给出承认闭塞的电话记录号码。

③发出列车:发车站接到接车站确认闭塞的电话记录号码后,填写路票交给列车司机,与

司机共同确认路票信息正确无误后，向司机显示发车手信号，司机凭车站人员手信号动车运行至前方车站。

④闭塞解除：接车站在列车停车位置向司机显示停车手信号。列车整列到达停妥后，向列车司机收取路票，核对无误后，闭塞自动解除。

电话闭塞法接车作业程序与用语如表 6.2 所示。

表 6.2　车站电话闭塞法接车作业程序

程　序	作业标准		
	行车值班员	值班站长	站务员
1.听取闭塞请求	(1)听取后方站发车请求，并复诵“××次请求闭塞”。(注：1、2 先后顺序无要求)		
2.检查准备进站	(2)通知值班站长：“准备上(下)行××次接车进站”。	(3)复诵：“准备上(下)行××次接车进站”	
	(5)听取汇报，非折返站复诵“上(下)行××次发车进路准备好了，线路出清”。折返站复诵“上(下)行××次至折Ⅰ(Ⅱ)道进路准备好了，线路出清”	(4)将进站上的道岔开通正确位置并加锁(折返道岔只挂不锁)，线路出清后，向行值报告；非折返站：“车控室，上(下)行××次发车进路准备好了，线路出清”；折返站“车控室、上(下)行××次至折Ⅰ(Ⅱ)道界站准备好了，线路出清”	(4)联锁站厅巡岗与值站一起下线路办理进站；非联锁站站台岗查看有无异物侵限、屏蔽门是否安全，查看完毕后向车控室报告
3.同意闭塞	(6)通知发车站“×点×分×秒同意××次闭塞，电话记录号码×××××”。填写行车日志，准备接车		
4.接车	(7)听取发车站发车报点并复诵“××次×点×分×秒××站出清”，填写行车日志，并向前方站请求闭塞	注：在确认前方区间及站台出清，同意后方站闭塞后及早向前方站请求闭塞，以提高行车效率	
	(8)通知站台岗站务员“××次进站，准备接车”		(9)复诵“××次进站，准备接车”，监控列车进站停车
	(11)复诵“××次停稳”，填写行车日志。报点站向行调报点“××站报点，××次×点×分×秒××站到达”	(12)列车进站后，亲自或指定胜任人员立即收回路票，打叉作废	(10)列车到站停车后，向车控室报告“××次停稳”

(6)折返作业组织

1)中央控制

列车在进行折返作业前，应清客、关车门。列车折返进路由中央 ATS 自动排列或行车调度员人工排列。

在自动排列折返进路时，折返列车凭发车表示器的稳定白灯显示进入折返线或折返停车位置。在人工排列折返调车进路时，折返列车凭调车信号显示进入折返线或折返停车位置。随后司机立即办理列车换向作业，并凭防护信号机的允许显示进入出发正线。

2）车站控制

车站控制时的折返作业组织，除列车折返进路由车站值班人员人工排列外，其余与中央控制时相同。

3　行车凭证及行车报表

（1）行车凭证

轨道交通行车凭证是指列车进入区间或闭塞区的凭证。行车凭证有两种：基本闭塞法时的行车凭证为自动闭塞的列车速度码及出站信号机的显示；电话闭塞法时的行车凭证为路票或特殊情况下使用的调度命令。

①路票：在电话闭塞法行车时，根据区间空闲相邻两站所承认的闭塞电话记录号码填发，如图6.16所示。

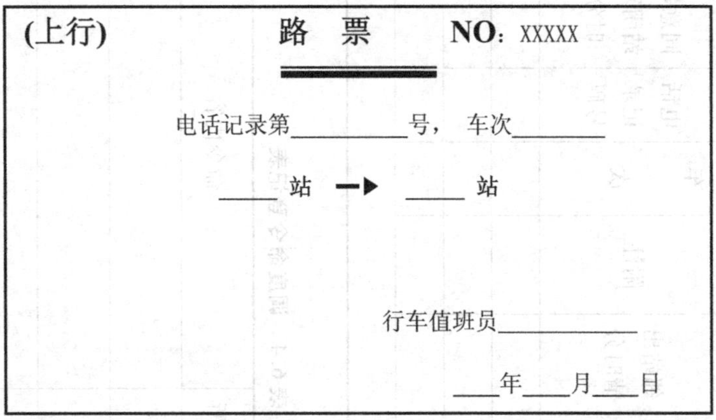
(上行)　　路　票　　NO：XXXXX

电话记录第＿＿＿＿号，车次＿＿＿＿

＿＿站 → ＿＿站

行车值班员＿＿＿＿

＿＿年＿＿月＿＿日

注1：规格75 mm×88 mm

图6.16　路票

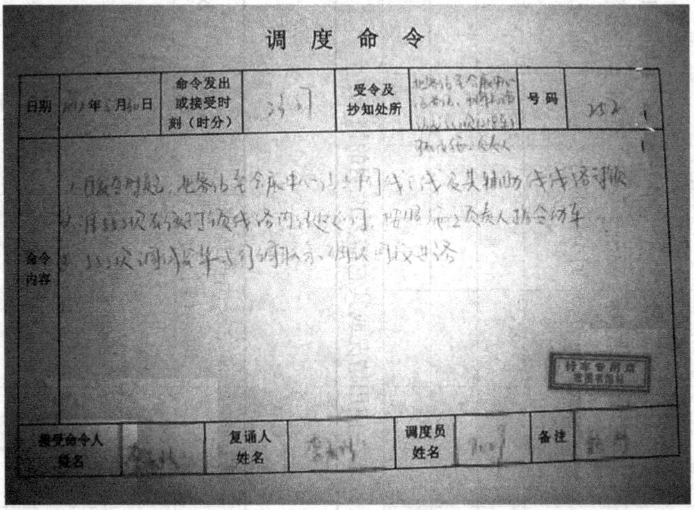

图6.17　车站记录的调度命令

表 6.3　行车日志

________年________月________日　　　　列车时刻表：____________　值班员：__________

上行										下行									
车次	到达				出发					车次	到达				出发				
	电话记录号码	同意邻站闭塞时分	邻站发出时分	本站到达时分	电话记录号码	同意本站闭塞时分	本站发出时分	邻站出清时分	附注		电话记录号码	同意邻站闭塞时分	邻站发出时分	本站到达时分	电话记录号码	同意本站闭塞时分	本站发出时分	邻站出清时分	附注
其他(路票的使用情况或其它需要说明的情况)																			

表 6.4　调度命令登记表

序号	日期(年、月)	命令发出或接收时刻(时、分)	命令号码	受令及抄知处所	命令内容	接受命令人姓名	复诵人姓名	调度员姓名	备注

②调度命令:指按规定进行行车作业时,向行车值班员、司机发布的作业指令,有严肃性、授权性和强制性,如图6.17所示。

(2)行车报表

行车报表是指在列车运行及设备保养等活动中,行车人员及相关人员根据现场实际情况而记录下来的原始资料。主要包括:车站行车日志见表6.3,调度命令登记簿见表6.4,设备故障检修登记簿见表6.5,施工登记本见表6.6。

表6.5 车站设备、设施故障登记表

发现时间	发现人	故障内容	处理措施 (上报/防护措施)	故障修复日期	值班员签字

表 6.6　施工登记表

年　　月　　日

<table>
<tr><td rowspan="6">请点登记栏</td><td>作业题目</td><td colspan="3"></td><td>作业区域</td><td colspan="2"></td></tr>
<tr><td>作业代码</td><td></td><td>作业单位</td><td colspan="3"></td><td>共　人进场</td></tr>
<tr><td>施工负责人</td><td></td><td>证件号码</td><td colspan="2"></td><td>计划作业时间</td><td>时　分起
时　分讫</td></tr>
<tr><td>安全措施</td><td colspan="2"></td><td colspan="4"></td></tr>
<tr><td colspan="3">辅　站</td><td colspan="4">主　站</td></tr>
<tr><td colspan="3">接______站值班员通知本项作业已获行调______批准,于______时______分至______时______分在所申报作业区域内进行,施工承认号码______。
车站值班员签署:
施工负责人签署:</td><td colspan="4">本项作业已由本站报 OCC 行调备案,并获行调批准,于______时______分至______时______分在所申报作业区域内进行,施工承认号码______,并已知会辅站______________。
车站值班员签署:
施工负责人签署:</td></tr>
<tr><td rowspan="3">销点登记栏</td><td colspan="3">辅　站</td><td colspan="4">主　站</td></tr>
<tr><td colspan="3" rowspan="2">本作业点的作业已结束,并于______时______分出清作业区域(本作业点所有有关人员已撤离、有关设备已恢复正常、工器具、物料已撤走)。
______时______分已向主站______站值班员销点。
施工责任人签署:
车站值班员签署:</td><td colspan="4">本项作业已结束,并于______时______分出清作业区域(所有本项作业各作业点有关人员已撤离、有关设备已恢复正常、工器具、物料已撤走)。
施工负责人签署:</td></tr>
<tr><td colspan="4">接施工负责人/______站值班员通知本项作业已结束并出清作业区域,由本人于______时______分报告行调______销点。
车站值班员签署:</td></tr>
<tr><td>备注</td><td colspan="7"></td></tr>
</table>

【任务实施】

在车站日常行车工作中,有两项车站行车人员必备的技能:人工办理进路和显示各类手信号。下面以西安地铁办理进路以及显示手信号作业标准流程进行举例说明。

技能一:人工办理进路

①接命令后,清点、检查备品,穿戴防护用品,如图 6.15 所示。

②明确需准备的进路后,进入现场(经车控室同意),确认来车方向。如图 6.18 所示。

图 6.18 确认来车方向

③确认防护距离后设置红闪灯(吸在列车运行方向的右侧钢轨上),如图 6.19 所示。

图 6.19 设置红闪灯

④需分段排列进路时,按照由远及近的原则进行,判断道岔开通位置是否需要转动(双人确认),如图 6.20 所示。

图 6.20　确认道岔位置

⑤摇动道岔至所需位置：首先拆除钩锁器（原道岔加有钩锁器）、打开箱孔盖、断开节点、插入手摇把、边摇边观察道岔移动位置，直到听到“咔嚓”的落槽声为止，如图 6.21 所示。

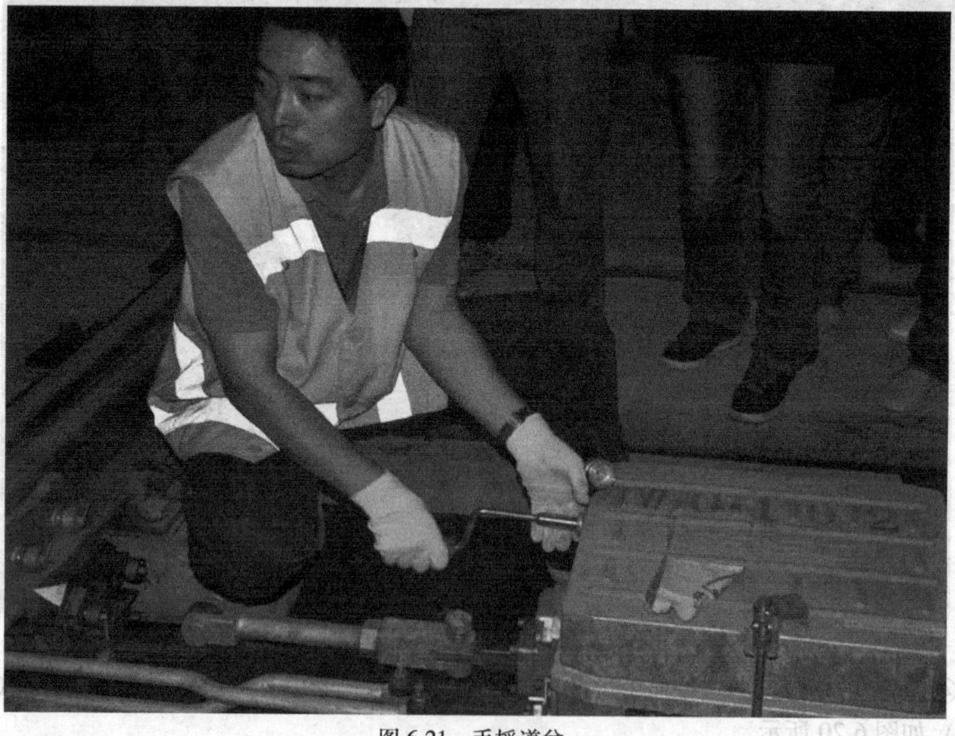

图 6.21　手摇道岔

⑥确认开通位置正确、尖轨密贴后加装锁钩锁器（进路上道岔必须使用钩锁器锁定，折返道岔使用钩锁器只挂不锁），如图 6.22 所示。

图 6.22 加装钩锁器

⑦检查确认整条进路办理妥当后,撤除防护、出清线路至安全位置后向车控室汇报。

技能二:显示手信号

①停车信号,如图 6.23 所示。

停车信号			
何种情况下显示	昼间		夜间
要求列车停车	展开的红色信号旗	无信号旗,两臂高举头上,向两侧急剧摇动	红色灯光

图 6.23 停车信号

②紧急停车信号,如图 6.24 所示。

紧急停车信号			
何种情况下显示	昼间		夜间
要求司机紧急停车	展开红旗下压数次	无信号旗，两臂高举头上，向两侧急剧摇动	红色灯光下压数次

图 6.24　紧急停车信号

③减速信号，如图 6.25 所示。

减速信号		
何种情况下显示	昼间	夜间
要求列车降低速度运行	展开的黄色信号旗	黄色信号灯光
	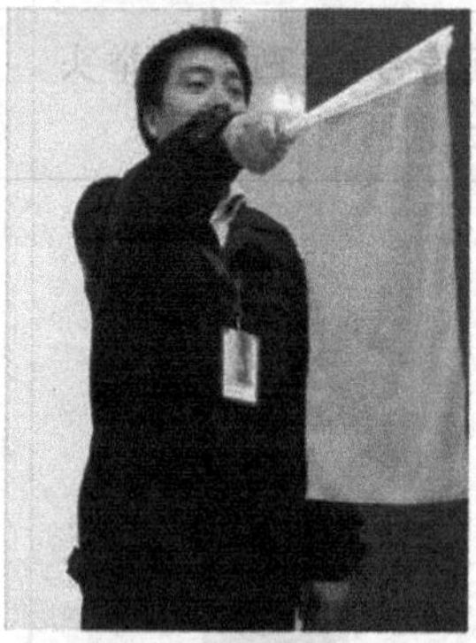	

图 6.25　减速信号

④发车信号，如图 6.26 所示。

发车信号		
何种情况下显示	昼间	夜间
要求司机发车	展开的绿色信号旗上弧线向列车方向作圆形转动	绿色灯光上弧线向列车方向作圆形转动

图6.26 发车信号

⑤通过信号,如图6.27所示。

通过信号		
何种情况下显示	昼间	夜间
准许列车由车站通过	展开的绿色信号旗	绿色灯光

图6.27 通过信号

⑥引导信号,如图6.28所示。

引导信号		
何种情况下显示	昼间	夜间
准许列车进入车站或车辆段	展开的黄色信号旗高举头上左右摇动	黄色灯光高举头上左右摇动

图 6.28 引导信号

⑦好了信号，如图 6.29 所示。

好了信号		
何种情况下显示	昼间	夜间
准许列车进入车站或车辆段	拢起信号旗作圆形转动	白色灯光作圆形转动
		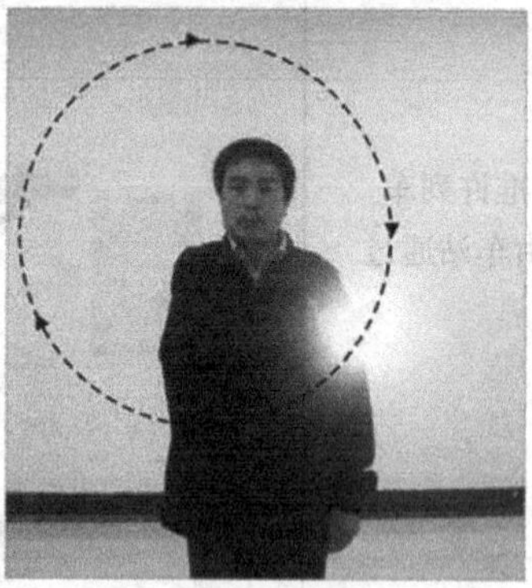

图 6.29 好了信号

【小贴士】

在人工办理进路现场，严禁追逐打闹，严禁走岔心，脚踩道岔牵引杆；严禁在轨道中央及轨面上行走。在摇动道岔时，要确认人员离开岔区，方可进行操作。

【效果评价】

评　价　表

项目名称	车站行车组织	学生姓名	
任务名称	任务 3　　车站行车工作	分　数	
项　　目		分　值	考核得分
1.对于车站行车作业要求的掌握情况		10	
2.是否有小组计划		5	
3.对车站运营前检查工作的掌握情况		20	
4.对车站车门、屏蔽门故障时处理的掌握情况		20	
5.对车站电话闭塞法以及人工办理进路流程的掌握情况		40	
6.基本素养考核情况		5	
总体得分			
教师简要评语： 教师签名：			

项目小结

车站是城市轨道交通运营服务的平台，按照不同要求分类方法也有所不同，通常行车工作中使用联锁站与非联锁站进行分类。车站行车组织工作的差别主要也是因信号设备的设置而产生。从客运组织角度讲，车站一般使用终点站、中间站这种分类方法。不论车站如何分类，车站的结构都是大致相同的，包括出入口、站厅、站台及设备房。

车站内设置有大量保证轨道交通安全高效运行的设备，这些设备种类繁多，专业广泛。对于行车设备的掌握，是车站开展行车组织工作的基础。车站内主要的行车设备包括，AFC系统，进出站闸机、屏蔽门、信号系统以及通信系统设备。其中，屏蔽门和信号系统设备是车站日常行车工作需要密切关注的设备，尤其是信号系统，一旦出现故障，将会影响整条线路的运营服务。

车站日常行车组织工作主要有：运营前检查工作、接发车作业、屏蔽门与车门故障处理、人工办理进路、信号故障下电话闭塞法组织行车工作以及列车折返作业。车站的行车组织工作是轨道交通行车组织的基础，保证安全与提高效率是行车组织工作的目标，因此，对于车站工作人员而言，车站行车工作是必须严格要求的。

思考与练习

1.车站如何分类？由哪些部分组成？

2.画出车站客流组织图。

3.简述信号机显示的颜色及各颜色所代表的意义。

4.简述屏蔽门的组成及分类,屏蔽门故障时的处理方法。

5.哪些情况下使用电话闭塞法?办理的程序与方法是什么?

6.行车凭证与报表有哪些?如何填写?

7.如何人工办理进路?

8.如何显示各种手信号?

9.施工如何分类?怎样办理请点与销点?

项目7

车辆段行车组织

【项目描述】

城市轨道交通的行车组织中，车辆段行车组织是一个重要的组成部分，主要包括列车进出车辆段及段内调车作业。车辆段具有什么功能，是怎么组织列车运行的，通过本项目的学习，就能解决这些问题。

【学习目标】

通过本模块的学习要求掌握以下基本知识：

1.掌握车辆段的基本任务及行车岗位设置；

2.掌握车辆段行车指挥体系；

3.掌握车辆段信号设备基本知识；

4.掌握列车在各种情况下出入段的作业程序及标准；

5.掌握车辆段调车组织作业程序及标准。

【技能目标】

通过本模块的学习要求掌握以下基本技能：

1.能在正常情况下组织列车出入段；

2.能在信号故障的情况下组织电话闭塞法行车；

3.能组织列车调车转线。

任务1　车辆段及其行车指挥体系认识

【活动场景】在车辆段内及出入段线现场教学，或用多媒体展示车辆段布局、行车组织等概况。

【任务要求】掌握车辆段的基本任务及行车岗位设置及车辆段行车指挥体系。

【知识准备】

1　车辆段管辖区

下面以西安地铁为例介绍。

(1)车辆段位置

西安地铁二号线渭河车辆段位于铁路北客站的东北方向，设于文景路和尚华路之间，北临尚稷路，南邻漕运明渠。渭河车辆段西端通过出、入段线与地铁北客站连接，与出入段线以XC、XR信号机为界限。

(2)车辆段线路

渭河车辆段入段XR信号机~北客站S0102信号机的线路为转换轨I道；渭河车辆段出段XC信号机~北客站S0104信号机的线路为转换轨II道。进渭河车辆段信号机(XR/XC)内方的线路为渭河车辆段线。车辆段内线路按作业目的及功能可分为：运用线，包括停车线、周检线、月检线、洗车线、试车线、牵出线、联络线等；检修线，包括定修线、临修线、静调线、不落轮镟修线、架修线、大修线、吹扫除尘线、油漆线等；其他线，包括装卸线、联合车库线、材料库线等。联络线最小曲线半径150 m，采用50 kg/m钢轨，标准轨距为1 435 mm(误差允许在+6~2 mm)。

(3)车辆段道床、道岔

渭河车辆段道床为碎石道床、库内为整体道床；段内道岔采用50 kg/m钢轨的7号道岔，试车线为60 kg/m钢轨，与其接轨的道岔为60 kg/m的9号道岔。

(4)供电设备及分区

接触网采用1 500 V直流电压供电，为柔性悬挂。渭河车辆段内接触网划分为四个供电分区，即渭河车辆段2D1区，渭河车辆段2D2区，渭河车辆段2D3区，渭河车辆段2D4区，分别由渭河车辆段牵引降压混合变电所的四条供电臂(即试车线、吹扫库和洗车库、周月检静调库、停车列检库供电臂)供电。

2　车辆段的基本任务

地铁车辆段(有的地铁称为车场或车厂)，主要任务是担负电客车的存放、技检、维修、清洗以及车辆的调动、运转行车管理，线路信号控制等业务，同时它又是运营列车与工程列车开行的出发地。

①承担本线配属车辆的停放、列检、整备、调试任务、清扫洗刷和消毒工作，确保列车运行图所需要的完好车辆；

②承担本线列车定修及临修任务。根据配属设备的不同，有的车辆段还需承担车辆的厂修、架修任务；

③保证正线运营列车的正点出段,按时回库;确保运营列车调整的顺利进行;

④保证各施工作业车辆按计划正点出段,按时回段;

⑤段内各类调车作业有序进行。

3　车辆段主要行车岗位设置

(1)车辆段控制中心(简称 DCC)

DCC 是车辆段内行车组织、机车车辆(含电客车车辆)及行车设备设施的检修/施工作业、调试作业和车辆清洁的管理中心。DCC 设有车辆检修调度员、车辆段调度等岗位。

(2)车辆检修调度员

在车辆段 DCC 当值,负责组织车辆的检查、维修工作及故障处理的管理和调度工作。

(3)车辆段调度

在车辆段 DCC 当值,负责与 DCC 检修调度交接检修及运用电客车;负责车辆段辖区内行车组织、涉及行车的施工/检修作业组织,调车作业计划的安排等。

(4)信号楼值班员

车辆段信号楼微机联锁设备控制室一般设置两名信号楼值班员,一名负责操作微机设备,排列进路、开放信号,实现微机联锁设备的用途及功能,称为前台值班员;另一名负责办理接发列车、接受车辆段调度的调车作业计划及与外界联系沟通等作业,并指挥、监督前台值班员作业,称为后台值班员。

(5)派班员

负责安排乘务员的出/退勤作业,负责编制电客车交路表和乘务员排班表,制定和组织实施乘务员的派班计划,遇突发事件根据列车交路及时调配好乘务员的派班。协助乘务主任管理乘务员日常事务,检查落实各项管理制度和作业安全规定。

此外,针对车辆段内的调车作业,设有专职或兼职的调车员、车长、连接员。兼职的调车员、车长、连接员一般由司机担当。

4　车辆段行车指挥体系

车辆段行车指挥体系如图 7.1 所示。

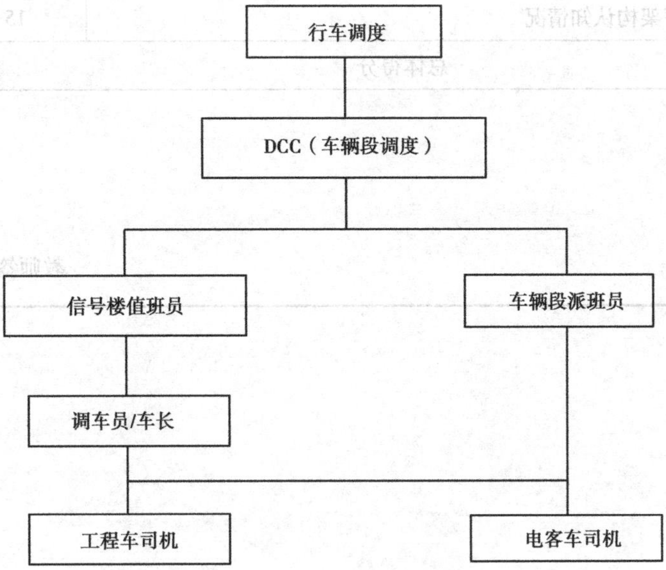

图 7.1　行车指挥架构

【任务实施】

到车辆段现场学习考察,须包含如下地点及岗位:

①控制中心(OCC)、车辆段控制中心(DCC)、信号楼、运用库、检修库、出入段线。

②行车调度、车辆段调度、车辆段检修调度、信号员、派班员、司机。

了解各地点的岗位设置及各工种人员的岗位职责。

【知识拓展】

车辆段是车辆停放、检查、整备、运用和修理的管理中心所在地。若运行线路较长,为了有利于运营和分担车辆的检查清洗工作量,可在线路的另一端设停车场,负责部分车辆的停放、运用、检查和整备工作。经技术经济比较也可以两条或两条以上线路共设一个车辆段。城市轨道交通除车辆保养基地以外,尚有综合维修中心,材料总库和职工技术培训中心等基地,有条件时,尽量将它们与车辆段规划在一起。

【效果评价】

评 价 表

<table>
<tr><td>项目名称</td><td colspan="2">车辆段行车组织</td><td>学生姓名</td><td></td></tr>
<tr><td>任务名称</td><td colspan="2">任务1　车辆段及其行车指挥体系</td><td>分　数</td><td></td></tr>
<tr><td colspan="3">项　　目</td><td>分　值</td><td>考核得分</td></tr>
<tr><td colspan="3">1.车辆段线路分类情况</td><td>15</td><td></td></tr>
<tr><td colspan="3">2.车辆段主要行车岗位的设置情况</td><td>15</td><td></td></tr>
<tr><td colspan="3">3.车辆段供电设备及分区情况</td><td>25</td><td></td></tr>
<tr><td colspan="3">4.车辆段的基本任务认识情况</td><td>30</td><td></td></tr>
<tr><td colspan="3">5.车辆段行车指挥架构认知情况</td><td>15</td><td></td></tr>
<tr><td colspan="4">总体得分</td><td></td></tr>
<tr><td colspan="5">教师简要评语:

教师签名:</td></tr>
</table>

任务2　列车出入段组织

【活动场景】在车辆段运用库及出入段线现场教学，或用多媒体展示列车出入段的行车组织。

【任务要求】掌握车辆段信号设备及列车在各种情况下出入段的作业程序及标准。

【知识准备】

城市轨道交通车辆段(停车场)出入段线是连接车辆段与正线的线路，属辅助线。它是列车从车辆段(停车场)进入正线或由正线驶回段、场的运行线路，也是夜间沿线设备维修作业以及各种检修车辆和机具、材料进出以及事故时救援列车的运行径路。

电客车夜间存放于车辆段，进行相应的检修。每日运营开始前，从转换轨进入正线按运营时刻表投入运营；每日运营结束后，从转换轨回到车辆段。对全线运营来说，车辆段的一项重要任务就是组织运营列车正常出入段。

1　车辆段信号设备

车辆段信号不同于正线信号系统，可分为继电联锁和计算机联锁。继电联锁的应用最广的是6502继电集中联锁设备，目前国内小部分建造较早的车辆段尚在使用；新建地铁车辆段多使用计算机联锁。目前国内计算机联锁产品主要有四家：即通号总公司研究设计院DS6型、铁科通号所TYJL型、北方交通大学JD型、卡斯柯VPI型。本文以通号总公司研究设计院的产品DS6-K5B型计算机联锁为例进行说明。

DS6-K5B型计算机联锁功能：

①微机联锁根据作业情况可办理列车进出车辆段、调车转线作业、引导进路锁闭接车或引导总锁闭接车等。可实现单独操纵道岔和单独锁闭道岔；总取消、总人工解锁进路；信号机及道岔封锁和清封锁；破封检查等功能。采用鼠标在屏幕上点压“按钮”进行操作，若办理进路的操作有误或挤岔、断丝时，在屏幕上将显示提示或语音报警。

②向被占用线路上排列列车进路时，信号机不能开放。

③监督是否挤岔，并于挤岔的同时，使防护该进路的信号机自动关闭。被挤道岔未恢复前，有关信号机不能开放。

④在显示屏上能监视线路与道岔区段是否被占用，进路开通及锁闭，复示地面信号机的显示状态。

⑤当道岔第一连接杆处的尖轨与基本轨间有4 mm及其以上间隙时，不能锁闭或开放信号机。

⑥车辆段与正线方向第一个车站设有出入车辆段照查电路，并将轨道条件复示至车辆段信号楼，当向转换轨排列出车辆段列车进路时需检查车站未往出入车辆段线排列进路、轨道电路空闲及虚拟信号开放条件。

2　车辆段联锁设备正常时接发车

每日运营前，车辆检修调度应于运营前 2 h，按运营时刻表的计划向车辆段调度提供当日合格上线运行的电客车车组号（包括备用车），车辆段调度在运营前 1 h 向 OCC 提供出车顺序表。每天运营开始和结束时，行调、车辆段调度、正线车站按运营时刻表的要求及时组织电客车出入渭河车辆段。每日运营结束、电客车回渭河车辆段后，司机向派班员汇报电客车运行情况和技术状态，车辆段调度与车辆检修调度进行交接。

前面已经明确，正线、辅助线及转换轨属行调管理，车辆段线属车辆段调度管理。电客车按运营时刻表出段时，司机凭地面信号显示，采用 RM 模式驾驶，运行至转换轨一度停车，与行调联系后转换驾驶模式，凭车载信号或地面信号进入正线。此时对列车的掌控由车辆段调度转变为 OCC 的行车调度。

（1）某车辆段联锁设备正常时接车作业程序及标准

联锁设备正常时接车作业程序及标准见表 7.1。

表 7.1　联锁设备正常时接车作业程序及标准

项目	作业程序		说明
	后台信号楼值班员	前台信号楼值班员	
1.听取发车预告	①听取相邻正线车站开车预告并复诵“××次预告”		正线 CBTC 信号系统和车辆段 DS6-K5B 信号系统正常时，此项可以不用进行
	②确认入车辆段线空线以及车辆段调度布置的电客车接车计划，征得车辆段调度的同意，确定该列车接入×道，填写行车日志，并通知操作员	①填写占线簿	
2.准备接车进路开放信号	③听取相邻正线车站开车报点并复诵“××次××分开”	②复诵“××次××分开”	
	④填写行车日志		
	⑤指示操作员开放信号“××次出（入）段线往×道停车，开放信号”，听取复诵无误后命令“执行”	③复诵“××次出（入）段线往×道停车，开放信号，听到“执行”后操作	
3.接车	⑥监视显示屏复检、确认信号正确。回答：“入段线或者出段线往×道接车信号好”	④开放进车辆段信号时，手指、口呼，“进车辆段”，点压始端信号机按钮；“×道”，点压进路终端信号机点按钮。确认光带、信号显示正确后，报告：“转换轨Ⅰ或Ⅱ道往×道接车信号好”	
		⑤监视列车进车辆段情况	
	⑦回答“好”	⑥通过控制显示屏确认列车整列进入接车线后，口呼“××次在××道停稳，做好防溜”	

续表

项目	作业程序		说明
	后台信号楼值班员	前台信号楼值班员	
4.列车到达	⑧向发车站发出“××次×分到”		
	⑨填写行车日志		
	⑩通知车辆段调度列车到达,向行调报点		电客车正常入车辆段,向行调报点可简化

(2)某车辆段联锁设备正常时发车作业程序及标准

联锁设备正常时发车作业程序及标准见表7.2。

表7.2 联锁设备正常时发车作业程序及标准

项目	作业程序		说明
	后台信号楼值班员	前台信号楼值班员	
1.发车预告	①根据运营时刻表、施工行车通告行调、车辆段调度命令,确认出段线空线。向接车站预告“××次预告”,并听取复诵		正线CBTC信号系统和车辆段DS6-K5B信号系统正常时,此项可以不用进行
	②填写行车日志		
2.准备发车进路开放出车辆段信号	③指示操作员:“××次×道往转换轨Ⅰ或Ⅱ道发车,开放信号”,听取复诵无误后命令“执行”	①复诵:“××次×道往转换轨Ⅰ或Ⅱ道发车,开放信号”,听到“执行”后操作	前后台值班员都应核对时刻表或调度命令内容,确认列车出厂的方向再排列进路
	④通过显示屏确认信号正确,回答:“×道往转换轨Ⅰ或Ⅱ道发车信号好”	②开放出车辆段信号时,手指、口呼×道,点压始端信号机按钮;“出车辆段”,按压进路终端信号机按钮,确认光带、信号正确后,报告:“×道往转换轨Ⅰ或Ⅱ道发车信号好”	
3.指示发车	⑤通知司机“××次×道往转换轨Ⅰ或Ⅱ道信号好,开车”		
	⑥确认列车起动,通知接车站“××次×分开”		
	⑦填写行车日志	③监视列车出厂情况	
	⑧答:“好”	④通过控制显示屏确认列车整列出车辆段,口呼:“××次出车辆段”。注销占线簿	

续表

项目	作业程序		说明
	后台信号楼值班员	前台信号楼值班员	
4.报点	⑨向行调报点		电客车正常出车辆段，向行调报点可简化
	⑩复诵接车站报点“××次×分到”		
	⑪填写行车日志		

3　信号设备故障情况下的接发车

当车辆段信号设备故障、联锁失效、与之相邻的正线车站信号设备不能投入使用、正线与车辆段信号接口故障时，导致正线信号或车辆段微机联锁不能监控到出入段线列车占用情况，为保证列车上线运营或回段需要，一般采用电话闭塞法组织行车来保证不间断运营。

(1)某车辆段电话闭塞法接车作业程序及标准

电话闭塞法接车作业程序及标准见表7.3。

表7.3　电话闭塞法接车作业程序及标准

项目	作业程序			说明
	后台信号楼值班员	接车人员	引导员	
1.听取邻站闭塞预告	①听取相邻正线车站请求闭塞“××次闭塞”			应向相邻正线车站或行调确认列车回厂的方向
	②根据行车日志，各种行车表示牌确认出入车辆段线空闲			
	③根据列车时刻表、施工行车通告和临时调度指示，核对车次、时刻			
2.承认闭塞	④发出电话记录“闭塞号×号，××分同意××次闭塞”			
	⑤听取复诵无误，填写行车日志			
	⑥在微机上设置占用出入车辆段线信息			

续表

项目	作业程序			说明
	后台信号楼值班员	接车人员	引导员	
3.准备接车进路	⑦通知车辆段调度，确定接车线			
	⑧布置接车人员检查线路“××次从出(入)段线进车辆段，检查×道”	①复诵“××次从出(入)段线进车辆段，检查×道”。填写占线簿		
	⑨听取汇报后，回答“×道空闲”	②现场检查，确认接车线，进路空闲后向值班员汇报“×道空闲”		
	⑩布置接车人员“××次从出(入)段线进厂×道停车，准备进路”，并听取复诵无误后命令“执行”	③复诵“××次从出(入)段线进厂×道停车，准备进路”，听到命令“执行”后，现场准备进路		
		④准备进路，确认进路正确，对向道岔已加锁后，站在进路一端手指口呼“出(入)段线往×道开通”		准备进路时，通过对讲机与信号楼核对道岔位置、尖轨密贴情况
	⑪听取汇报后回答“好”	⑤向值班员报告“×道接车进路好”		
	⑫指示引导员“检查出(入)段往×道接车进路”，并听取复诵无误后命令“执行”		①复诵“检查出(入)段往×道接车进路”，现场确认	
			②按准备接车进路程序再次确认进路正确	
	⑬听取汇报后回答“好”		③向值班员报告“出(入)段往×道接车进路确认好”	

续表

项目	作业程序			说明
	后台信号楼值班员	接车人员	引导员	
4.引导接车	⑭听取发车站开车通知，复诵“××次×分开”			
	⑮填写行车日志			
	⑯指示引导人员“××次×分开过来,引导接车”		③复诵“××次×分开过来,引导接车”	
	⑰通知接车人员“××次开过来,×道接车”	⑥复诵“××次开过来,×道接车”		
		⑦再次确认接车线路空闲。站在规定地点立岗接车	⑤站在规定地点显示引导手信号	
5.列车到达开通区间	⑱接到“××次到达”,回答“好”。向发车站发出“到达号×,××次×分到”	⑧列车进入停车线后,向值班员汇报“××次到达”		
	⑲填写行车日志	⑨列车停妥,向司机收回路票,并打“×”作废		
	⑳在微机上取消列车占用信息	⑩交回路票给车辆段调度保管		
	㉑填写占线簿	⑪将道岔解锁		
	㉒向行调报点			
说明:接车人员、引导员由调车人员、信号楼值班员、车辆段调度担任				

(2)某车辆段电话闭塞法发车作业程序及标准

如表7.4所示。

表7.4　电话闭塞法发车作业程序及标准

项目	作业程序		说明
	后台信号楼值班员	发车人员	
1.预告闭塞	①根据行车日志,各种行车表示牌确认出入车辆段线空闲。按行调命令或运营时刻表、施工行车通告确认开行车次		
	②向接车站请求闭塞“××次闭塞”		
	③填写行车日志		
2.准备发车进路	④向发车人员布置“××次×道往出(入)段线发车,准备进路”,并听取复诵无误后命令“执行”	①复诵“××次×道往出(入)段线发车,准备进路”,听到“执行”命令后现场作业	前后台值班员都应核对时刻表或调度命令内容,确认列车出厂的方向再排列进路
		②准备进路,确认进路正确,对向道岔已加锁后,站在进路一端手指口呼“×道往出(入)段线开通”	准备进路时,通过对讲机与信号楼核对道岔位置,尖轨是否密贴,是否是对向道岔,是否需要现场加锁
	⑤听取汇报后回答“好”	③向值班员报告“×道往出(入)段线发车进路好”	
	⑥再次指示发车人员“确认×道往出(入)段线发车进路”	④复诵“确认×道往出(入)段线发车进路”	
	⑦听取汇报后回答“好”	⑤按准备进路程序再次确认正确后,向值班员报告“×道往出(入)段线发车进路确认好”	

续表

项目	作业程序		说明
	后台信号楼值班员	发车人员	
3.办理路票	⑧听取接车站承认闭塞的电话记录号码,复诵“××号×分同意××次闭塞”		
	⑨填写行车日志,在微机上设置出入车辆段线占用信息		
4.填发路票	⑩通知发车人员,填写路票,与发车人员核对路票,确认无误	⑥填写路票并核对无误	
5.发车	⑪指示发车“××次×道发车”	⑦复诵“××次×道发车”	
	⑫列车鸣笛,向接车站报告“××次×分开”。填写行车日志	⑧向司机交递路票,显示发车(发车指示)信号	司机应通过电台与信号楼值班员核对路票内容是否完全正确,值班员应做好监督
	⑬听取汇报后回答“好”。向行调报点,在微机上取消该车底号	⑨立岗监视列车出车辆段并报告“××次出车辆段”	
6.开通区间		⑩将道岔解锁	
	⑭听取邻站列车到达通知,复诵“××号××次×分到”		
	⑮填写行车日志		
说明:发车人员由调车人员、车辆段调度或信号楼值班员担任			

【任务实施】

正线信号联锁故障,北客站与车辆段信号楼按照电话闭塞法组织列车回段:

(1)行调核对列车位置后,发布启动电话闭塞法的命令。

(2)信号楼接到命令后,按命令执行相应流程,请填写如下表格。

<table>
<tr><td rowspan="2">项目</td><td colspan="3">作业程序</td><td rowspan="2">说明</td></tr>
<tr><td>后台信号楼值班员</td><td>接车人员</td><td>引导员</td></tr>
<tr><td rowspan="3"></td><td></td><td></td><td></td><td></td></tr>
<tr><td></td><td></td><td></td><td></td></tr>
<tr><td></td><td></td><td></td><td></td></tr>
<tr><td rowspan="3"></td><td></td><td></td><td></td><td></td></tr>
<tr><td></td><td></td><td></td><td></td></tr>
<tr><td></td><td></td><td></td><td></td></tr>
</table>

【知识拓展】

路票填写要求：

①首列车发车时(首列车是以车站单方向发出第一张路票为准),行车值班员在路票左上角加“首”字样,并填写限速 25 km/h,车站向司机递交路票时进行核对。

②路票作为行车凭证,填写六要素时,不得简写或增添字句,不得随意涂写、撕毁,填写如有增添字句及涂改,均应作废,须重新填写。车站名必须写全、车次号后不需再增添“次”。

③路票填写的日期以接车站承认闭塞时间为准,零时以前办理的闭塞,司机如在零时后收到路票仍视为有效。

④列车入车辆段(停车场)时应在路票上写明经入/出段线;列车出车辆段(停车场)时应在路票上写明经出/入段线。

⑤由北客站向车辆段发车时,车站需填发路票区间为北客站—车辆段。

【效果评价】

评　价　表

<table>
<tr><td>项目名称</td><td>车辆段行车组织</td><td>学生姓名</td><td></td></tr>
<tr><td>任务名称</td><td>任务 2　列车出入段组织</td><td>分　数</td><td></td></tr>
<tr><td colspan="2">项　　目</td><td>分　值</td><td>考核得分</td></tr>
<tr><td colspan="2">1.对车辆段 DS6-K5B 型计算机联锁的功能的认知情况</td><td>20</td><td></td></tr>
<tr><td colspan="2">2.车辆段联锁设备正常时接车作业程序及标准掌握情况</td><td>15</td><td></td></tr>
<tr><td colspan="2">3.车辆段联锁设备正常时发车作业程序及标准掌握情况</td><td>15</td><td></td></tr>
<tr><td colspan="2">4.车辆段电话闭塞法接车作业程序及标准掌握情况</td><td>25</td><td></td></tr>
<tr><td colspan="2">5.车辆段电话闭塞法发车作业程序及标准掌握情况</td><td>25</td><td></td></tr>
<tr><td colspan="2">总体得分</td><td colspan="2"></td></tr>
<tr><td colspan="4">教师简要评语：

教师签名：</td></tr>
</table>

任务3　车辆段调车作业

【活动场景】在车辆段运用库线及牵出线参观调车作业，或用多媒体展示列车在段内调车作业。

【任务要求】掌握车辆段调车作业的计划编制、传达及调车相关程序和要求。

【知识准备】

调车作业是指除列车在正线运行，车站（车辆段）列车到发以外的机车车辆有目的的移动。车辆段调车的作业频率较高，如电客车转线洗车、转线试车调试、工程车段内作业等。

1　调车指挥及要求

(1)车辆段调车工作由车辆段调度统一领导，调车作业人员应按调车作业计划单执行。

(2)车辆段调度应根据作业计划、设备车间的车辆扣、交车单，结合机车车辆（包括电客车，下同）停放位置、线路、设备检修状态和现场作业情况、司机运用情况，按照安全、合理、科学的原则，正确、及时地编制调车作业通知单，组织调车人员安全、及时地完成调车任务。

(3)调车作业由调车员单一指挥。根据调车作业计划单，正确、及时地显示信号，指挥调车机运行，并注意行车安全。

(4)调车司机应根据调车员的信号准确、平稳地操纵机车，时刻注意确认信号，不间断进行瞭望，正确、及时地执行信号显示要求。负责调车作业安全。

(5)信号楼值班员根据调车作业计划单和现场作业情况、机车车辆停放股道，正确、及时地排列调车进路、开放调车信号，做到随时监控机车车辆运行、干一勾划一勾。

2　调车作业计划

(1)编制调车作业计划资料来源：

①车辆部检修调度提供的车辆检修计划及签认的临时维修计划；

②开行工程车计划；

③材料库线车辆装卸情况；

④设备设施部门提报的设备检修配合计划；

⑤设备设施部门动车计划；

⑥车辆部设备车间扣修计划和工程车故障报修单；

⑦其他需要动车的其他情况。

(2)“调车作业通知单”符号规定

①各地铁企业略有区别。一般情况下，调车钩代号采用：挂车“+”、摘车“-”、本线连续连挂“++”、转头“△”、待命“D”、交接“JJ”、加油“JY”、上水“SS”、充电“CD”、清洁“QJ”。

②股道代号：如运用库股道2道在计划单上表示为l2，依次列推，目的是作业计划单简明了。

③其他代号：铁鞋“⊿”、手闸“⊕”、木鞋“◢”。

(3)调车作业计划的传达

车辆段调度应亲自向调车员交递计划，以书面下达。根据作业计划制定安全防范措施及其他注意事项，亲自向司机/调车员交递和传达，向司机/调车员交递书面计划及车辆转轨（试车）计划/调试、试验作业任务书。司机和调车员应共同确认调车计划内容，确保无误。作业完毕后及时收回车辆转轨（试车）计划/调试、试验作业任务书。

车辆段调度用书面或电话向信号楼值班员传达计划，信号楼值班员接受计划时应复诵核对。计划及变更计划不超过三勾时，可以口头方式布置，有关人员应复诵。传达作业计划时应停车，确认有关人员清楚。

(4)调车作业前的准备工作

①调车作业前，调车员应充分做好安全预想，核对调车作业计划、现场存车情况、机车车辆状态，确认调车电台（无线对讲机）状态良好，认真检查参与调车作业人员准备情况（是否按规定着装、佩戴防护用品；是否理解、清楚作业计划及安全措施），并对作业人员进行分工。

②对线路进行检查，确认进路、车辆底下和上部无障碍物。

③对车辆进行检查，内容包括车辆防溜措施情况，是否进行技术作业，是否有侵限物搭靠，装载加固是否良好、是否插有防护红牌（红灯）。

某车辆段内联锁设备正常时调车作业程序如表7.5所示。

表7.5　某车辆段段内联锁设备正常时调车作业程序

项目	调车作业程序		
	信号楼后台值班员	信号楼前台值班员	调车指挥人
接收计划	①接收车辆段调度编制的调车作业计划，并与之核对		①调车领导人与调车指挥人要亲自交接计划，并布置作业要求和注意事项。接收调车计划后，认真阅读和正确理解调车计划内容
布置计划	②确认计划正确可行，向前台值班员布置作业计划，传达重点注意事项	①接收调车计划后，认真阅读和正确理解调车计划内容，了解现场具体情况	②调车指挥人应亲自向司机交递调车作业计划，传达作业方法及注意事项；③向调车组人员传达计划时，要明确分工，布置重点事项，并及时听取复诵；④接受调车作业计划后，按计划分工，立即上岗，做好准备及检查

续表

项目	调车作业程序		
	信号楼后台值班员	信号楼前台值班员	调车指挥人
调车作业	②接到司机请求进路后，指示前台值班员“开放××道往××道的调车信号” ④听取前台值班员复诵无误后命令“执行”	③复诵“开放××道往××道的调车信号” ⑤听到“执行”后，核对调车计划无误后开始操作	①准备完毕后按计划呼叫信号楼“××（次、号），请求×道进路”
	⑦通过显示屏监控信号员操作，确认信号开放正确后回答：“好” ⑧呼叫调车指挥人“××（次、号），××道进路准备好”	⑥开放调车信号时，用鼠标指、口呼“××道”，点压始端信号机按钮；“××道”，点压终端信号机按钮。确认光带、信号显示正确后，报告“××道往××道信号好”	⑨复诵“×道进路准备好，××（次、号）明白”
	⑪打勾（在计划第1、2勾右边打一勾），并记录计划的开始时间	⑫打勾（在计划1、2右边打一勾），并记录计划的开始时间	⑩按计划进行作业
	⑭密切注视显示屏，监督列车、机车车辆运行动态。听从调车指挥作业完的汇报，将该钩计划用横线划掉	⑮密切注视显示屏，监督列车、机车车辆运行动态，将该钩计划用横线划掉	⑬一钩作业完毕及时汇报信号楼，并申请下钩计划进路
	⑯按上述步骤，根据调车指挥人申请和作业计划布置下一钩进路	⑰按上述步骤准备下钩进路	⑱重复以上步骤
注意事项	①信号楼值班员应认真确认机车车辆的具体位置，通过显示屏确认机车车辆的位置与司机呼叫的位置相符后，再排列进路 ②作业过程中，信号楼信号员发现或接到行车设备或与作业有关的设备发生故障或异常影响到行车安全或作业的正常进行时，应立即通知司机停车待令，等到故障或异常排除后，确认不影响行车安全的前提下，通知司机确认现场情况正常后方可动车		

3 调车作业安全注意事项

段内调车作业一是频率较高，二是没有信号保护（正线列车有 ATP 保护），不确定因素较多，必须注重安全。

(1)调车速度的限制

表7.6　某地铁车辆段调车速度限制表

序号	项　目	速度(km/h)	说　明
1	空线牵引运行	25	
2	空线推进运行	25	
3	调动装载超限货物的车辆时	10	
4	调动载有乘客的车辆时	15	
5	在尽头线调车时	10	遇特殊情况,必须近于10 m安全线时,速度不超过3 km/h的速度
6	在维修线调车时	10	
7	在库内线路调车时	5	
8	货物线上对位时	5	
9	接近被连挂车辆三、二、一车时	8、5、3	
10	接近被连挂车辆时	3	
11	洗车线上走行	3	

(2)调车作业防溜及车辆停放规定

①牵出线、洗车线、走行线、试车线、咽喉道岔区,禁止停放机车车辆,其他线路存放车辆时,应经车辆段调度同意方可占用。机车车辆应停在线路两端信号机内方,并做好防溜措施。在没有设置信号机的线路,应停放在该线路的警冲标内方。

②工程机车车辆、轨道车应在上车顶扶梯处揭挂"高压电,禁止攀爬"标志牌。

③平板车及机车停放在线路上不再调动时,应连挂在一起,并须拧紧两端手闸,必要时放置铁鞋。因装卸设备需要不能连挂在一起时,应分组做好防溜,中间车组拧紧手闸,两端放置铁鞋。

④电客车在运用库股道停留时,应施加停车制动。电客车车辆在定、临修线上停留时,应连挂在一起,两端放置铁鞋防溜。因维修需要不能连挂在一起时,应分组做好防溜,停放车辆两端放置铁鞋。

⑤调车作业时,摘车时应先做好防溜(电客车应恢复气制动和停车制动,工程车拧紧手闸,必要时放置铁鞋),后再摘车;连挂时,挂妥后再撤除防溜措施。

⑥撤除防溜措施后,铁鞋应及时放归原位。

⑦铁鞋使用情况及存放地点铁鞋数量应在交接班时交接清楚。

(3)遇下列情况禁止调车作业

①设备或障碍物侵入线路设备限界时,禁止调车作业;

②禁止提活钩,溜放调车作业;

③电客车转向架液压减震器被拆除并空气弹簧无气时,禁止调车作业;

④禁止两组车组或列车同时在同一条股道上相对移动;

⑤机车车辆制动系统故障影响到行车安全时,禁止调车作业;

⑥有维修人员正在机车车辆上作业影响行车或机车车辆两端车钩处挂有“禁止动车”警示牌时，禁止调车作业；

⑦机车车辆底部悬挂装置脱落时，禁止调车作业；

⑧电客车停放股道接触网挂有接地线时，禁止调车作业；

⑨货物装载、加固不符合规定时，禁止调车作业；

⑩其他情况影响到调车作业安全时，禁止调车作业。

【知识拓展】

列车在地铁正线上有目的地由一条线路转到另一条线路时，车站不能直接向接车的车站办理行车闭塞手续的情况下，按调车方式组织列车运行的一种行车组织办法。正线“比照调车方式办理”行车有如下规定：

①当能在 ATS/LCW 集成工作站上排列进路时，由车站排列折返进路，司机凭地面信号和车站指令动车。

②当不能在 ATS/LCW 集成工作站上排列进路，而道岔可以在 ATS/LCW 集成工作站上操作“转换道岔”命令，并对进路上的道岔电子锁定，办理站确认进路上的所有道岔位置正确后，向司机发出道岔开通信号及动车指令。

③当只能人工现场准备进路时，车站人工办理进路并钩锁道岔，办理人员确认进路上的所有道岔位置正确后，向司机发出道岔开通信号及动车指令。

【效果评价】

评价表

<table>
<tr><td>项目名称</td><td colspan="2">车辆段行车组织</td><td>学生姓名</td><td></td></tr>
<tr><td>任务名称</td><td colspan="2">任务 3　车辆段调车作业</td><td>分　数</td><td></td></tr>
<tr><td colspan="3">项　　目</td><td>分　值</td><td>考核得分</td></tr>
<tr><td colspan="3">1.车辆段调车指挥及要求认知情况</td><td>20</td><td></td></tr>
<tr><td colspan="3">2.对车辆段“调车作业通知单”符号规定的认知情况</td><td>15</td><td></td></tr>
<tr><td colspan="3">3.对车辆段段内联锁设备正常时调车作业程序掌握情况</td><td>30</td><td></td></tr>
<tr><td colspan="3">4.对车辆段调车作业防溜及车辆停放规定的认知情况</td><td>20</td><td></td></tr>
<tr><td colspan="3">5.对车辆段遇禁止调车作业情况的认知情况</td><td>15</td><td></td></tr>
<tr><td colspan="3">总体得分</td><td></td><td></td></tr>
<tr><td colspan="5">教师简要评语：

教师签名：</td></tr>
</table>

项目小结

车辆段是车辆停放、检查、整备、运用和修理的管理中心所在地。若运行线路较长,为了有利于运营和分担车辆的检查清洗工作量,可在线路的另一端设停车场,负责部分车辆的停放、运用、检查和整备工作。当技术经济比较合理也可以两条或两条以上线路共设一个车辆段。城市轨道交通除车辆保养基地以外,尚有综合维修中心,材料总库和职工技术培训中心等基地,有条件时,尽量将它们与车辆段规划在在一起。

车辆段的主要业务:

①列车在段内调车,停放,日常检查,一般故障出来和清扫洗刷;

②车辆的技术检查,月修,定修,架修和临修试车等作业;

③列车回段折返乘务司机换班;

④内设备和机具的维修及调车机车的日常维修工作;

⑤紧急救援抢修队和设备。

思考与练习

1.车辆段在行车组织中的作用是什么?

2.简述车辆段和正线车站间电话闭塞法组织行车的流程。

3.车辆段调车指挥及要求有哪些?

4.列车进出车辆段有哪些规定?

5.简述车辆段的行车指挥体系及各行车岗位人员的工作职责。

6.简述正常情况下车辆段接发列车作业程序与标准。

7.简述正常情况下车辆段调车作业程序。

8.简述调车速度的限制要求。

9.如何做好调车防溜工作?

10.哪些情况下禁止调车作业?

项目 8 施工管理

【项目描述】

城市轨道交通施工管理是城市轨道交通保证安全运营的重要工作，是维持城市轨道交通系统平安运营的基础，通过合理的施工计划安排，保证设备设施按计划维修，人员按计划培训等，从而保证行车安全、提高运输效率。本项目从城市轨道交通施工管理概述、施工计划、施工组织及施工安全等 4 个方面进行概述。

学习了本项目内容，大家就会了解轨道交通施工管理指的是什么，了解如何对施工计划进行分类，熟悉如何安排好各项施工计划，熟悉现场如何通过计划组织作业以及掌握轨道交通施工中的安全防护等。

【学习目标】

1.熟悉城市轨道交通施工与广义施工概念的区别；
2.掌握城市轨道交通施工计划的分类和安排；
3.掌握城市轨道交通施工组织的基本要求；
4.熟悉城市轨道交通施工的安全管理。

【技能目标】

1.能够熟练地安排各项施工作业计划；

2.能够熟练进行各项施工计划的组织；

3.能够深刻意识到施工安全的重要性。

任务1　施工管理概述

【活动场景】在城市轨道交通企业现场教学，或在教室用多媒体展示城市轨道交通施工管理的相关工作。

【任务要求】掌握城市轨道交通施工与广义施工概念的区别和特点。

【知识准备】

1　施工管理概念

施工，广泛的意义是指按照一定的设计要求完成某项工程。

城市轨道交通技术设备较多，有线路设备及桥隧涵设施、供电设备、信号设备、通信设备、机电设备、车辆及检修设备、自动售检票（AFC）系统、车站设施、建筑设施、人防设施、综合监控系统（ISCS）、乘客信息系统（PIS）、广告灯箱设备等。运营单位由相应专业人员构成，这些多种专业的设备和相应专业的人员共同组成了城市轨道交通这个庞大的系统。为了让这个系统安全、稳定、可靠地运作，必须做好设备设施的定期检修维护、设备的故障处理，车辆和设备的系统调试、维修以及维修人员和行车人员利用设备进行的培训和演练。为了实现统一管理，轨道交通行业将设备设施的定期检修维护、设备的故障处理，车辆和设备的系统调试、维修以及维修人员和行车人员利用设备进行的培训和演练等，统称为施工管理。

2　轨道交通施工管理的特点

①城市轨道交通的施工作业原则上安排在运营结束后的非运营时间内进行，并在运营开始前预留一段时间作为运营前的检查和准备。

②在运营时间内，遇行车设备故障影响列车运行时，须组织抢修施工作业，并应遵循“先通后复”的原则对故障设备临时处理恢复行车后，维持运行到运营结束再对该行车设备进行全面修复。

③城市轨道交通的施工、检修、维护、调试作业，具有时间短、要求高、作业区段相对集中、绝大部分为夜间施工等特点，必须合理、有效地组织施工时间和作业区段，要求施工单位密切配合，最大限度地利用较短的施工时间，良好地完成施工任务，确保设备安全、可靠运行。

3　车站人员的职责

①负责查验施工作业人员和施工负责人的相关证件；

②负责办理施工作业登记和销点手续；

③负责在站台端墙处线路设置和撤销区间作业的施工防护；

④负责监督施工负责人和配合人员清点进出作业区域的施工作业人员；

⑤负责监督车站施工作业安全；

⑥负责与施工负责人、配合人员确认施工区域线路出清。

4　轨道交通施工管理的基本概念

轨道交通施工管理相关规定制定时往往会出现一些词汇可以有不同的理解，为了统一解释、方便理解，需要对一些不便于理解的词汇进行统一定义，不同的地铁运营单位使用的词汇有所区别，词汇的定义也不同。

某地铁运营单位对施工管理规定中一些名词的定义，介绍如下：

①施工负责人：负责在主站办理进场作业登记和该项作业的组织、安全和管理的人员。

②施工责任人：同一施工项目多个作业点进行，该施工项目除配备施工负责人外，各点（辅站）的施工需配备施工责任人，施工责任人在辅站办理进场作业登记和负责该作业点施工的组织、安全和管理。

③影响行车的施工：指进行该项施工作业时，如果当天或次日线路上有列车、工程车运行，行车会受其影响的施工。

④影响客运的施工：指进行该项施工作业时，车站的客运服务设备设施功能降低、影响客流组织、服务质量的施工。

⑤主站：施工负责人持施工进场作业令到某个车站登记请点施工的车站称为主站。

⑥辅站：同一线路同一施工项目多站进行时，施工责任人到其作业区域包含的各站（除主站外），登记请点的车站称为辅站；同一施工项目安排主站和辅站总数原则上不超过6个。

⑦施工进场作业令：是允许在运营分公司所辖设备和范围内进行施工的一种凭证。

⑧施工区域出清：指在施工区域范围内施工结束后，施工负责人或施工责任人确认所有作业有关人员已撤离，安全防护措施已撤除，有关设备、设施已恢复正常，工器具、物料已撤走等。

⑨主办部门：运营分公司内实施委外维修或施工的部门。

⑩主配合部门：配合外单位的施工及配合委外项目施工的部门。

【任务实施】

轨道交通施工管理需要解决的问题：

①合理安排车辆、设备的调试计划，验证车辆与设备的功能，车辆与设备的接口功能、设备自身的功能、设备与设备接口的功能，人与设备的默契度；

②合理安排培训计划，使得维修人员具备设备故障判断能力和设备检、维修能力；

③合理安排各项设备检修作业计划，让维修人员能够及时排查问题和完成设备的检修，保证设备的正常运作；

④合理、有序的安排正常运营时的设备故障抢修作业计划，最大限度的减小对运营的影响和保证乘客的安全；

⑤合理安排各项演练计划，使得运营行车管理人员具备在正常运营和非正常运营下的行车、客运组织和设备操作的能力。

【小贴士】

①进入施工现场请与接触网保持2 m以上距离；

②禁止越出施工区域；

③随车施工按施工前进方向，列车在前，人员在后，且与列车应有50 m以上的安全间隔距离；

④禁止把工具、杂物遗留在施工现场。

【效果评价】

评 价 表

项目名称	施工管理	学生姓名	
任务名称	任务1　施工管理概述	分　数	
项　　目		分　值	考核得分
1.施工管理的相关知识、资料的搜集、整理		10	
2.是否有小组计划		5	
3.对城市轨道交通施工管理特点的认知情况		30	
4.对城市轨道交通运作需要纳入施工管理的认知情况		40	
5.编制学习汇报报告情况		10	
6.基本素养考核情况		5	
总体得分			
教师简要评语： 教师签名：			

任务2　施工计划

【活动场景】在城市轨道交通企业现场教学，或在教室用多媒体展示全国各城市轨道交通施工计划的相关内容。

【任务要求】掌握城市轨道交通施工计划的概念、分类、申报和审批程序。

【知识准备】

1　施工计划概述

(1)计划的概念

广义上计划的概念是指用文字或指标等形式表述的，在未来一定时间内，关于行动方向、内容和方式安排的管理文件。

轨道交通施工计划,是指将电客车的调试,设备设施的维修、检查、调试,人员利用设备设施的培训、演练等通过统一管理,科学安排后所形成的方案。施工计划内容应该包含:作业日期、作业部门、作业时间、作业内容、作业区域、供电安排、申报人、防护措施、备注(需要特别注意的事项)等,见表8.1。

表8.1 某地铁月\周施工计划申请样表

作业日期	作业部门	作业时间	作业内容	作业区域	供电安排	申报人	防护措施	备注
×月 ×日	××部 ××车间	×:××— ××:××	道岔巡 检维护	××站——×× 站上下行线	无	×××	现场防护	

(2)计划的作用和意义

一是有了计划,工作就有了明确的目标和具体的步骤,就可以协调参与人员的行动,增强工作的主动性,减少盲目性,使工作有条不紊地进行。二是对工作进度和质量的考核标准,对执行者有较强的约束和督促作用。所以计划对工作既有指导作用,又有推动作用。

轨道交通专业设备广泛,涉及专业较多,设备与设备之间又相互作用,人与设备相互依赖,施工的有效作业时间较短,并只能在晚上作业,必须通过合理的安排计划才能科学的维修设备设施,保证运营安全、准点、快捷。

2 施工计划的分类

为了便于计划的管理,将施工计划通常按作业地点、性质和时间进行分类。

(1)按施工作业地点和性质一般分为三大类

①在正线、辅助线施工或影响正线、辅助线行车的施工计划;

②在车辆段的施工或影响车辆段行车的施工计划;

③在车站、变电所、控制中心范围内影响客运和服务的施工计划。

(2)国内各地铁公司根据公司管理模式在以上分类的基础上又进行了细分

如某地铁公司施工计划按施工作业地点和性质的分类方法为:

①影响正线、辅助线行车的施工为A类,其中开行工程列车、电客车的施工为A_1类,不开行工程列车、电客车的施工为A_2类,车站、主变电所、控制中心(以下称OCC)范围内影响行车设备设施的作业为A_3类。

②在车辆段的施工为B类,其中开行电客车、工程列车的施工(不含车辆部电客车、工程列车的检修作业)为B_1类,不开行电客车、工程列车但在车辆段线路限界、影响接触网停电、在车辆段线路限界外3米内搭建相关设施及影响车辆段行车的施工为B_2类,车辆段内除B_1、B_2以外其他影响行车设备设施的施工为B_3类。B_3类施工主要包括供电、通信、信号、机电等与行车有关设备的检修或影响与行车有关设备的作业。

其他施工:按部门职责明确施工管理,在车辆段内绿化、道路整改、围墙护栏施工由综合部负责管理,房建及附属设备由设施部负责;检修线、洗车线库内车辆工艺设备检修由车辆部负责。以上施工作业时不需要申报施工计划和施工登记,由设备专业归属部门进行管理,属地部门配合。

③在车站、主变电所、OCC范围内不影响行车的施工为C类,其中大面积影响客运、消防设备正常使用,需动用220 V以上电力及其需动火的作业(含外单位进入变电所、通讯设备房、信号设备房、环控电控室、照明配电室、蓄电池室、水泵房、其他气体灭火保护房内作业)为C_1类,其他局部影响客运,但经采取措施影响不大且动用简单设备设施(如动用220 V及以下的电力、钻孔等,不违反安全规定)的施工为C2类。

(3)施工计划按时间通常有两种分类

1)施工计划可分为:月计划、周计划、日补充计划和临时补修计划。

①月计划:是指以一月为周期编制的计划,属于设备正常修程内和开车调试的作业应纳入月计划。月计划应结合地铁运营单位月度设备检修计划编制。

②周计划:是指以一周为周期编制的计划,因设备检修需要,对在月计划里未列入的进行补充或月计划中需调整变更的作业计划为周计划。

③日补充计划:是指提前一天申报的计划,对在月计划和周计划里未列入的进行补充或月计划、周计划中需调整变更的作业计划,称为日补充计划。

④临时补修计划:运营时间因设备实施临时故障,对设备进行抢修后,须在当天停运后继续设备维修的作业计划为临时补修计划。

该分类的优点:一是以月计划为大的周期,将较大的作业和设备设施修程内的作业纳入月计划集中管理,减少了日常时间内计划的频繁申报;二是行车人员和与计划有关的其他人员通过月计划有足够的时间进行安全预想。缺点:月计划申报周期比较长,通常月计划占用了轨行区的资源,临时有重要作业安排困难,且计划兑现率低。

本分类适用于地铁运营稳定,计划执行性较强的单位。

2)根据时间可分为:周计划、日补充计划、临时补修计划共3类。

①周计划:以周一至周日为周期编制的计划。

②日补充计划:对未列入周计划的作业进行补充或周计划中需调整变更的计划。

③临时补修计划:运营时间内对设备进行临时抢修后,须在当天运营结束后继续对设备进行维修作业的计划。

该分类方法的优点:计划安排周期较短,相对可安排各项重大作业,计划兑现率高。缺点:计划周期短,工作量大,且会造成行车人员和客运人员预想不足的缺点。

本分类适用于地铁运营单位运营接管初期或设备运行欠稳定期,且计划变化较大的情况。

根据国内各城市地铁运营单位的经验,地铁运营单位接管初期因设备设施安装、调试、整改等变化较大,一般按周计划、日补充计划和临时补修计划执行。地铁运营稳定后采用月计划、周计划、日补充计划和临时补修计划较好。

3 施工计划管理机构

为加强施工计划的管理,成立施工计划管理机构,下设施工计划协调领导小组及工作小组,施工计划管理机构人员一般由运营单位分管领导以及运营单位下属各单位分管负责人组成,明确领导小组和工作小组成员的职责和分工。

施工协调领导小组职责:定期对施工工作的开展情况进行分析、总结,并有针对性地进行工作改进。

施工管理工作小组职责：分工负责协调小组日常工作，负责本部门施工计划的汇总、申报、协调和传达，参加施工协调会议等。

4 **施工计划管理流程**

为了规范施工计划的申报、审批、下发和跟踪，需专门制定施工计划管理流程的规定，该规定必须明确各时间节点，便于在作业前完成施工作业可执行计划，图 8.1 是施工计划管理的基本流程图。

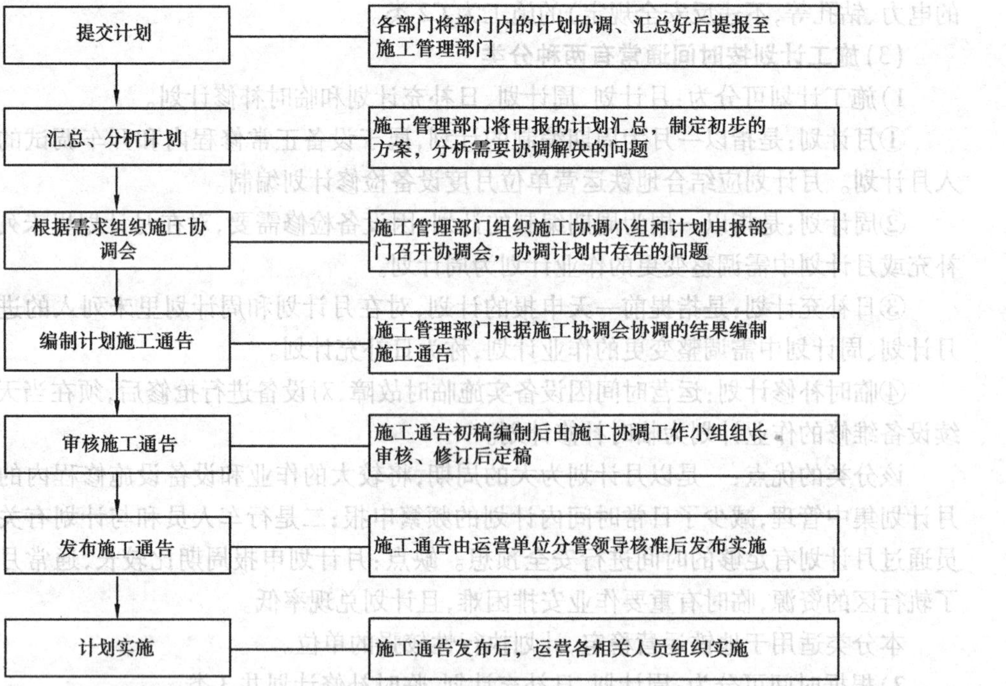
提交计划
各部门将部门内的计划协调、汇总好后提报至施工管理部门
汇总、分析计划
施工管理部门将申报的计划汇总，制定初步的方案，分析需要协调解决的问题
根据需求组织施工协调会
施工管理部门组织施工协调小组和计划申报部门召开协调会，协调计划中存在的问题
编制计划施工通告
施工管理部门根据施工协调会协调的结果编制施工通告
审核施工通告
施工通告初稿编制后由施工协调工作小组组长审核、修订后定稿
发布施工通告
施工通告由运营单位分管领导核准后发布实施
计划实施
施工通告发布后，运营各相关人员组织实施

图 8.1　施工计划管理流程图

5　**施工计划编制原则**

月、周施工作业计划的安排应在确保安全的前提下，考虑均衡安排，避免集中作业；处理好列车的开行时间和密度、施工封锁等几方面的关系，避免抢时、争点现象；为方便施工单位作业，月、周施工作业计划内各项作业应注明施工日期、作业起止时间、作业内容、作业区域、安全事项及其他应说明的问题（列车编组、行车计划、配合部门及详细配合要求、联系电话等）；经济、合理地使用机车车辆，避免浪费资源。

以下是某地铁施工计划的申报审批流程：

(1)施工计划申报程序

月计划规定：车辆部应于每月 8 日（含 8 日）前将下月工程车、轨道车、平板车的扣修计划发各生产部门。施工部门、单位提报月计划时，应于工作开始前一个月的 12 日（含 12 日）前将开车施工计划提交调度部生产管理室，调度部生产管理室收到各部门开车施工计划后在 2 个工作日内协调确定并下达。各部门根据开车施工计划情况填写非开车作业计划，将填写好的月/周施工计划申报单于工作开始前一个月的 18 日（含 18 日）前向调度部生产管理室提交。月计划中对于影响范围及设备和安全上有特殊要求和规定的，应在备注栏注明。

周计划规定:施工单位、部门需提报周计划时,应于工作开始前一周的星期二16:00以前,向调度部生产管理室提交周施工计划申报单,周计划中对于影响范围及设备和安全上有特殊要求和规定的,应在备注栏注明。

日补充计划规定:日补充计划应于工作开始前一天的11:00以前,各施工部门收集、调整、汇总后向调度部生产管理室申报。其中节假日(含周六、日)及节假日后上班的第一天的日补充计划统一在节假日前一天申报。车辆段的日补充计划应于工作开始前一天的15:00以前申报至车辆段调度处。

临时补修计划规定:临时补修计划由各作业部门相关负责室根据当日设备故障处理情况统一向调度部生产管理室(或OCC维调)提出申请(其中周一至周五正常上班时间向生产管理室申请,其他时间直接向OCC维调申请),其他非故障处理的作业不得申请临时补修计划(运营分公司安排的临时任务除外)。车辆段临时补修计划提报至车辆段调度处。

(2)施工计划的审批、编制、下发

1)月计划

①原则上在每月23日前(遇节假日顺延)由调度部根据月计划提报的情况,组织内部申报部门及相关施工单位人员参加的施工协调会议,审核计划。

②审核月计划时,对于安全上有特殊要求和规定的,在施工协调会议上提出讨论确定,必要时相关安全或专业技术人员应参加会议。

③月计划中应明确说明施工作业起止时间、地点,如有变更,见施工进场作业令;

④由调度部生产管理室根据月计划审核会议的结果,编制施工行车通告,于每月最后1个工作日前(含最后1个工作日)发布。

⑤发布办法:运营分公司内各部由调度部生产管理室以电子版发放,运营分公司以外单位由配合提报施工计划的部门提供给施工单位。

⑥发布范围:客运部、调度部、设施部、车辆部、技术安全部、票务部、物资部等及其他有施工作业的外单位。

2)周计划

①周三上午9:00由调度部生产管理室根据提报计划的情况,组织相关部门,在月计划的基础上审核计划。

②周计划中应明确说明施工作业起止时间、地点。

③由调度部生产管理室在施工行车通告的基础上编制施工行车通告补充说明,于每周五15:00前发布。

④遇节假日,适当提前申报,具体按调度部生产管理室通知。

⑤遇周计划编制时间与月计划编制时间重叠时,下月最近一周的周计划一并纳入月计划。

⑥周计划申报的日作业项目不得超过本部门在月计划内提报的该日作业项目的20%。

3)日补充计划

①调度部生产管理室在接到日补充计划的申报,汇编后于12:00前(特殊情况除外)发OCC按专业审核,OCC应将日补充计划审核情况于15:00前(特殊情况除外)返回调度部生产管理室,调度部生产管理室再将审批后的日补充计划返回各申报的部门。其中节假日(含周六、日)及节假日后上班的第一天的日补充计划统一在节假日前一天办理计划申请、审批手续。车辆段日补充计划,由

车辆段调度审核后于16:00前(特殊情况除外)返回各申报的部门。

②日补充计划要在月计划、周计划的基础上进行安排,以提高月计划、周计划的兑现率。日补充计划申报的作业项目不得超过本部门在月计划和周计划内提报的该日作业项目的10%。

③日补充计划中在备注栏应明确说明施工作业请销点的时间、地点及施工负责人。

④日补充计划原则上不安排工程车及调试列车作业,特殊情况(如抢修、运营分公司要求的及不影响月计划和周计划安排的计划)除外。

4)临时补修计划:

①工作日工作时间,调度部生产管理室接报临时补修计划后,根据实际情况进行调整安排,并报OCC按专业审核,OCC审核后,调度部生产管理室将审批的临时补修计划返回相关部门,同时通知相关部门取消或调整相关作业计划的情况。车辆段调度接报临时补修计划后及时审核下达。

②工作日工作时间以外的时间,OCC维调接报临时补修计划后,根据实际情况进行调整安排,并报OCC其他各调度按专业审核,值班主任最终审批,维调将审批的临时补修计划返回相关部门,同时通知相关部门取消或调整相关作业计划的情况。

③临时补修计划应及时优先安排,不受月计划、周计划和日补充计划限制。

巡道计划:设施部根据施工计划安排做好当天巡道计划,并在当天16:00前报OCC维调,由维调组织相关调度审核,经值班主任审批后,由维调将巡道计划返回设施部。

(3)计划执行

施工计划编制好应该以公司文件的形式下发给相关部门执行,执行计划应包含详细的内容。

【任务实施】

计划编制要素:作业日期、作业代码、作业部门、作业时间、作业内容、作业区域、供电安排、申报人、防护措施、备注等。

某地铁下发的月施工计划如表8.2所示。

表8.2 某地铁下发月施工计划样表

作业日期	作业代码	作业部门	作业时间	作业内容	作业区域	供电安排	申报人	防护措施	备注
×月×日	2A1-12-01	××部××车间	次日00:00-03:50	接触网综合检修	××站—××站下行线	供电	×××	封锁	①利用接触网作业车JW0201作业;②需开启TEF风机
×月×日	2A2-12-01	××部××车间	23:15-次日04:10	线路、道岔设备巡检及维修	××站—××上下行线及其辅助线	无	×××	现场防护	人员、器具与接触网保持2 m以上距离

【效果评价】

评 价 表

项目名称	施工管理	学生姓名	
任务名称	任务2 施工计划	分 数	
项 目		分 值	考核得分
1.是否收集、对比了各城市轨道交通施工计划管理的区别		10	
2.是否有小组计划		5	
3.对城市轨道交通施工计划分类的认知情况		35	
4.对各城市轨道交通施工计划管理的认知情况		35	
5.编制学习汇报报告情况		10	
6.基本素养考核情况		5	
总体得分			
教师简要评语： 教师签名：			

任务3 施工组织

【活动场景】在城市轨道交通企业现场教学，或在教室用多媒体展示全国各城市轨道交通企业施工过程的相关资料。

【任务要求】掌握城市轨道交通施工进场、实施过程的把控。请点与销点的有关基本知识。

【知识准备】

1 进场施工管理规定

为了方便管理，规定进入地铁运营单位管辖范围内的施工必须持有施工凭证(施工进场作业令如表8.3)。施工凭证需与计划一一对应，即一条计划一个凭证，凭证应包含与下发施工计划一致的内容。同时也应考虑作业凭证含有相关安全提示和方便操作的指导办法，且具备较强的可执行性。

表 8.3　某地铁施工进场作业令

<table>
<tr><td>作业代码</td><td colspan="4">2A2-20-01</td><td>作业令号</td><td colspan="3">［2011］××部字(0320)-01 号</td></tr>
<tr><td>作业单位</td><td colspan="6">××单位</td><td>申报人</td><td>×××</td></tr>
<tr><td>作业题目</td><td colspan="6">设备房施工</td><td>联系电话</td><td>1366919××××</td></tr>
<tr><td>作业地点</td><td colspan="6">××站左右线</td><td>作业人数</td><td></td></tr>
<tr><td>作业日期</td><td colspan="6">2011 年 3 月 20 日</td><td>作业时间</td><td>19:00—次日 6:00</td></tr>
<tr><td>主要作业内容</td><td colspan="8">①设备房施工
②严禁进入轨行区,人员、机具不得侵入限界,工完现场清</td></tr>
<tr><td>封锁区间</td><td colspan="8">现场防护</td></tr>
<tr><td>停电区间</td><td colspan="8">无</td></tr>
<tr><td>协作及其他</td><td colspan="8">如需取消作业,周一至周五 9:30-16:40 向××部××室申请,电话:153323214××,其余时间向 OCC 申请取消,电话:153323213××。作业过程中如需动火,按照消防管理制度规定,到××部办理动火许可单</td></tr>
<tr><td>计划类型</td><td colspan="8">周计划</td></tr>
<tr><td>发令人</td><td colspan="8">×××</td></tr>
<tr><td>主站</td><td colspan="6">××站</td><td>负责人</td><td>×××</td></tr>
<tr><td>辅站及责任人</td><td colspan="8">辅站:××站、××站;责任人:×××、×××</td></tr>
<tr><td>完成情况</td><td colspan="8"></td></tr>
<tr><td rowspan="2">请点</td><td>时间</td><td></td><td rowspan="2">销点</td><td>时间</td><td></td><td rowspan="2">销令</td><td>时间</td><td></td></tr>
<tr><td>批准人</td><td></td><td>批准人</td><td></td><td>批准人</td><td></td></tr>
</table>

2　施工时间规定

(1)进场施工开始时间的规定

正线轨行区的作业或影响正线行车设备设施的作业必须待运营结束,且最后一班运营车离开作业区域,方可开始作业。开车作业在不影响运营的情况下可以提前将作业车组织到相应区域待令,待施工作业条件满足后,组织到作业区域开始作业;车辆段、车站及控制中心不影响正线行车和客运的作业可安排在白天运营时间段内进行。

(2)施工结束离场时间的规定

正线轨行区的作业施工结束时间必须在运营开始前结束,并需要预留一定的时间让行车和设备操作人员做运营前的检查,一般情况应于首列车开出时间的 30 min 前结束并销点;车辆段、车站及控制中心不影响正线行车和客运的作业可根据检修的效果结束并销点。

某地铁施工时间的规定:

1)正线非开车施工作业且作业区域无回段车经过应于首列车开出时间的 30 min 前结束并销点。

2)非开车作业但作业区域有回段车经过:

①北客站至龙首原站上下行线施工作业必须在首列车开出时间的 70 min 前结束并销点;

②龙首原站至会展中心站上下行线施工作业必须在首列车开出时间的 90 min 前结束并销点。

3）有开车的施工作业

① 北客站至龙首原站上下行线相关作业必须在首列车开出时间的 70 min 前结束并销点；

② 龙首原站至会展中心站上下行线相关作业必须在首列车开出时间的 90 min 前结束并销点。

4）遇上述情况又同时需停电配合挂地线时，作业结束时间必须在上述作业时间的基础上提前 30 min 结束。

3 施工组织

（1）施工负责人

为了方便管理和负责作业的安全实施，每项作业必须指定专人担当施工负责人，施工负责人的职责是：负责作业人员/设备的管理；办理请销点手续；作业过程的组织指挥和安全管理等。施工负责人的任职条件：必须熟知运营单位的行车规定和施工的相关规定；熟悉该项作业的性质、内容、方法、步骤、要求等；具备该项作业相关的安全知识和技能；经过专业培训考试合格并发证。

（2）施工人员进出站规定

①为了不延误施工作业时间，能在施工条件满足后及时作业，规定施工负责人持施工凭证在规定施工开始时间前到达车站或相关作业地点，按规定程序办理施工作业手续，一般要求提前 30 min 到达。

②遇特殊情况施工人员需在收车后到达车站的，施工负责人须提前与车站预约，说明原因并确定进站时间和出入口，车站做好记录。车站根据预约时间、地点放行。

（3）请点规定

请点是指施工人员到达作业地点后，需经过管辖单位确认准许的过程。施工负责人必须在规定时间内、在规定的作业地点现场管理单位登记请点，正线作业或影响正线行车的作业必须经行车调度同意后并告知相关人员施工承认号，方可进入施工，车站或车辆段作业不影响正线行车的由管辖单位值班人员批准作业，施工负责人得到施工承认号之后组织施工人员进行施工。

（4）销点规定

销点是指作业结束后，设备恢复正常状态，需经管辖单位验证允许离开的过程。施工结束后，施工负责人负责作业区域的人员，工器具、物料、垃圾出清线路，动用的设备设施恢复正常行车状态，安装的设备稳固，施工负责人在规定的地点登记销点，按规定经调度员或相关值班人员确认后批准销点，并通知相关人员放行。

（5）有关配合作业的基本要求

在地铁施工有很多作业需要相关专业配合，为了规范配合的秩序，必须制定严格的配合规定。如下面是某地铁关于配合的规定：

①需配合的作业，作业前主动与配合单位联系，说明配合相关事宜。

②配合单位必须严格按要求进行配合。

③需其他单位配合的作业，作业单位必须按规定的时间办理手续，无特殊情况，超过 30 min的，视作该项作业取消，配合单位有权拒绝进行配合。

④需其他单位配合作业的施工，在进行相关作业时，应加强与配合单位联系，并作好安全防护工作。

【任务实施】

施工组织必须掌握请销点程序，以下是某地铁的请销点规定：

(1) 请点规定

①属于A类的作业，施工负责人在作业令规定施工开始时间前30 min到车站登记请点，当施工条件达到后由车站向行调请点，行调批准后，车站值班员传达允许施工的命令。

②属于A类作业，但需由多个车站进入施工的作业项目，施工负责人除到主站按上述①办理外，还需核实辅站情况。辅站施工责任人在作业令规定施工开始时间前15 min到达辅站办理登记手续，辅站值班员向主站值班员核实施工事项并请点。主站接到行调允许施工的命令后，传达给施工负责人及辅站，辅站值班员允许施工责任人开始该作业点的施工。

③属于B类的作业，施工负责人到车厂调度员处请点，经车厂调度员同意，便可施工(车厂内进行影响正线行车的作业应经行调批准)。

④属于C类的作业，经批准，施工负责人到车站登记请点。

⑤如遇作业区域同时包含正线和车厂线路时，施工部门到车厂调度员处请点，车厂调度员在审核批准该项施工作业后，还须向行调请点，征得同意后，方可允许施工部门开始施工。

⑥如遇作业区域包括几条线部分线路时，施工部门均需须向各条线的行调请点，经批准后，方可允许施工部门开始施工。

⑦有外单位作业时，由指定的施工主办部门或主配合部门人员协助办理请点后，方可开始作业。

(2)销点规定

①A类作业，施工作业请点地点仅一个站的，施工负责人在施工区域出清完毕后，报车站，由车站向行调销点。

②B、C类作业施工完毕后，施工负责人负责施工区域的出清后到车站或车厂销点。

③当多站销点时，辅站施工责任人负责本段线路出清并报施工负责人后，在辅站销点；辅站值班员向主站值班员销点；施工负责人负责该项作业区域全部出清后，方可报主站值班员销点，主站值班员向行调销点。

④需异地销点的施工作业，施工负责人(责任人)应在登记时注明异地销点的地点、人数。登记进入施工的车站要及时通知异地销点的车站值班员。

⑤当施工作业只有一组人员进行作业，需异地销点的，销点的时间不得超过行调批准的时间，作业结束后，施工负责人向销点站登记销点，销点站经与施工负责人核对销点的施工内容、施工人数、地点全部无误后，记录施工负责人有效证件、姓名、作业令号码、作业人数等，并向请点站核对无误后，准予销点；销点站负责向行调报告销点。

⑥当施工作业有多组人员进行，需异地销点的，销点的时间不得超过行调批准的时间，作业结束后，施工责任人负责本段线路出清并报施工负责人，在辅站销点，辅站值班员向在主站登记的销点站销点；施工负责人负责该项作业区域全部出清后统一向在主站登记的销点站登记销点，销点站经与施工负责人核对销点的施工内容、施工人数、地点全部无误后，记录施工负责人有效证件、姓名、作业令号码、作业人数等，并向请点站核对无误后，准予销点，销点站并负责向行调报告销点。

【效果评价】

评 价 表

项目名称	施工管理	学生姓名	
任务名称	任务3 施工组织	分 数	
项 目		分 值	考核得分
1.是否收集、对比了各城市轨道交通施工组织资料		10	
2.是否有小组计划		5	
3.对城市轨道交通组织认知情况		30	
4.对各城市轨道交通施工组织的认知情况		40	
5.编制学习汇报报告情况		10	
6.基本素养考核情况		5	
总体得分			
教师简要评语： 教师签名：			

任务4 施工安全管理

【活动场景】在教室用多媒体展示全国各城市轨道交通企业施工安全的有关资料。

【任务要求】掌握城市轨道交通施工安全防护的基本知识。

【知识准备】

1 施工防护

施工防护是指为了保证施工作业过程的安全所设置的各种防范措施。

(1)挂地线防护

接触网停电检修或需接触网停电挂地线时，必须由具备接触网挂地线资质的人员负责在该作业地段两端的接触网上挂接地线。

(2)正线线路施工的防护

①在站内未封锁的线路施工时,需要在车站两端头轨道内设置红闪灯防护。未封锁的站内线路施工防护见图 8.2。

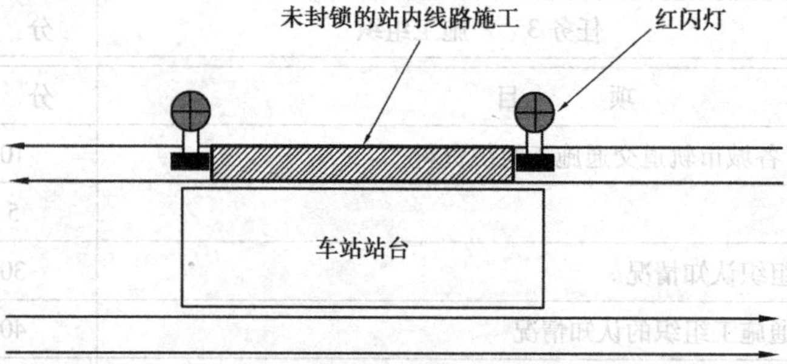

图 8.2　未封锁的站内线路施工防护图

②在区间未封锁的线路施工时,需要在作业区域两端设置红闪灯防护。未封锁的区间线路施工防护见图 8.3。

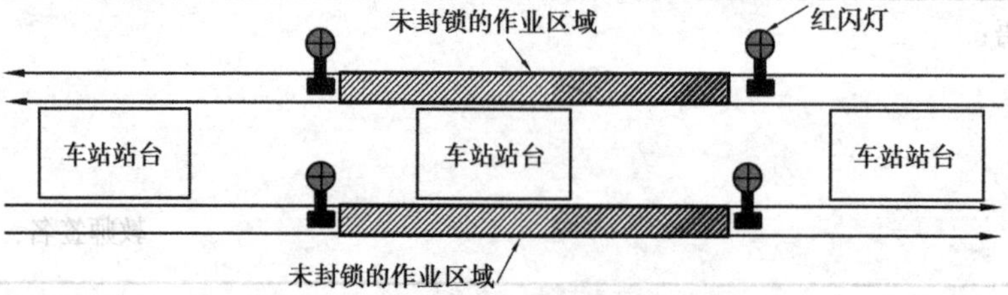

图 8.3　未封锁的区间线路施工防护图

③在区间封锁的线路施工时,需要在该区间的两头车站的站台端头放置红闪灯防护,如全线封锁无需设置防护。封锁的作业区域线路施工防护如图 8.4 与图 8.5 所示。

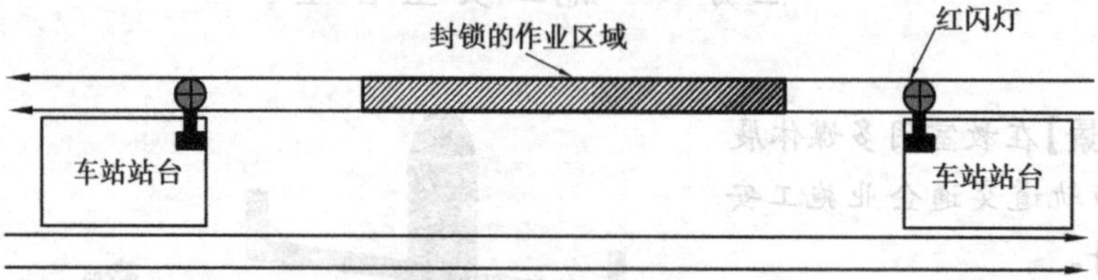

图 8.4　封锁的作业区域线路施工防护图

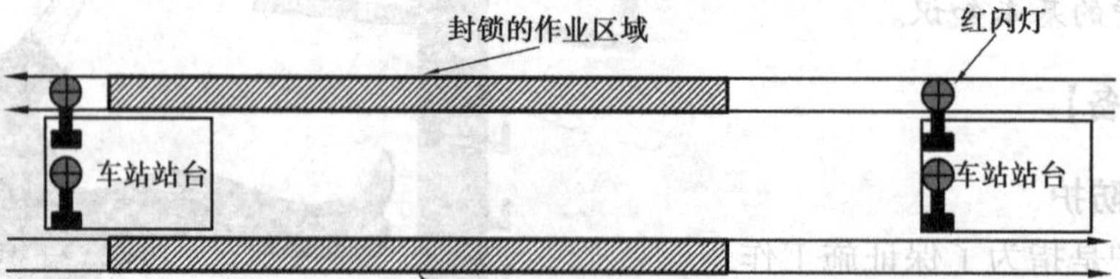

图 8.5　跨越站内站间封锁的作业区域线路的施工防护图

(3)车辆段内线路上施工的防护

①车辆段线路上施工,则应在施工地点两端各 50 m 处的线路中心,设置移动停车信号牌

防护。在线路上移动停车信号牌设置如图 8.6 所示。

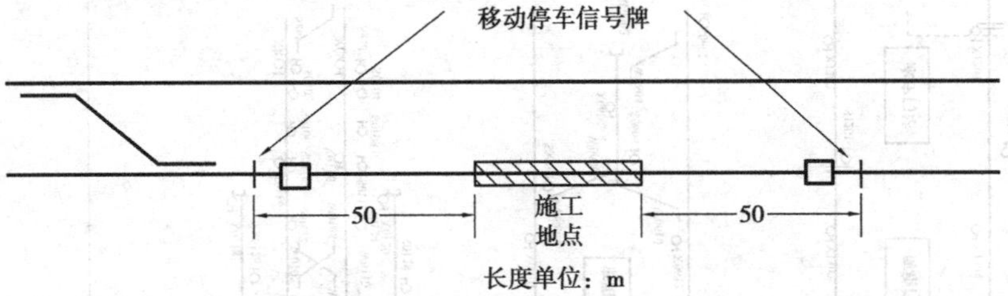

图 8.6　在车辆段内线路上设置移动停车信号牌示意图

②在道岔上施工，设置移动停车信号牌防护。在道岔区段线路上移动停车信号牌设置如图 8.7 所示。

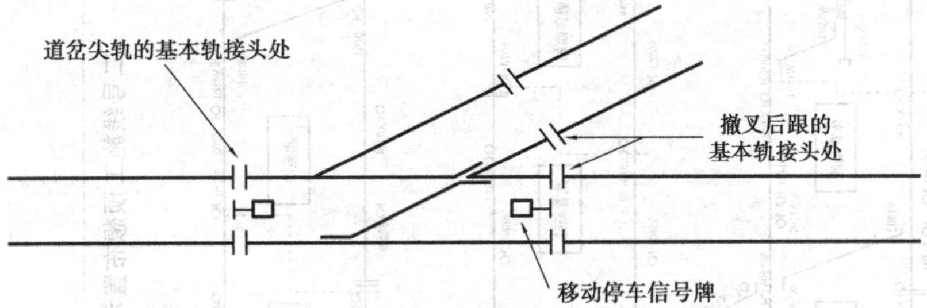

图 8.7　在道岔区段线路上设置移动停车信号牌示意图

③在复式交分及双渡线道岔上施工，设置移动停车信号牌的防护办法。在复式交分道岔区段线路上设置移动停车信号牌如图 8.8 所示。

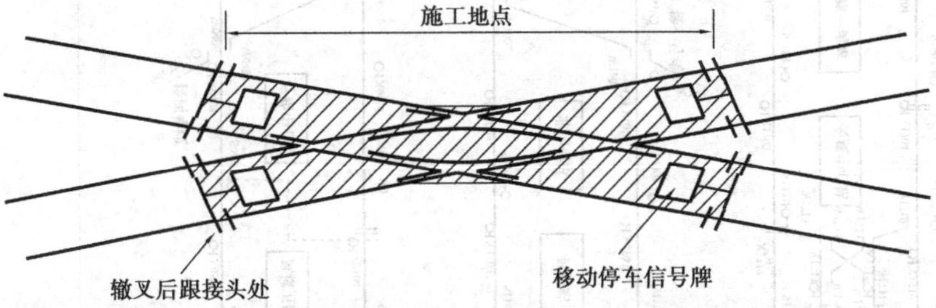

图 8.8　复式交分道岔区段线路上设置移动停车信号牌示意图

如施工地点距邻线较近，有危及行车或人身安全的可能时，则应指定专人对邻线来车进行监视。

2　施工安全管理

(1)施工安全预想

施工安全预想是指与施工作业有关的人员为了避免在作业时手忙脚乱和发生不安全事件，将已经审批的计划，在作业前做好充分的安全设想，做到“知己知彼，百战不殆”。

1)行车人员预想

行车人员需要根据已经审批的施工计划提前做好各项作业流程的安全预想，并形成记录，包括计划是否冲突、计划的合理性、作业内容、作业区域、作业是否停电、作业是否开车、作业影响范围、安全防护要求及其他安全要求等。

某地铁行车调度的施工预想如图 8.9 所示。

×月×日　夜班　停电施工×项　动车施工×项　挂地线×组（只填写需动车、停电、挂地线等的重点施工）

作业代码	作业内容	作业时间	作业区域	封锁区域/停电分区（红笔填写）
2A1-××-××	××××××××	××:××-××—××:××	××××××××××	××××××××××××××××

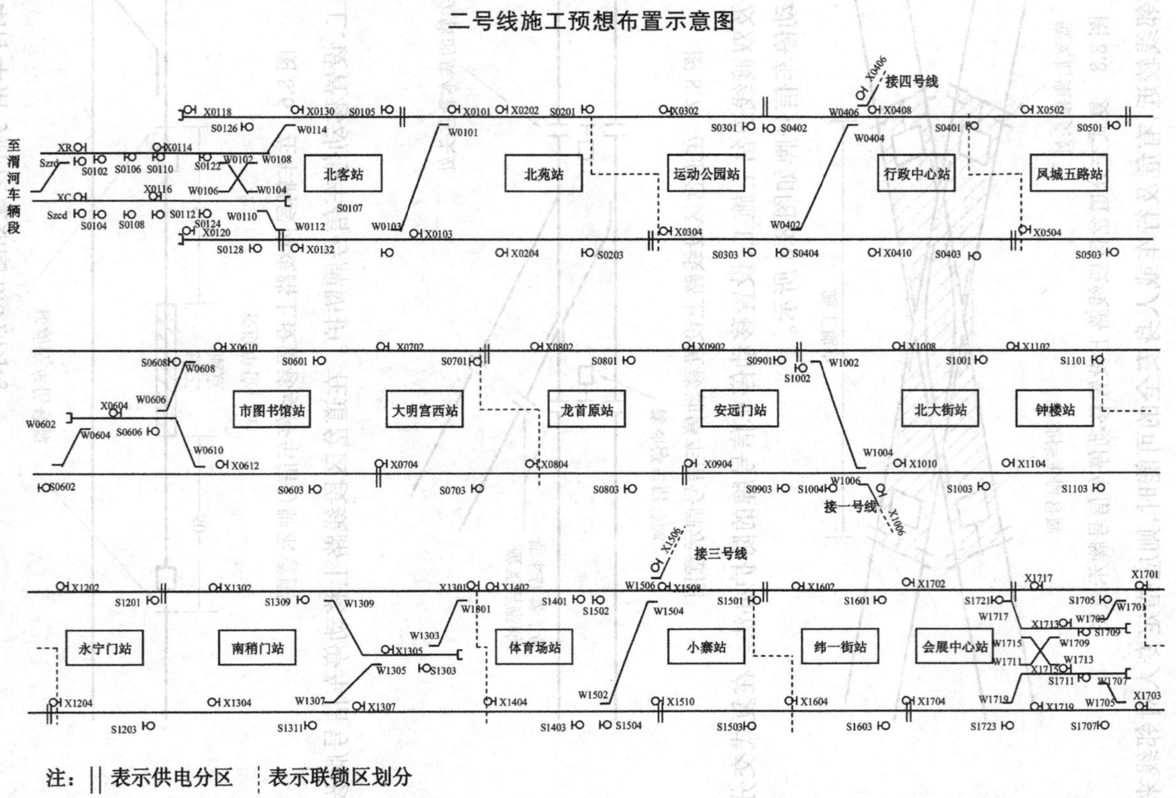

备注：

填写预想的施工过程。

1. 2A1-××-××

××××××××××××××××××××××××

××××××××××××××××××××××××

××××××××××××××××××××××××

2. 2A1-××-××

××××××××××××××××××××××××

××××××××××××××××××××××××

××××××××××××××××××××××××

3. 2A1-××-××

××××××××××××××××××××××××

××××××××××××××××××××××××

××××××××××××××××××××××××

图例：

工程车/调试列车出入段路径统一使用蓝色/黑色笔虚线画箭头表示，出入段路径分开划线

图示：- - - - - - - - →

封锁区域两端用红色双竖实线表示

图示：‖

工程车/调试列车作业区域用红色横实线标注

图示：▬▬▬

停电区域用黄色荧光笔标注

图示：▬▬▬

挂地线位置用"⊥"进行标注

自挂地线的施工不用标注

施工行调：　　　　值班主任：

图 8.9　某地铁行车调度施工预想

2)施工作业人员预想

召开开工预想会。施工单位在施工作业前,施工负责人组织施工人员召开开工预想会,布置施工作业的作业时间、作业区域、作业内容,让每位施工人员知晓当天施工的总体情况、重点、关键点、安全点,作好安全交底,技术交底,提前预想到位。

(2)现场作业安全要求

①凡进入线路施工的施工人员必须根据作业性质及作业要求使用安全防护用品。

②施工单位在作业期间需接触网停电或接触网停电挂地线的,作业开始前必须先确认接触网已停电或已挂好地线方可作业。

③施工作业过程中如进行动火作业,必须按照要求做好消防措施,严禁在无消防措施的情况下进行动火作业。

④如需用电,必须按照相关规定进行办理,不能随意动用电气设备。

⑤现场作业五必须

a.进入轨行区必须穿荧光衣;

b.登高作业必须系好安全带;

c.挂拆地线必须穿绝缘靴、戴绝缘手套;

d.高空作业或高空可能有坠物必须戴安全帽;

e.在轨行区固定地点作业必须放置红闪灯。

⑥作业现场七严禁

a.严禁施工人员酒后施工;

b.严禁工器具标识有缺失或磨损;

c.在侧式站台施工时,严禁违规在站台间抛接、传递物品;

d.施工过程中,严禁施工负责人离场;

e.严禁超范围施工;

f.严禁清场时乱扔垃圾;

g.施工结束后,严禁人员、物料、垃圾不清、所动设备设施不能恢复正常销点。

【任务实施】

某地铁公司的施工防护和安全规定

(1)施工防护

①接触网停电检修或需接触网停电挂地线时,必须由具备接触网挂地线资质的人员负责在该作业地段两端挂接地线。

②站内线路施工时,由施工负责人在车站两端头轨道中央设置红闪灯防护。

③在站间线路施工时,除施工部门在距作业地点两端不少于20 m处设置红闪灯防护外(距车站设置的红闪灯不足20 m的以车站设置为主,施工部门可不设置),车站还负责该施工地段两端车站的端墙门对应的轨道中央设置红闪灯防护。施工前,由请点车站设置红闪灯,并通知作业区另一端车站值班员放置红闪灯防护。施工结束后,车站撤除红闪灯,并通知作业区另一端车站值班员撤除红闪灯。如遇施工作业区域跨越站内站间时,施工区域两端车站的防护信号应放在相关端墙门对应的轨道中央。

④在折返线、存车线、联络线、安全线上施工时,由作业人员在作业区域可能来车方向处放置红闪灯防护,若施工作业区域包括出入段线,在出入段线一端的红闪灯防护由作业人员放置。

⑤车站值班人员安排人员到站台检查相关端墙处红闪灯是否按规定摆放,并监督红闪灯

状态是否良好,并对设置的红闪灯是否按规定摆放、状态是否良好进行不定期检查。

⑥施工作业时除严格执行以上规定及相关安全防护规定外,并按施工部门的有关施工操作程序的防护规定执行。

⑦凡在运营时间内进行作业的,必须做好防护措施,确保地铁乘客的安全,最大限度减少对乘客的影响。

(2)施工安全

1)人、工程车在同一区域作业时,由施工负责人与车长根据现场情况协调。

①按施工前进方向,列车在前,人员在后,原则上不得颠倒或列车运行前后皆有作业;

②非随车施工人员与列车应有 50 m 以上的安全间隔距离,原则上列车不得后退,如需后退时,须施工负责人和车长协商后才能动车确保人身安全;

③作业人员应在自己现场作业区来车方向设置红闪灯防护。

2)开行工程车、调试列车的有关防护。

①组织工程车运行时,在工程车运行的到达站前方,必须保证至少有一个站间区间空闲;

②在开行工程车进行作业的封锁作业区域前后方,必须保证至少有一个站台区或站间区间空闲;

③在开行高速调试列车的封锁作业区域前后方,必须保证至少有一个站间区间空闲。

3)外单位施工由主办部门或主配合部门负责安全管理、安全监督。

4)各施工单位、部门在申报施工计划时应严格按照单位通用安全规定中的相关规定,结合施工作业过程中的实际情况,提出安全防护要求和配合要求。在施工作业过程中,施工单位、部门应严格遵守以上安全规定和施工进场作业令中的要求。

【效果评价】

评　价　表

项目名称	施工管理	学生姓名	
任务名称	任务 4　施工安全	分　数	

项　　目	分　值	考核得分
1.是否收集、对比了各城市轨道交通施工安全防护资料	10	
2.是否有小组计划	5	
3.对城市轨道交通施工安全的认知情况	35	
4.对城市轨道交通施工安全措施的熟悉情况	35	
5.编制学习汇报报告情况	10	
6.基本素养考核情况	5	
总体得分		
教师简要评语: 教师签名:		

项目小结

地铁运营的主要任务有两个，一是载客列车运行的行车组织，二是保证设备设施正常运作，设备设施的正常运作也是组织安全行车的前提。轨道交通施工管理就是如何利用每天短暂的时间，在有限的空间内完成对各项设备设施的检修、保养，设备设施的调试，人员对设备设施操作的熟练掌握等。

思考与练习

1.施工管理的概念是什么？

2.施工管理主要解决的问题是什么？

3.施工管理的特点是什么？

4.施工计划的概念及其分类？

5.施工计划管理流程是什么？

6.进场施工时有何规定的？

7.什么是施工负责人？其职责是什么？

8.简述施工请、销点的规定？

9.如何做好安全防护？

10.如何做好施工安全预想？

11.什么是现场作业“五必须”？

12.什么是现场作业安全“七严禁”？

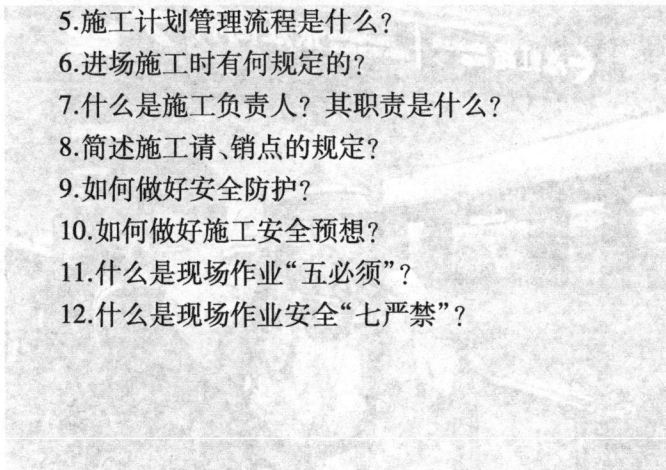

项目9

突发事件应急处置

【项目描述】

城市轨道交通一般都处于地下或高架桥的半封闭空间或有限地面空间的半空中，具有封闭性、局限性、人员和设备高度集中的特点，一旦发生突发事件，人员疏散和救援都非常困难，处置不当将产生巨大的生命和财产损失，对社会经济和人民生活造成重大影响。

【学习目标】

通过本模块的学习要求掌握以下基本知识：

1.了解城市轨道交通运营突发事件的分类分级、特征。

2.了解城市轨道交通运营突发事件的应急组织原则、处置预案及流程。

【能力目标】

1.能掌握城市轨道交通运营突发事件应急组织、处置流程。

2.能掌握列车故障救援处置流程。

3.能掌握供电设备故障处置流程。

4.能掌握大客流应急处置流程。

任务1 突发事件的分类及特征

【活动场景】在教室进行理论教学。

【任务要求】掌握地铁运营突发事件的分类分级、特征。

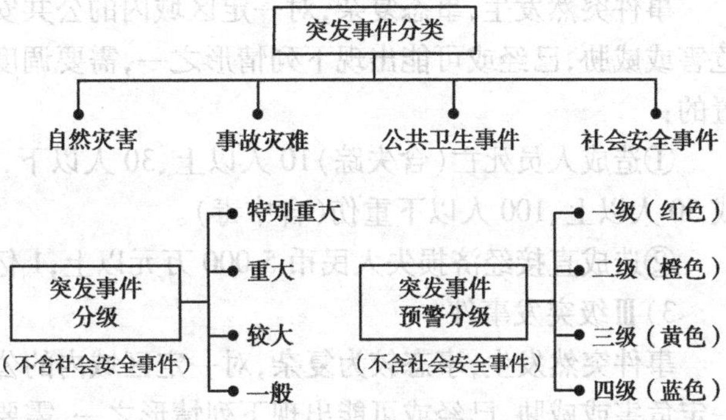

图9.1 突发事件分类与分级

【知识准备】

1 突发事件分类与分级

(1)城市轨道交通运营突发事件的定义

指在城市轨道交通运营管辖范围内,因自然灾害、人为操作不当或设备故障等事件的突然发生,造成运营中断、人员伤亡、设备损坏等危及公共安全或财产损失的突发事件。

(2)突发事件分类

突发事件一般分为4类:自然灾害类、社会治安类、公共卫生类、事故灾难类,如图9.1所示。

自然灾害类突发事件:主要包括地震、水灾等导致地铁运营中断的突发事件。社会治安类事件:主要包括重大刑事案件、恐怖袭击以及在地铁车站内发生聚众闹事、劫持人质等严重影响地铁运营安全的突发事件。公共卫生类事件:主要包括传染病疫情、生化、毒气和放射性污染等造成或可能造成社会公众健康损害而严重影响地铁运营的突发事件。事故灾难类事件:主要包括火灾、爆炸,建构筑物坍塌,列车冲突、脱轨或颠覆等重大生产安全事故,以及大面积停电、突发性大客流等严重影响地铁运营的突发事件。

(3)突发事件分级

一般依据突发事件可能造成的危害程度、波及范围、影响力大小、人员及财产损失等情况,由高到低划分为Ⅰ级(特别重大)、Ⅱ级(重大)、Ⅲ级(较大)、Ⅳ(一般级)4个级别,如图9.2所示。

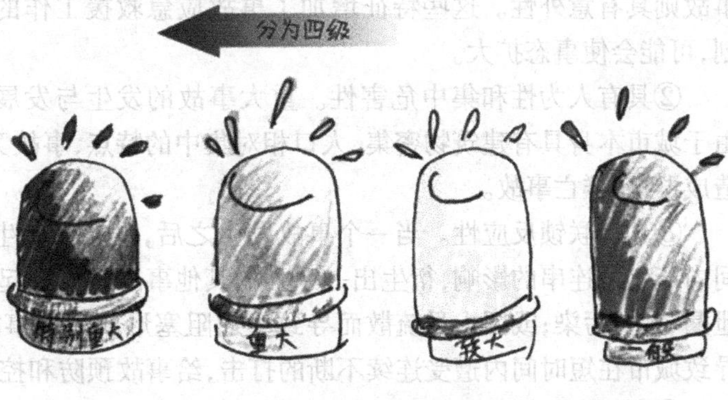

图9.2 突发事件分级

西安地铁突发事件分级

1)Ⅰ级突发事件

事件突然发生,事态非常复杂,对本市公共安全、政治稳定和社会经济秩序带来严重危害或威胁,已经或可能出现下列情形之一,需要统一组织、指挥调度全市各方面资源和力量进行应急处置的:

①造成人员死亡(含失踪)30 人以上,或危及 30 人以上生命安全,或 100 人以上重伤(含中毒)。

②造成直接经济损失人民币 1 亿元以上。

2)Ⅱ级突发事件

事件突然发生,事态复杂,对一定区域内的公共安全、政治稳定和社会经济秩序造成严重危害或威胁,已经或可能出现下列情形之一,需要调度多个部门、单位力量和资源进行联合处置的:

①造成人员死亡(含失踪)10 人以上、30 人以下,或危及 10 人以上、30 人以下生命安全,或 50 人以上、100 人以下重伤(含中毒)。

②造成直接经济损失人民币 5 000 万元以上,1 亿元以下。

3)Ⅲ级突发事件

事件突然发生,事态较为复杂,对一定区域内的公共安全、政治稳定和社会经济秩序造成一定危害或威胁,已经或可能出现下列情形之一,需要调度多个部门力量和资源进行处置的:

①造成人员死亡(含失踪)3 人以上、10 人以下,或危及 3 人以上、10 人以下生命安全,或 10 人以上、50 人以下重伤(含中毒)。

②造成直接经济损失人民币 1 000 万元以上,5 000 万元以下。

4)Ⅳ级突发事件

事件突然发生,事态比较简单,仅对较小范围内的公共安全、政治稳定和社会经济秩序造成严重危害或威胁,已经或可能出现下列情形之一,由地铁公司可以自行处理和控制,无需其他部门、单位或仅需调动个别部门、单位力量和资源进行处置的:

①造成人员死亡(含失踪)3 人以下,或危及 3 人以下生命安全,或 10 人以下重伤(含中毒)。

②造成直接经济损失人民币 1 000 万元以下。

2　突发事件的特征

突发事件通常具有以下特征:

①具有突发性和意外性。例如火灾事故、爆炸事故和毒物泄漏事故均具有突发性,交通事故则具有意外性。这些特征增加了事故应急救援工作的难度,如果事先没有应急救援计划,可能会使事态扩大。

②具有人为性和集中危害性。重大事故的发生与发展与人的不安全行为有密切联系。由于城市本身具有建筑物密集,人口相对集中的特点,事故又集中在城市区域范围内,很容易造成群伤、群亡事故。

③具有联锁反应性。当一个事故发生之后,可能会产生多米诺骨牌效应,即在极短的时间内产生一连串的影响,衍生出一系列的其他事故。如一起爆炸事故,可能会引起火灾、毒物泄漏、大气污染;或因人员疏散而导致交通阻塞形成连环事故等。事故的这种联锁反应特点导致城市在短时间内遭受连续不断的打击,给事故预防和控制带来了复杂性。

④事故应急处理具有复杂性。轨道交通应急事件是属于发生在城市区域范围内的重大事故,在处理上具有自身的特点。首先,受城市建筑物密集、人口集中的制约,使事故的处理有诸多的限制条件;其次事故可能涉及多个行业和多个归口管理部门,救援时需要多个归口管理部门的共同配合与协调。整合不到位而出现的"群龙无首"或"多头指挥"均有可能使决

策失误而延误时机。

⑤具有统计规律性和可预防性。从统计学角度来看，重大事故的发生与发展满足统计规律性且具有一定的概率，对事故的原因进行探究，一般能找到事故从孕育、成长、爆发到持续阶段的清晰脉络，当我们理清了事故的前因后果以及事故的发生机理时，预防事故便成为可能。

从以上突发事件特点分析可以看到，预案的执行过程中，事故的性质和等级可能会发生变化，预案的执行过程必然是动态的，而不是固守某一预案的流程进行，要根据现实情况的变化改变。因此，建立有效的预案动态响应机制是十分必要的。

【任务实施】

掌握突发事件的分类分级，讨论并总结突发事件的特点。

【效果评价】

评价表

项目名称	突发事件应急处置	学生姓名	
任务名称	任务1　突发事件的分类及特征	分　数	
项　　目		分　值	考核得分
1.突发事件相关知识、图片的搜集、整理		10	
2.是否有小组计划		5	
3.城市轨道交通应急处置的认知情况		40	
4.城市轨道交通突发事件特点的认知情况		30	
5.编制学习汇报报告情况		10	
6.基本素养考核情况		5	
总体得分			
教师简要评语： 教师签名：			

任务2　突发事件的应急组织

【活动场景】在教室进行理论教学。

【任务要求】掌握地铁运营突发事件的应急组织原则及处理方法。

【知识准备】

1　突发事件应急处置原则

针对突发事件的处理时序可以分为事前、事中、事后。事前应对突发事件实行预防为主、预防与应急相结合的原则，制定突发事件应急预案；事中的抢险组织工作要贯彻“高度集中，统一指挥，逐级负责，先通后复”的原则；事后应及时查明突发事件发生的经过和原因，总结经验教训，制定改进措施，并按规定进行汇报。

突发事件应急处理如下：

①牢固树立“安全第一”的思想，贯彻“高度集中，统一指挥，逐级负责”和“先通后复”的原则，保证抢险救援工作安全有序、减少事故影响、尽快恢复运营生产；

②各级员工应迅速准确地报告事故情况，确保信息渠道畅通；

③积极合理地调动人力物力投入抢险，采取有效措施控制事态、减少损失，防止次生灾害的发生；

④贯彻抢险与运营并重、地铁运输与公交运输系统统筹兼顾的工作方针，在积极稳妥处理事故的同时，最大限度地维持地铁运营；

⑤加强乘客的宣传、疏散，妥善发布新闻；

⑥各部门、专业要完善地铁车辆、供电设备、信号设备、通讯设备、线路设备、机电设备等的抢险预案；

⑦行车相关专业要成立事故救援抢险队，每年对有关人员进行救援抢险技术知识培训，定期组织救援演练，各级安全管理人员负责业务检查、督促，提高抢险队伍业务素质；

⑧救援设备、工具、备品按照相关要求设置、配齐，并确保状态良好。

2　突发事件的应急组织

(1)应急信息报告程序

报告应遵循下列原则：

①迅速准确、简单明了、逐级上报的原则。

②公司、分公司内部及协作单位并举的原则。

③控制中心负责信息的收集和传递。

④在区间发生时，由司机立即报告行调，在车站或车辆段发生时，由车站行车值班员或车辆段调度员立即报告行调，夜间施工或维护人员作业时，由发现者立即报车站值班员或控制

中心调度。

⑤发生人员伤亡、火灾、爆炸、毒气袭击等事故，需要报告119火警、120急救中心或公安分局时，由现场负责人或目击者在第一时间内直接报告；如果无法直接报告，则应以尽快报告的原则，向就近的车站或控制中心（车辆段控制室）或上级报告，由抢险领导小组组长指定人员了解情况后报告119火警、120急救中心或公安分局。

⑥突发事件报告流程：

a.发生突发事件后，相关车站、司机、信号楼、工班等岗位人员要立即向控制中心报告，报告人要首先汇报自己的职务、姓名；

b.控制中心行调、电调、环调在接到现场报告后，应及时将事件信息统一报调度主任；

c.控制中心调度主任负责确定应急信息的准确性和应急信息的级别，按照本原则及《运营事故（事件）处理规则（试行）》等规定确定相应的响应级别，并及时向相关领导、地铁公安等相关部门通报，迅速启动应急预案。

⑦报告事项：

a.发生时间（月、日、时、分）；

b.发生地点（区间、百米标和上、下行正线）；

c.列车车次、车组号、关系人员姓名、职务；

d.事故概况及原因；

e.人员伤亡情况及车辆、线路等地铁设备损坏情况；

f.是否需要救援；

g.是否影响邻线运行；

h.其他必须说明的内容及要求。

（2）抢修组织原则

1）组织原则

①现场有乘客时，应采取各种措施，稳定乘客情绪、维持秩序，首先保证乘客安全；

②及时判明现场情况，及时报告；

③控制事态、减少影响，动员和组织一切力量进行抢险。

2）在现场总指挥到达之前，若事故发生在区间，由司机负责；根据需要，行调安排事故区间邻近车站值班站长（或站长）到达事故现场后，由该值班站长（或站长）负责。若事故发生在车站或车辆段，由值班站长（或站长）、车辆段调度员负责。现场总指挥到达现场后由现场总指挥接管，并组织开展工作。

3）控制中心

①控制中心主任根据现场情况启动相应预案；

②加强与现场指挥的联系，负责信息的收集和传递；

③通知相关部门派出抢险队，同时通知地铁公安分局派出人员赶赴现场；

④协调相关部门按照需要增派抢险人员、调集抢险物资；

⑤掌握全公司生产动态，努力保证其他工作的正常进行。

4）领导小组工作的开展

抢险领导小组中突发事件涉及的主要设备部门或运营指挥部门主管领导中有到达者，领导小组即开始组织指挥工作。领导小组成员按组内临时分工组织。按照《行车组织规则》中的相关规定指挥组织行车和开展现场指挥、决策。

(3)现场处置原则

1)现场指挥小组总指挥到达事故现场后应了解事件的现场情况,迅速查看事故现场,确定影响范围,根据预案的规定,开展抢险救援工作。在不能即时恢复正常运营时,由相关专业负责人立即对现场情况进行评估,迅速向控制中心提出行车限制要求(包括是否停止运营、限制速度、驾驶模式及安全注意事项等)。

2)如发生的事件在预案外,由现场总指挥根据现场情况组织、制订抢险方案并实施。(重大级突发事件需提交领导小组批准后实施,如遇火灾等紧急情况在实施的同时上报领导小组)。

3)救援抢险工作结束后,应将通车条件等信息及时汇报领导小组,并将现场指挥权上交控制中心。

4)现场作业规定

①抢险方案确定前,各部门抢险队到达现场后要在指定位置待命,抢险队负责人尽快掌握现场,并领受任务;

②公安人员、分公司保安人员及车站员工负责维护现场秩序,组织无关人员离开事故现场;

③抢险领导小组成员到达后即刻在现场附近的固定地点(具体地点由领导小组成员根据现场实际情况确定)成立现场指挥部,领导小组成员不得远离现场指挥部;

④抢险救援工作方案的实施由专业抢险队伍负责,救援组织由抢险队负责人负责,其他人不得向正在进行救援的人员下达命令;

⑤实施方案的变更,须经抢险领导小组批准。

(4)运营组织原则

①控制中心值班主任应与现场指挥加强联系,随时了解现场情况,组织具备运行条件的区段维持运营。

②行调应尽快了解现场情况并迅速上报,现场情况一时无法判明时,也应将所能了解到的情况先行报告,详细了解后再行续报;根据现场情况,正确及时地发布抢险救援命令;协助现场处理有关事宜;其他区段具备处理开通条件时,应组织列车分段运行。

③电调应尽快了解现场情况并迅速上报,现场情况一时无法判明时,也应将了解的情况先行报告,详细了解后再行续报;根据现场情况和行调的要求,正确、及时地停、送电;协助现场处理有关事宜;保证其他具备供电条件区段的正常供电。

④环调应尽快了解现场情况并迅速上报,现场情况一时无法判明时,也应将了解的情况先行报告,详细了解后再行续报;根据现场情况,正确及时发布通风系统运行方式等相关命令;协助现场处理相关事宜;监控综合监控、机电设备及环境监控系统运作情况。

⑤车站应与控制中心加强联系,及时执行行调命令,组织本站人员做好本站客运组织、票务组织和乘客服务,利用广播加强宣传,稳定乘客情绪。

⑥封闭的车站或事故现场,除有关事故救援人员外,其他人员一律不得进入。

⑦地铁公安人员要维护车站秩序,保护事故现场,并对事故进行必要的调查取证。要密切注意一切可疑动态,严防不法分子趁机破坏和捣乱。

⑧在车站和现场的地铁员工,要服从现场指挥人员的统一指挥,并积极协助,尽一切能力

参与抢险救援工作。

⑨车站、列车司机接到调度等部门发布的影响运行情况通知后，应在第一时间做好现场宣传解释和客运组织工作。

(5)乘客疏散原则

①因发生各类突发事件，需要疏散乘客时，列车司机、站务员、公安干警等相关人员应在车站站长（或值班站长）的统一指挥下，密切配合、协调运作，根据调度命令进行疏散乘客作业。

②疏散乘客时，车站应加强广播，做好乘客引导工作。

③车站根据现场实际情况必要时张贴宣传告示。

④在区间疏散乘客时，行调应扣停后续列车及区间邻线列车。

(6)应急处置与救援

控制中心启动应急预案后，各级突发事件应急指挥体系立即成立。发生重大级突发事件应成立突发事件应急领导小组和现场指挥小组，一般级突发事件只成立现场指挥小组。

现场指挥小组负责人由相关专业系统主要领导担任（现场负责人未到达前，车站由值班站长、基地由信号楼调度员、区间由司机担任，当值班站长到达后即由其担任），涉及多个专业系统的突发事件，应根据专业类别分别成立相应的现场指挥小组，各指挥小组负责人由现场职位最高者担当，由主要专业的小组负责人担当现场最高指挥人。

领导小组成员按照组内临时分工开展工作，指定专人与OCC保持联系，确保信息畅通，并按照《行车组织规则》相关规定开展现场指挥、处理工作。

突发事件应急领导小组组长到达事故现场后应了解事件的现场情况，迅速查看事故现场，确定影响范围，根据预案的规定，开展突发事件应急工作。在不能即时恢复正常运营时，由相关专业负责人立即对现场情况进行评估，迅速向控制中心提出行车限制要求。（包括是否限速、停止运营及安全注意事项等）。

突发事件应急处理应当按照相关应急处理预案规定进行处理，当事件发生变化和实施中发生其他问题时应及时调整应急措施。如发生的事件在预案之外，由突发事件应急领导小组组长根据现场情况组织、制定临时抢险方案并实施。根据突发事件应急处理的需要，突发事件应急领导小组有权紧急调集人员、储备的物资、交通工具以及相关设施、设备；必要时，对人员进行疏散或者隔离，并可以对相关区域实行封锁。

3　突发事件的应急处置流程

(1)突发事件的应急处置环节

①接警与初步研判；

②先期处置；

③启动应急预案；

④现场指挥与协调；

⑤抢险救援；

⑥扩大应急；

⑦信息沟通；

⑧临时恢复。

(2)突发事件应急处置流程(见图 9.3)

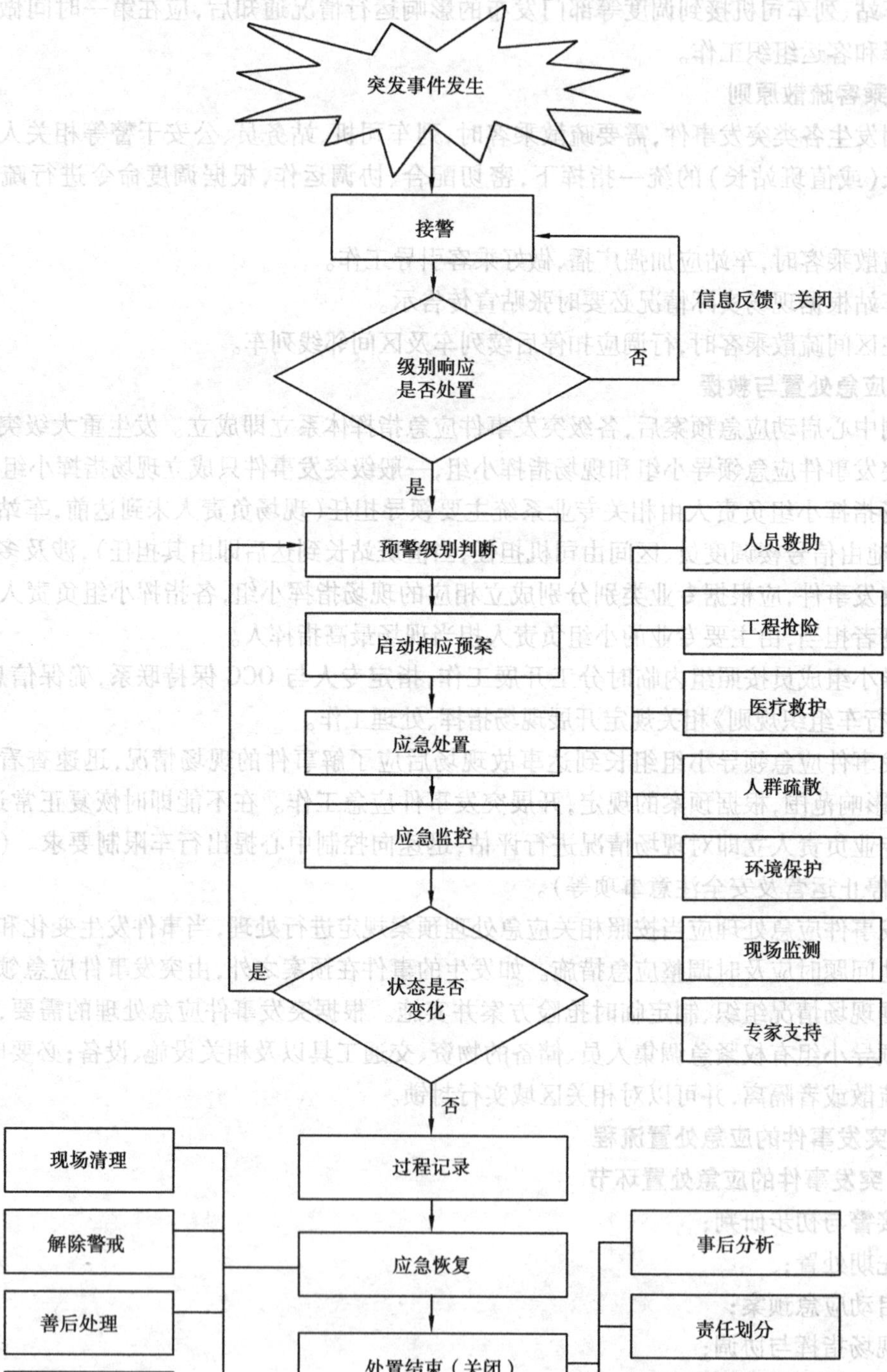

图 9.3　突发事件的应急处理流程图

【任务实施】

根据个人对突发事件应急处置的理解讨论城市轨道交通突发事件处置原则。

【效果评价】

评 价 表

项目名称	突发事件应急处置	学生姓名	
任务名称	任务2 突发事件的应急组织	分 数	
项 目		分 值	考核得分
1.是否有小组计划		10	
2.城市轨道交通应急处置原则的认知情况		40	
3.城市轨道交通突发事件应急组织原则的认知情况		30	
4.编制学习汇报报告情况		10	
5.基本素养考核情况		10	
总体得分			
教师简要评语： 教师签名：			

任务3 典型突发事件的应急处置流程

【活动场景】在教室进行理论教学。

【任务要求】掌握地铁运营突发事件的处置预案及流程。

【知识准备】

1 列车故障救援处置流程

列车故障救援对运营影响较大，不仅影响到列车正常的运行秩序，更甚会致使部分区段中断行车，造成故障区段车站的乘客大量积压。各城市地铁运营过程中都不可避免地遭遇列车故障救援，而救援时间的长短又直接关系到列车的正常运营，关系到客运服务质量，更关系到地铁的品牌形象。因此，加强对列车故障救援的组织，优化作业程序，争取在最短时间内完成列车故障救援，至关重要。

对于控制中心而言，发生列车救援时重点应做好三方面的工作：确定救援方案、行车调整、信息沟通。

(1)确定救援方案

救援方案的内容包括救援列车的选择、救援方式的选择及故障车下线地点的选择等。各地铁企业在救援方案的选择上比较一致，一般都是采用"顺向救援"，即采用后续列车担当救援列车，连挂故障车后采用推进运行的方式，一次"推"出正线。一次"推"出正线是指直接推到基地或终点站的存车线、折返线，一次"推"出正线是有条件的，需要提高列车救援推进时的速度，目前各地铁企业的救援推进速度都规定在 30 km/h 以上，南京地铁的救援速度提高到 35 km/h，基本接近正常运营的旅行速度，这样不致因救援速度过低对后续载客列车的运行速度造成影响，更快速的恢复运营秩序，按图行车。

(2)行车调整

行车调整应具有预见性、前瞻性，从列车故障到救援动车这段时间应有一个比较准确的估计(可以通过演练测得)，根据影响时间制定合理的行车调整方案，最大程度维持正常运营服务。值得注意的是，行车调整方案应当简单实用、效果显著、可操作性强，根据经验，小交路组织不超过两次。

(3)信息沟通

与现场的信息沟通主要包括与司机的信息沟通和与车站的信息沟通。故障发生初期，向司机了解故障现象、影响，启动司机、检调、司机三方通话，指导司机故障处理，通报车站预计列车延误时间；故障中期，行调向车站、司机发布救援命令，通知清客，通报车站列车延误时间，通知小交路站解锁道岔、排列进路；故障后期，连挂完毕通知司机动车。一般情况下一名行调组织列车救援，包括指导排障、发布命令等，另一名对行车进行调整。

(4)救援处理原则

①列车故障情况下，8 min 内司机无法排除故障，由值班主任下令救援，若列车司机提出救援请求，则值班主任立即组织救援；

②原则上使用客车担任救援任务，并严格按照《行车组织规则》中救援客车运行相关规定执行；故障列车被救援时应做好相关防护；

③发生客车故障救援时，运营遵循有限度列车服务的原则，视情况组织列车小交路或单线双向运行；

④若在各项前提条件不满足或故障不明显时，应采取机动灵活的措施进行行车组织；

⑤禁止使用工程车救援载客列车；使用工程车救援空电客车时，按照行规限速执行。

(5)应急响应

1)应急指挥小组响应

①行调根据接报故障信息后，立即向值班主任汇报，通知其他调度和检调；

②值班主任根据现场处理情况，决定采取列车故障救援应急处理程序；

③环调按规定进行隧道通风。

2)现场处理小组响应

发生故障后，司机第一时间进行故障处理；车站工作人员做好清客准备。

3) 车辆技术小组响应

车辆部相关人员接到列车故障通报信息后,做好技术支援以及车辆检修准备。

(6) 救援程序

救援程序如图 9.4 所示。

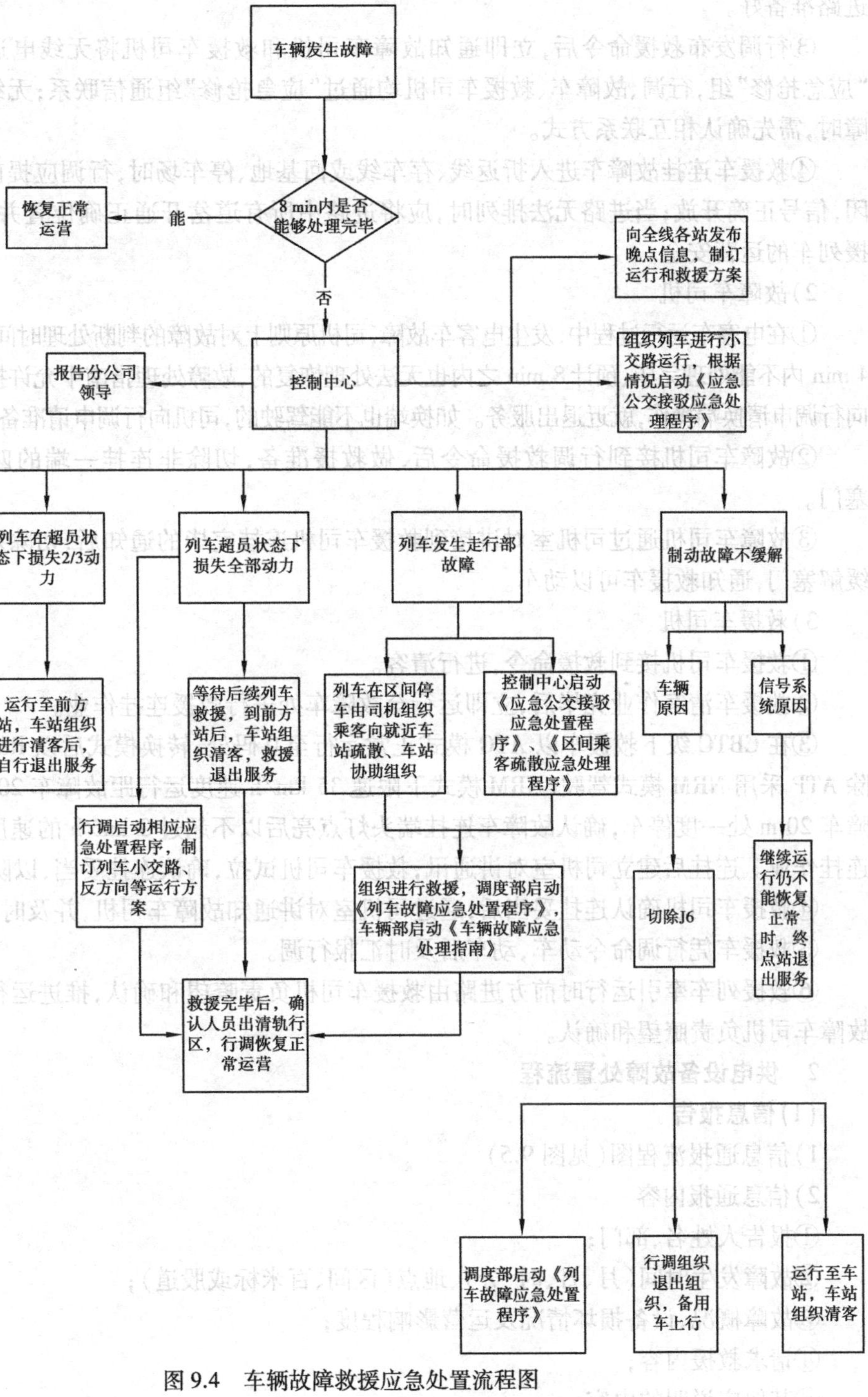

图 9.4　车辆故障救援应急处置流程图

1)行车调度员

①启动救援预案,布置救援车和故障车在就近车站清客,故障车迫停在区间时,与救援车连挂后运行到就近车站清客。

②发布救援命令前,行调应将救援车运行至故障车的进路、故障车运行至前方目的地的进路准备好。

③行调发布救援命令后,立即通知故障车司机和救援车司机将无线电通信频道切换到"应急抢修"组,行调、故障车、救援车司机均通过"应急抢修"组通信联系;无线电通信系统故障时,需先确认相互联系方式。

④救援车连挂故障车进入折返线、存车线或回基地、停车场时,行调应提前排列进路并锁闭,信号正确开放;当进路无法排列时,应将进路中所有道岔开通正确位置并单锁,以确保救援列车的运营安全。

2)故障车司机

①在电客车运行过程中,发生电客车故障,司机原则上对故障的判断处理时间为4 min,故障在4 min内不能处理完毕、预计8 min之内也无法处理恢复的,故障处理指南中允许换端操作的,司机向行调申请换端操作,就近退出服务。如换端也不能驾驶的,司机向行调申请准备救援。

②故障车司机接到行调救援命令后,做救援准备,切除非连挂一端的四辆车制动缓解塞门。

③故障车司机通过司机室对讲接到救援车司机连挂完毕的通知后,切除剩余两辆车制动缓解塞门,通知救援车可以动车。

3)救援车司机

①救援车司机接到救援命令,进行清客。

②救援车清客作业完毕后,立即运行至故障车处进行救援连挂作业。

③在CBTC级下救援车以ATO模式正常运行至0码处,转换模式后以RM模式运行或切除ATP采用NRM模式驾驶(NRM模式下限速35 km/h速度运行距故障车20 m)并在距离故障车20 m处一度停车,确认故障车连挂端头灯点亮后以不超过3 km/h的速度与故障车进行连挂作业。连挂后建立司机室对讲通讯,救援车司机试拉,确认连挂妥当,以防脱钩溜车。

④救援车司机确认连挂妥当后,通过司机室对讲通知故障车司机,并及时报行调。

⑤救援车凭行调命令动车,动车后及时汇报行调。

⑥救援列车牵引运行时前方进路由救援车司机负责瞭望和确认,推进运行时前方进路由故障车司机负责瞭望和确认。

2 供电设备故障处置流程

(1)信息报告

1)信息通报流程图(见图9.5)

2)信息通报内容

①报告人姓名、部门;

②故障发生时间(月、日、时、分)、地点(区间、百米标或股道);

③故障概况、设备损坏情况及运营影响程度;

④请求救援内容;

⑤其他应说明的内容。

3)信息通报时限：

①列车司机、车站应在发生接触网故障第一时间将故障的地点、位置和是否影响行车等情况通报控制中心(OCC)；

②控制中心(OCC)在了解清楚接触网故障的情况后，立即通过短信平台进行突发信息的发送工作，如果对运营产生较大的影响时，通过电话向分公司领导进行故障概况汇报；

③各专业中心主任及接触网专业应在接报后，迅速组织抢修队伍和抢修材料、器具，并随时向控制中心(OCC) 汇报事故抢修的准备情况；

④各列车司机、车站应使用一切可能的通讯手段将列车的运行情况和车站服务及接触网设备的受影响情况通报控制中心。

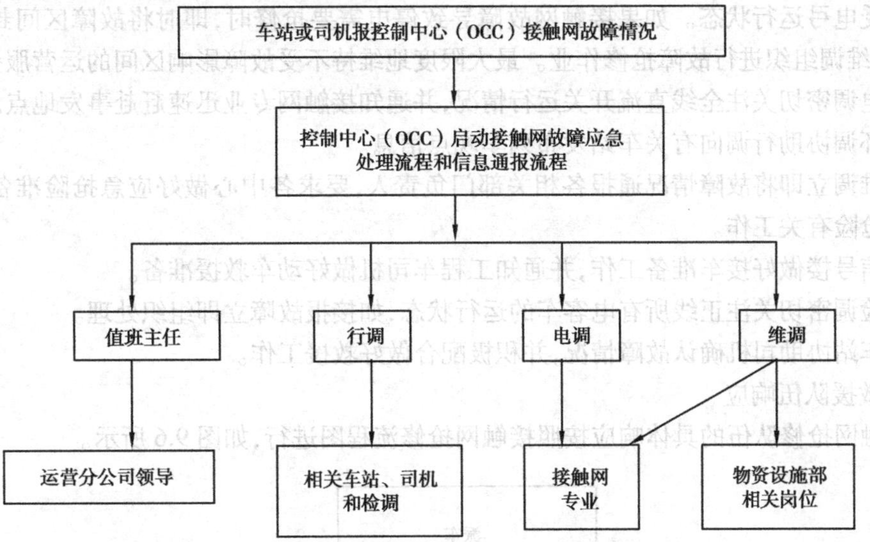

图9.5 信息通报流程图

(2)应急响应

1)先期处置

①当发生接触网故障时，控制中心(OCC)电力调度应立即通过PSCADA系统确认故障区域直流开关运行状态，并通知接触网专业值班人员迅速前往事发地点确认接触网故障情况(影响范围)；

②当接触网发生跳闸失电时，控制中心(OCC)行调应立即扣停驶往无电区的电客车，通过小交路或单线双向运行，最大限度维持运营；

③影响运营时，控制中心(OCC)报告运营分公司领导同意后，宣布启动接触网故障应急预案，并进行信息通报工作；

④设施、车辆部门迅速启动接触网故障应急预案，组织抢险救援队，准备抢险工器具和材料；

⑤相关车站做好乘客广播和服务工作，确认上、下行通过的电客车受电弓运行情况；

⑥列车司机在确保行车安全的前提下，通过各种方法尽量维持电客车通过，并做好乘客广播。

2)指挥机构响应

①控制中心(OCC)在接报后，立即通报分公司领导和相关部门负责人，事发车站或司机主动承担起现场故障处理的职责，然后由后续到达现场的职务最高人员接替现场指挥故障处

理的职责,迅速判断故障的原因和影响范围,启动相应的设备抢修应急预案,最大限度的维持运营,满足车站服务需求。

②指挥机构成员赶赴控制中心(OCC),进行决策和协调有关方面提供支援;

③现场处置机构成员赶赴事故现场,指挥协调各部门的抢修队伍进行故障抢修和提供技术支持。

3)调度响应

①控制中心(OCC)在接报后,按照指挥机构总指挥的指令立即启动接触网故障应急预案,命令设施、车辆部门立即派出抢险队伍。

②行调通知司机尽量维持电客车进站停车,通知车站做好乘客服务,相关车站密切关注电客车受电弓运行状态。如果接触网故障导致停电需要抢修时,即时将故障区间封锁,交给维调,由维调组织进行故障抢修作业。最大限度地维持不受故障影响区间的运营服务。

③电调密切关注全线直流开关运行情况,并通知接触网专业迅速赶赴事发地点。

④环调协助行调向有关车站发布列车晚点信息。

⑤维调立即将故障情况通报各相关部门负责人,要求各中心做好应急抢险准备工作,协调应急抢险有关工作。

⑥信号楼做好接车准备工作,并通知工程车司机做好动车救援准备。

⑦检调密切关注正线所有电客车的运行状态,如接报故障立即组织处理。

⑧车站协助司机确认故障情况,并积极配合做好救援工作。

4)救援队伍响应

接触网抢修队伍的具体响应按照接触网抢修流程图进行,如图 9.6 所示。

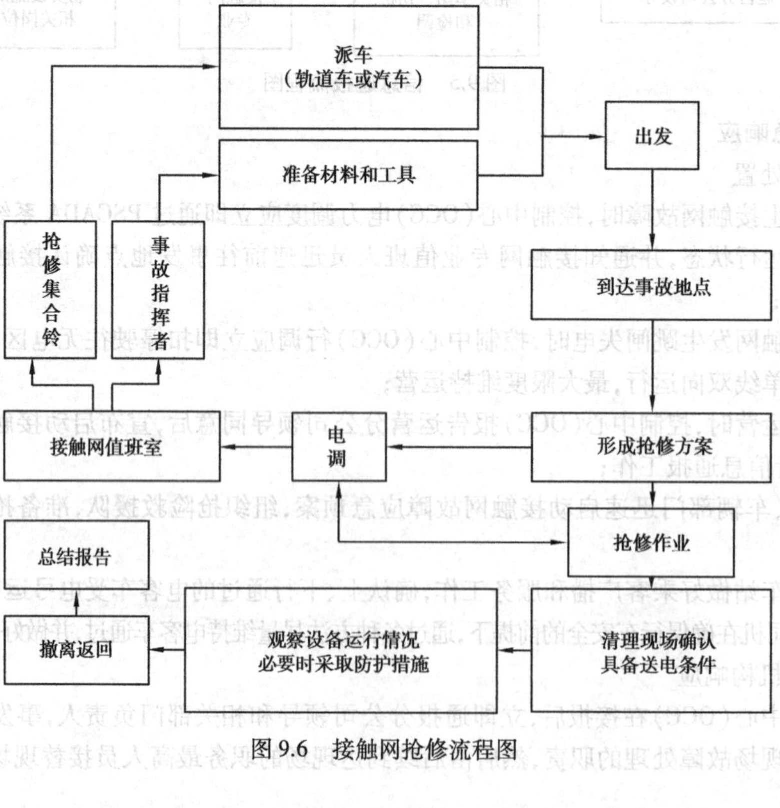

图 9.6　接触网抢修流程图

5)各级响应时间

①车站或司机在发现接触网故障时,应首先判断是否影响行车,在第一时间内上报控制中心(OCC);

②控制中心(OCC)接报后立即进行运营调整工作,防止事态扩大,并在2 min内进行信息通报工作;

③指挥机构和现场处置机构成员应在10 min内出动,赶赴指定地点,进行指挥、决策和协调故障抢修工作;

④各相关部门根据指挥机构和现场处置机构的要求,立即开展抢险组织工作。

(3)指挥与协调

①实行高度集中,统一指挥,逐级负责的原则;分公司相关负责人到达现场后,由到达现场的相关专业归口管理部门职位最高的领导担任现场应急处理负责人(必要时由应急指挥机构指定),充分了解事发现场情况,被接替者主动汇报事态发展情况,并接受现场指挥的领导。各部门要听从现场处置机构的领导和分工,各司其职,各负其责,积极参加抢险救援工作。

②发生接触网故障时,正在运行的各次列车司机应加强列车运行状态的监控,严格按照行调指令运行。

③车站应加强站台通过电客车受电弓状态的观察,自觉维持车站内秩序,稳定乘客情绪,积极做好乘客宣传服务工作,保证乘客安全。

④接触网抢修人员以"先通后复"的抢修原则进行抢修,尽可能减少中断行车时间,在确保安全的前提下,将对地铁运营的影响降到最低,待晚上运营结束后对故障地点设备进一步进行检修,确保不影响次日运营服务。一切抢修作业凭维修调度的指令和在规定的时间内进行。

(4)安全防护

①电客车司机在确保行车安全的前提下,通过一切可能的操纵方法驾驶电客车通过故障点,确保行车安全。

②车站应派出专人带好通讯工具,配合接触网专业下轨行区进行抢险作业,两端(相邻)车站行车值班员按行调指令做好防护措施。

③接触网专业在进行接触网故障抢险作业时,应严格按照接触网安全工作规程做好安全措施,确保人身安全。在运营期间,下轨行区进行抢修作业或应急处理时,应征得控制中心(OCC)同意,确认通信联系通畅,做好安全防护后,在规定的时间内完成作业,抢修结束后应确保人员、工具和材料出清线路。

④处置程序如图9.7所示。

(5)相关部门职责

①控制中心(OCC):当电客车无法通过故障点时,组织电客车退回发车站或开行救援列车;当接触网进行停电抢修时,组织小交路和单线双向行车,最大限度维持运营;协调有关方面进行抢险作业。

②站务部门:维护车站运营秩序和站台安全。发生乘客受伤时,车站值班员应及时拨打120急救中心,引导专业医务人员赶赴现场,协助实施现场紧急救护,并按创伤分类协助将伤员运送到各专业医疗中心接受治疗。

③设施部门:供电部门立即组织接触网专业抢修队伍,与控制中心电调商定切实可行的抢修方案,力争尽早恢复行车。

④车辆部门：车辆部门成立车辆专业抢救队伍，必要时出动工程车进行救援。

⑤乘务部门：合理组织司机交路，满足应急情况下的行车需要。

⑥安保部门：组织治安保卫队伍，配合公安人员维护地铁治安秩序，确保要害部位的安全。

⑦综合部门：负责联系、协调抢修车辆等后勤保障。

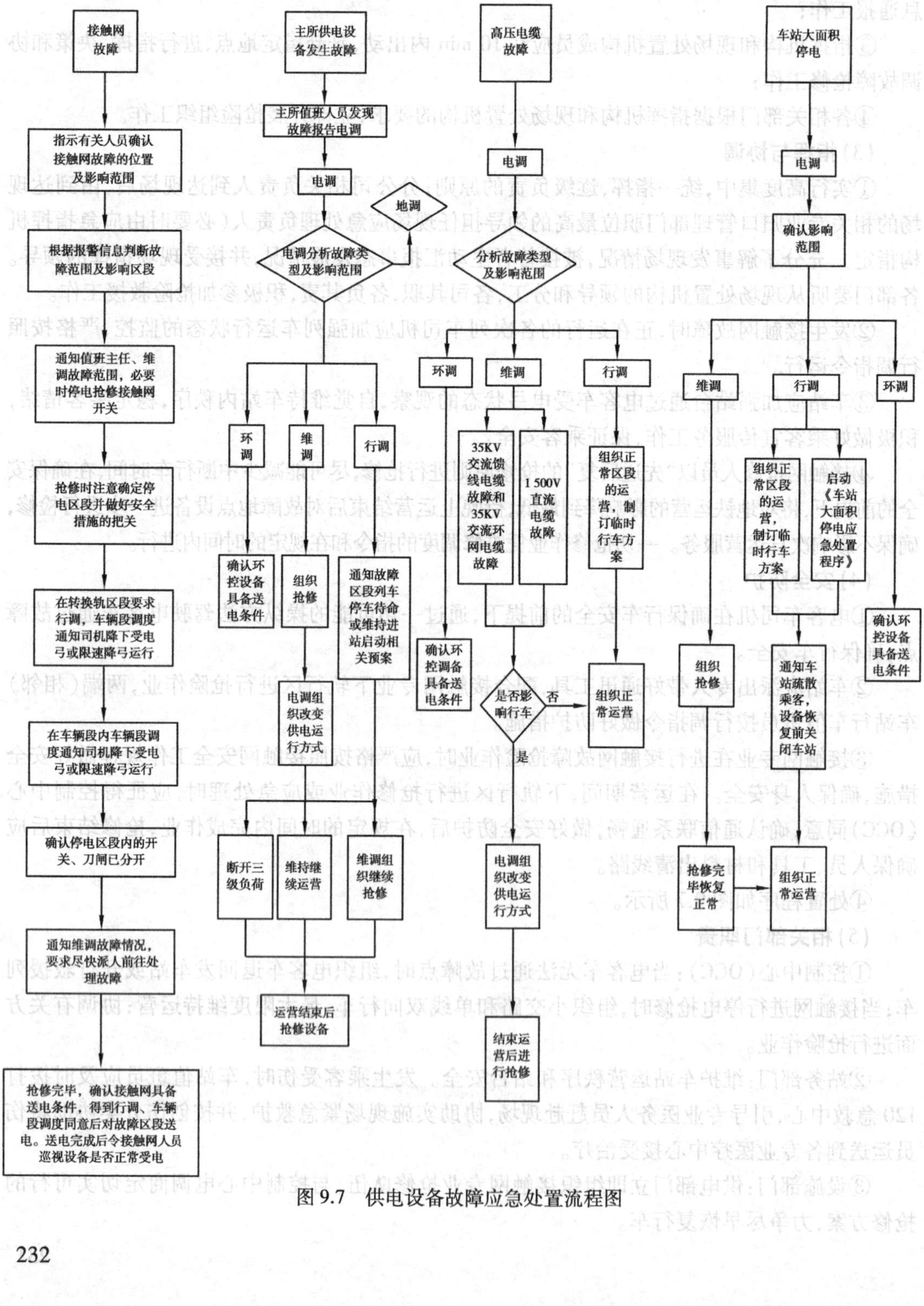

图 9.7 供电设备故障应急处置流程图

(6)现场处置机构确认接触网故障处理完毕,具备运营条件

1)救援完毕的汇报

现场处置机构指挥人向指挥机构汇报接触网故障处理完毕,人员、工具、材料出清抢修现场,接触网具备运营条件。

2)应急终止命令发布

经指挥机构总指挥批准,控制中心(OCC)发布接触网故障应急处理终止命令,全线恢复正常运营。

3 大客流应急处置流程

大客流事件是指在轨道交通车站在运营过程中的某一时间段内候车、停留的乘客超过了该站设计最大允许的客流容量,并有继续增加的趋势;如果不采取紧急措施将极有可能发生人员伤亡事故或意外事件。

为了快速、果断地处置运营中发生的大客流事件,如图9.8所示,维护轨道交通运营稳定和正常的秩序,确保轨道交通运行与乘客人身安全,需要制定相应的处置预案,如图9.9所示。

(1)处置级别定义

根据路网线路的相应运输能力,依据大客流可能造成的危害程度、影响范围、行车中断时间、人员伤亡及财产损失等情况,可对处置定义相应的级别(级别划分应与当地轨道交通应急处置的总体级别相对应,可与颜色定义相对应,根据需求划分)。可以根据事件的严重程度来定义:

图9.8 大客流事件

①非常严重的级别:突发大客流发生在多线的换乘站并影响到了多条线路,预计持续时间非常长,运营秩序受到严重影响,可能会造成人员伤亡、财产损失等后果,并需通过外部资源(如公交配套、公安、医疗等)来支援疏导。

②较严重的级别:突发大客流发生在单一线路,站台、站厅都较为拥挤,运营秩序受到一定影响,但以轨道交通运营公司为主能够处置,不需要外部资源支援。

③不严重的级别:突发大客流发生在指某一车站,站台较拥挤,地铁运营秩序未受到较严重影响,通过车站及邻站支援能够处置。

(2)处置原则

大客流处置应以“安全第一、统一协调、高效处置、合理疏导、及时疏散”的原则。做到“一化解、二疏导、三封堵”,对经常性的或可预见的大客流采用增加运输能力(缩短行车间隔)办法解决;对突发的或超出预见的大客流要加强客流组织工作,做到有序进站,有序上车;对突发暴涨的大客流,如果在短时间内难以疏导,可采取必要的封站或限流措施。

1)信息流程

①向有关部门汇报大客流发生时间、地点、影响程度等;

②随时汇报突发大客流形成原因、规模、已采取的措施；

③随时汇报事件发生的后续跟进措施；

④随时汇报相关线路或区域的客运组织：包括停止和恢复售票时间、退票情况及赠票发放情况等；

⑤向网络其他线路发布相应的信息；

⑥处置结束后认真填写事件专报，汇报给相关部门。

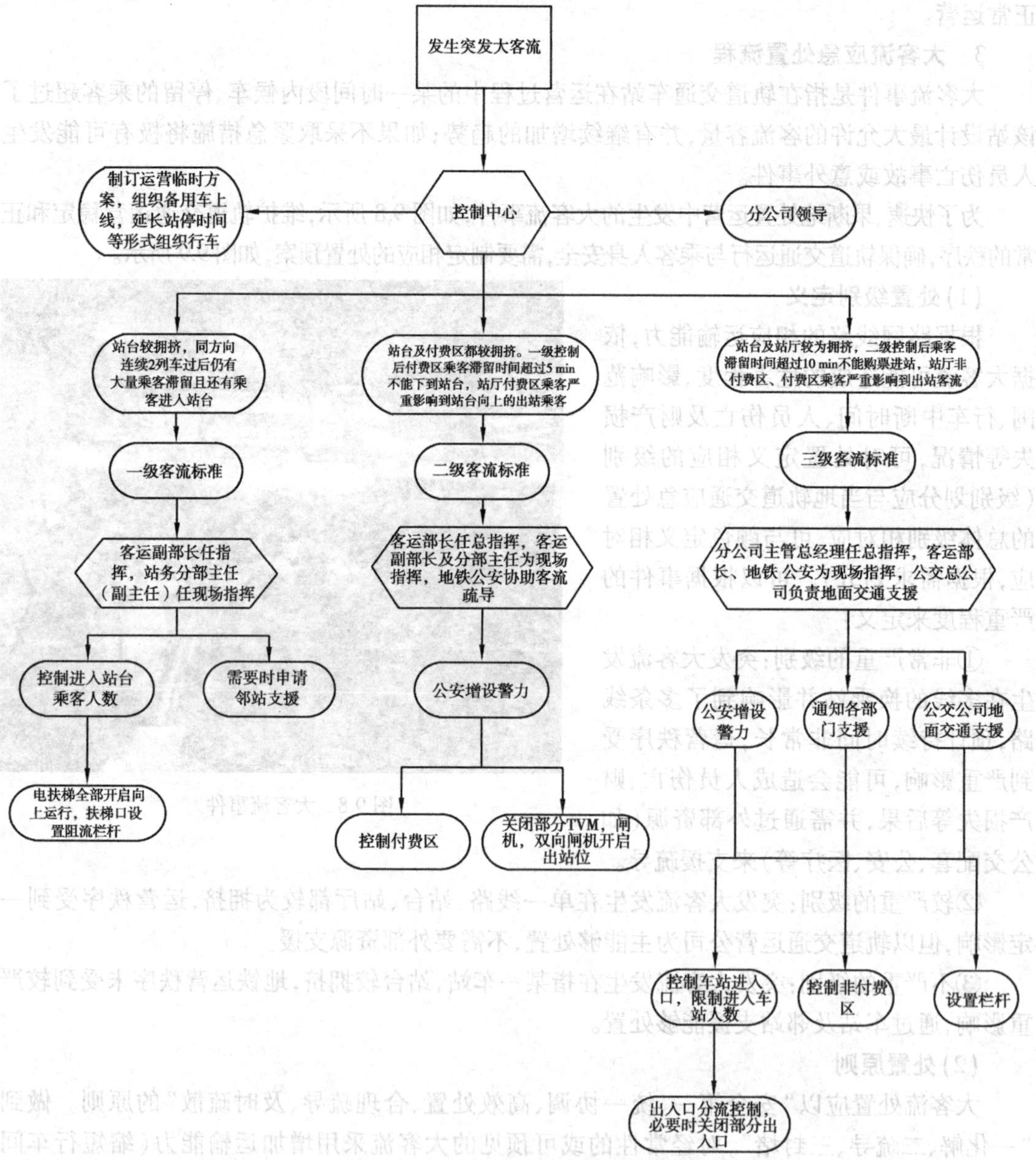

图 9.9　突发性大客流应急处置流程图

2）处置要点

①当发生突发性大客流时，车站要及时了解清楚产生突发客流的原因、规模，可能持续的时间；

②发生客流爆满事件,OCC应尽快加强与现场沟通、迅速做出反应,确定恢复运营的方案,协调、指挥各单位各部门行车和客运组织工作,并申请启动公交配合预案;

③在准备采取限流或疏散等措施时,要将情况通报相关部门,确保所采取的措施能够顺利完成;

④采取大客流乘客疏散和限流措施时,为争取乘客的理解与配合,必须加强现场宣传广播工作,车站、列车广播要内容一致,保持同步,防止事态进一步扩大,广播应做到连续、及时、正确,同时要向整个网络的其他线路发布信息。

3)各岗位处置要求

①OCC调度员

a.接报后,通过CCTV、大屏、综合监控等系统核实现场大客流情况信息;

b.依据大客流可能造成的危害程度、波及范围、影响大小、行车中断时间、人员伤亡及财产损失等级,提前做出预警报告,采取应对措施,并启动相应的处置预案;

c.通过企信通平台及时发布相关短信,做好信息汇报;

d.通过CCTV、大屏及车站汇报监控换乘站的客流变化,疏导换乘站可能集中到达的大客流,必要时下达关闭相关换乘通道的指令,及时向路网车站广播、乘客信息系统发布地铁客流预警信息,广播告示乘客,诱导乘客换乘路网其他线路或地面交通出行;

e.依据大客流可能造成的危害程度、行车中断时间,关闭事发区段车站TVM、BOM,关闭自动扶梯,换乘站联络通道临时限流或停止单向换乘、换乘站联络通道关闭或停止双向换乘;

f.适时关闭事发区段车站、停止客运服务,根据影响程度,运营中断30 min以上,及时实施公交保障方案,并对该方案的具体实施进行监督、协调,及时有效,疏散拥堵线路车站乘客;

g.协调相邻线路OCC,采取相应的运营调整措施,必要时要求相关的线路增加或减少运力,维持全路网正常运营秩序;

h.协调、监督事发线路、车站运营调整方案,下达事发线路、车站乘客疏散方案的执行,视情况而定下达封站、AFC系统降级等指令;

i.通知公安指挥室,说明事态,请求轨道交通公安人员前往突发大客流线路和车站,维持乘客乘车秩序;

j.事件处理完毕及时完成各单位的事件通报进行汇总,确认该事件造成的影响,转发相关部门。

②行车值班员

a.根据站长的要求,负责信息的收集和传递;

b.不间断的进行广播宣传,稳定乘客情绪,引导乘客向站外疏散,改乘其他交通工具;

c.通过监视器密切关注车站秩序和客流变化,与有关部门保持密切联系;

d.根据OCC指令,调整运营秩序和客运组织方案;

e.根据车站站长的指令,实施关闭部分或全部TVM、进站闸机,关闭部分出入口、降低进站速度等措施。

③值班站长

a.组织车站工作人员采取各种有效措施进行处置,尽快疏散乘客;

b.做好乘客的劝阻工作,防止事态的进一步扩大;

c.组织人员做好客运组织调整工作(如退票、发致歉信、赠票、限流、关闭出入口等)。

【任务实施】

自行编制演练方案组织一次桌面演练：城市轨道交通突发大客流应急处理。

【效果评价】

评 价 表

项目名称	突发事件应急处置	学生姓名	
任务名称	任务 3　典型突发事件的应急处置流程	分　数	
项　　目		分　值	考核得分
1.各城市轨道交通突发事件案例、图片的搜集、整理情况		10	
2.是否有小组计划		5	
3.典型突发事件处置流程的认知情况		30	
4.桌面演练的组织情况		40	
5.编制学习汇报报告情况		10	
6.基本素养考核情况		5	
总体得分			
教师简要评语： 教师签名：			

项目小结

突发事件一般分为自然灾害类、社会治安类、公共卫生类、事故灾难类4类；依据突发事件可能造成的危害程度、波及范围、影响力大小、人员及财产损失等情况，由高到低划分为Ⅰ级（特别重大）、Ⅱ级（重大）、Ⅲ级（较大）、Ⅳ（一般）四个级别。

城市轨道交通突发事件具有突发性和意外性、人为性和集中危害性、联锁反应性、统计规律性和可预防性、事故应急处理具有复杂性。

针对突发事件的处理时序可以分为事前、事中、事后，事前应对突发事件实行预防为主、预防与应急相结合的原则，制定突发事件应急预案；事中的抢险组织工作要贯彻“高度集中，统一指挥，逐级负责，先通后复”的原则；事后应及时查明突发事件发生的经过和原因，总结经验教训，制定改进措施，并按规定进行汇报。

思考与练习

1.简述突发事件的分类分级。

2.简述城市轨道交通突发事件的特性。

3.简述城市轨道交通突发事件处置工作原则。

4.简述城市轨道交通运营突发事件应急组织、处置流程。

5.简述列车故障救援处置流程及各岗位处置要求。

6.简述供电设备故障处置流程及各岗位处置要求。

7.简述大客流应急处置流程及各岗位处置要求。

参考文献

[1] 朱济龙.城市轨道交通行车组织[M].北京：中国铁道出版社,2011.
[2] 永秀.城市轨道交通行车组织[M].北京:机械工业出版社,2010.
[3] 耿幸福,徐新玉.城市轨道交通行车组织[M].北京:人民交通出版社,2010.
[4] 牛凯兰,牛红霞.城市轨道交通行车组织[M].北京:机械工业出版社,2009.
[5] 周同谊. 城市轨道交通行车组织[M].成都：西南交通大学出版社,2011.
[6] 费安萍. 城市轨道交通行车组织[M].北京：人民交通出版社,2011.
[7] 刁心宏,李明华.城市轨道交通概论[M].北京：中国铁道出版社,2009.
[8] 李宇辉. 城市轨道交通应急处理[M].北京:人民交通出版社,2011.
[9] 吴晓.城市轨道交通运输设备[M].北京：电子工业出版社,2011.
[10] 周顺华.城市轨道交通设备系统[M].北京:人民出版社,2009.
[11] 刘伯鸿,李国宁.城市轨道交通信号[M].成都:西南交通大学出版社,2011.
[12] 徐新玉.城市轨道交通运营管理规章[M].北京:人民交通出版社,2011.
[13] 仇海兵. 城市轨道交通车站设备 [M].北京:人民交通出版社,2011.
[14] 张莹,吴冰.城市轨道交通车站设备[M]. 北京:电子工业出版社,2011.
[15] 程钢,操杰.城市轨道交通运营组织[M].成都:西南交通大学出版社,2010.
[16] 张国宝.城市轨道交通运输组织[M].北京：中国铁道出版社,2000.
[17] 李力.城市轨道交通运营与管理综合应用[M]. 北京:中国电力出版社,2007.
[18] 毛保华.城市轨道交通规划与设计[M].北京:人民交通出版社,2005.
[19] 朱顺应,郭志勇.城市轨道交通规划与管理[M].南京:东南大学出版社,2008.
[20] 李晓江.城市轨道交通技术规范实施指南[M].北京:中国建筑工业出版,2009.
[21] 中国城市轨道交通年度报告课题组.中国城市轨道交通年度报告[M].北京:中国铁道出版社,2010.
[22]中华人民共和国建设部.城市轨道交通工程项目建设标准(建标 104-2008)[M].北京,2008.